MÉDITATIONS MÉTAPHYSIQUES

DESCARTES

Méditations métaphysiques

MEDITATIONES
DE PRIMA PHILOSOPHIA

TEXTE LATIN ACCOMPAGNÉ DE LA TRADUCTION DU DUC DE LUYNES

MÉDITATIONS
DE PHILOSOPHIE PREMIÈRE

PRÉSENTATION ET TRADUCTION DE MICHELLE BEYSSADE

LE LIVRE DE POCHE
Classiques de la philosophie

Ancienne élève de l'École normale supérieure, agrégée de philosophie, Michelle Beyssade est maître de conférences à l'Université de Paris I.
Auteur d'un *Descartes* (PUF-Sup.) et d'articles sur Descartes et sur Hume, elle a aussi édité l'*Enquête sur l'entendement humain* de Hume et, en collaboration avec Jean-Marie Beyssade, les *Méditations métaphysiques, objections et réponses* et la *Correspondance avec Élisabeth* de Descartes (GF Flammarion).

© Librairie Générale Française, 1990, pour la présente traduction et la présentation.
ISBN : 978-2-253-05444-3 – 1re publication LGF

Présentation

Le texte des *Méditations métaphysiques* publiées en 1647, revu par Descartes, est évidemment intangible. Mais ce texte français comporte une certaine ambiguïté. Il se donne d'abord pour une traduction par le duc de Luynes d'un texte original latin de 1641 ; il est aussi un autre texte, postérieur, un texte original français datant de 1647, puisque la révision a été pour Descartes l'occasion d'éclaircir ses propres pensées et de se corriger lui-même. Bien que les libertés du traducteur se mêlent, sans que nous puissions les en distinguer, aux corrections de l'auteur, l'ouvrage français doit être considéré comme authentiquement cartésien. Mais les deux fonctions qu'il remplit peuvent être dissociées : c'est en tant qu'il est un autre texte qu'il est intangible, non en tant que traduction. D'où notre projet de retraduire les *Meditationes de Prima philosophia*, sans toucher aux *Méditations métaphysiques*.

Cette édition présente, à côté de l'original latin et

5

de la version française autorisée par Descartes, une traduction du premier texte qui voudrait lui être aussi fidèle que possible.

*

« Je vous envoie enfin mon écrit de Métaphysique, auquel je n'ai point mis de titre... Je crois qu'on le pourra nommer, ainsi que je vous ai écrit par ma précédente, *Meditationes de Prima philosophia.* » Descartes annonce ainsi à Mersenne, le 11 novembre 1640, l'arrivée de ses *Méditations*.

Précédées d'une lettre dédicatoire, d'une préface et d'un abrégé, suivies de six séries d'objections adressées à Descartes par les premiers lecteurs du manuscrit, ou plutôt de ses copies, et des réponses de Descartes, les *Meditationes de Prima philosophia* sont publiées à Paris en août 1641, puis, avec un sous-titre modifié et une septième série d'objections et de réponses, en mai 1642 à Amsterdam.

Ce texte latin est toujours pris en considération dans les études sur Descartes, et souvent privilégié. A juste titre : c'est le texte écrit par Descartes. Mais le privilège toujours accordé au texte original d'un auteur peut s'accroître ici du fait de l'extrême attention apportée par l'auteur à sa rédaction. L'ouvrage que Descartes annonce à Mersenne le 11 novembre 1640, et dont il s'est séparé la veille, est le fruit d'une longue maturation et, peut-être, dans sa rédaction, d'une lente élaboration.

Sans doute Descartes a-t-il beaucoup travaillé au cours de l'année 1640 à cet écrit de métaphysique qu'il n'appelle pas encore *Méditations* et dont il parle indifféremment comme d'un discours ou d'un essai ou d'un traité. Mais l'origine, sinon le commencement, des *Méditations* remonte beaucoup plus haut, et leur élaboration s'inscrit dans le prolongement d'un petit traité de métaphysique auquel Descartes se consacre dès 1629, comme nous l'apprend sa correspondance. La lettre à Mersenne du 15 avril 1630 permet de confirmer que le petit traité dont Descartes a parlé à Gibieuf en juillet 1629, a pour objet des vérités métaphysiques. «Au moins pensé-je avoir trouvé comment on peut démontrer les vérités métaphysiques d'une façon qui est plus évidente que les démonstrations de géométrie... Les neuf premiers mois que j'ai été en ce pays, je n'ai travaillé à autre chose et je crois que vous m'aviez déjà ouï parler auparavant que j'avais fait dessein d'en mettre quelque chose par écrit.» Deux autres lettres à Mersenne, en 1630 et 1637, nous assurent que ce traité n'était pas seulement projeté, mais réellement commencé[1]. En 1637, cet écrit est suffisamment avancé pour que Descartes envisage de le joindre à titre d'éclaircissement à une édition latine du *Discours de la Méthode*. Si ce traité semble perdu, s'il n'a peut-être jamais été achevé, il reste que Descartes a écrit en 1629, selon ses propres termes, «un commencement de Métaphysique». Or la préface des *Méditations* relie explicitement celles-ci au *Discours*, dont la quatrième partie, qui n'est qu'un résumé de la métaphysique cartésienne, appelle les explications plus précises que les *Méditations* vont donner. On voit que les *Méditations*, que Descartes nomme parfois *Traité*, remplissent la

1. *Cf.* lettre à Gibieuf, 18 juillet 1629 ; et lettres à Mersenne, 25 novembre 1630 et 27 février (ou mars) 1637.

fonction qu'il a pensé un temps confier au petit traité au moins commencé en 1629. Du traité auquel Descartes travaille en 1629 à celui qu'il termine en 1640, il y a incontestablement une continuité de conception.

Mais peut-être n'y a-t-il pas deux traités. Peut-être les *Méditations* sont-elles dans leur rédaction même une reprise du petit traité, qui en ce cas ne serait ni perdu ni inachevé. « Le peu que j'ai écrit de métaphysique est déjà en chemin pour aller à Paris, où je crois qu'on le fera imprimer, et il ne m'en est resté ici qu'un brouillon si plein de ratures que j'aurais moi-même de la peine à le lire[1]. » Ce brouillon plein de ratures que Descartes garde avec lui en Hollande — et qui est malheureusement perdu — a peut-être pour première couche, en son début, le petit traité travaillé déjà en Frise en 1629. En tout cas, la mention faite par Descartes de ce brouillon raturé révèle l'élaboration patiente de l'écrit dont il se sépare en novembre 1640.

Longuement mûri, soigneusement élaboré, le texte transmis à Mersenne sera maintenu quasiment intact, même après l'épreuve des sept séries d'objections adressées à Descartes.

Cette épreuve a été voulue par Descartes. Ce n'est pas en vue d'une publication immédiate que Descartes envoie son écrit à Mersenne, mais pour une diffusion limitée au cercle des doctes — philosophes, savants et théologiens —, dont il souhaite recueillir les objections comme il a déjà recueilli celles d'un prêtre d'Alkmaar. Ces premières objections et les réponses de Descartes ont été jointes aux *Médita-*

1. Lettre à Colvius, 14 novembre 1640.

tions dans le paquet envoyé à Mersenne, pour montrer aux lecteurs ce que Descartes attend. Les volumes publiés en 1641 et 1642 font suivre les *Méditations* de six puis sept séries d'objections et réponses. On ne saurait accorder plus de respect aux objections des lecteurs. Les réticences que Descartes manifestera plus tard à laisser traduire celles de Gassendi, qu'il n'appréciait pas beaucoup, prouvent ce que signifiait pour lui la publication de toutes ces objections. Mais Descartes ne change rien, ou presque rien, au texte de ses *Méditations* : deux additions seulement, à la demande du grand Arnauld, deux parenthèses, dont l'une se situe non dans les *Méditations* elles-mêmes, mais dans l'*Abrégé*, l'autre, dans la Sixième Méditation, étant très brève[1]. On ne saurait publier un texte plus assuré. Si attentif qu'il soit aux objections des autres, si disposé qu'il soit à donner à l'occasion les précisions demandées, Descartes tient à ne rien changer à l'exposé de sa méditation et ne veut pas introduire dans son texte quoi que ce soit qui en altérerait l'ordre interne. « Ainsi je ne juge pas qu'il soit aucunement à propos, ni même possible, d'insérer dans mes Méditations la réponse aux objections qu'on y peut faire ; car cela en interromprait toute la suite, et même ôterait la force de mes raisons, qui dépend principalement de ce qu'on doit détourner la pensée des choses sensibles, desquelles la plupart des objections seraient tirées[2]. »

On voit quel degré d'achèvement Descartes recon-

1. Descartes introduit quelques changements dans les Réponses aux objections. *Cf.* lettre à Mersenne, 18 mars 1641.
2. Lettre à Mersenne, 24 décembre 1640.

naît à son texte, et aussi quelle continuité d'attention il exige du lecteur.

A plusieurs reprises, et notamment dans la *Préface* à l'intention du lecteur, Descartes insiste sur la nécessité de cette attention. Il invite le lecteur à méditer sérieusement avec lui, à parcourir avec lui la même suite de pensées qu'il a lui-même pensées pour découvrir les vérités qu'il expose comme il les a découvertes. « La vraie voie par laquelle la chose a été méthodiquement inventée[1] » fait que le lecteur qui la suit s'approprie la vérité et la comprend aussi bien que s'il l'avait lui-même inventée. Il vaut la peine de suivre au plus près ce texte achevé et exigeant, qui s'est voulu lui-même le plus proche de l'invention.

Avant d'en proposer une traduction, nous le donnons ici tel que les éditions originales nous le transmettent, en modernisant la ponctuation, mais en conservant une particularité qu'elles présentent. Aucun alinéa à l'intérieur de chacune des trois premières méditations ; un alinéa au début de la quatrième ; dans la cinquième, des alinéas apparaissent dans le dernier tiers ; et on en trouve tout au long de la Sixième Méditation, plus nombreux dans l'édition de 1641 que dans celle de 1642. Descartes a-t-il voulu qu'il en soit ainsi ? « Pour les *a capite* dans l'impression, je trouve qu'on en a mis plusieurs où ils ne sont pas nécessaires, et qu'on en a omis où il eût été meilleur d'en mettre. » L'exemple d'erreur qu'il signale en écrivant ainsi à Mersenne le 23 juin 1641 concerne les Réponses aux secondes objections. On peut penser qu'il n'était pas non plus

1. Réponses aux secondes objections, AT VII 155.

satisfait quant aux *Méditations*. Mais la disparition de son brouillon et de ses copies nous laisse dans l'incertitude.

La répartition du texte en alinéas dans l'édition de référence faite par Adam et Tannery, qui se fonde en partie sur certains intervalles en blanc plus grands que d'autres entre certaines phrases, ne s'impose pas : comme on trouve encore de ces « blancs » quand les alinéas apparaissent, ils ne sont pas l'équivalent de passages à la ligne. Mais nous n'avons pas voulu non plus imposer au lecteur pour le texte latin la répartition que nous proposons dans notre traduction française, afin de lui donner l'occasion de trouver, au cours d'une lecture continue, un autre rythme de méditation que celui auquel nous sommes habitués.

*

Le désir de faire siennes les vérités exposées a peut-être inspiré à Luynes l'idée de traduire les *Méditations*. « ... soit que par ce moyen il se voulut rendre plus propres et plus familières ces notions assez nouvelles... » C'est là une suggestion du libraire. Et il faut sans doute accorder une attention particulière à cette traduction faite dans la ferveur de la découverte par le jeune duc de Luynes, et revue par Descartes.

C'est en effet peu après leur parution à Paris que les *Meditationes de Prima philosophia* sont mises en français à la fois par le duc de Luynes et par Clerselier qui, de son côté, traduit aussi les objections et les réponses. Descartes, qui avait d'abord voulu limiter, en écrivant en latin, la diffusion de l'ouvrage, ne refuse pas quelques années plus tard de livrer ses pensées dans la langue vulgaire à un public plus large auquel il n'avait offert jusqu'alors, dans la quatrième partie du *Discours de la Méthode*, qu'un épitomé de sa métaphysique. Ayant pris connaissance de ces traductions lors d'un voyage à Paris en 1644, il les apprécie toutes les deux, lit dans les mois qui suivent ce qui en est déjà fait, et retient pour la publication qu'il autorise sous son nom la traduction de Luynes pour les *Méditations* et celle de Clerselier pour les *Objections et Réponses*. En 1647 à Paris paraissent les *Méditations métaphysiques*, suivies de six séries d'objections et de réponses, qui reprennent le titre courant inscrit en haut des pages de l'édition latine : *Meditationes metaphysicae*.

Le libraire, dans un avis au lecteur, confirme que l'auteur a revu et corrigé les textes soumis par les traducteurs, et précise qu'il a saisi cette occasion pour se corriger lui-même plutôt que ses traducteurs, les changements visant à éclaircir ses propres pensées. Les révisions et corrections de Descartes lui semblent alors une garantie d'exactitude pour cette traduction qu'il tient pour juste et « si religieuse que jamais elle ne s'est écartée du sens de l'auteur ».

Mais si les corrections de Descartes s'appliquent à ses propres pensées, il se peut que la publication de 1647 s'écarte, non pas du sens et de la pensée de l'auteur au moment où il relit la version française, mais du sens de l'original latin, dont elle n'est plus exactement la traduction. C'est ici qu'apparaît l'ambiguïté de ce texte français. Les *Méditations métaphysiques* sont d'abord une traduction par le duc de Luynes du texte latin de 1641 ; elles sont aussi, par l'intervention de l'auteur, un autre texte de Descartes, de quelques années postérieur, un nouveau texte original, un original français qui n'est pas la traduction de l'original latin. Le texte français remplit ainsi deux fonctions, qui se mêlent, et dont la seconde en tout cas peut nuire à la première ; car s'il prend avec la révision la valeur d'un ouvrage authentiquement cartésien, il risque de perdre, comme traduction, en exactitude.

Des différences entre les deux textes ont souvent été relevées. Il arrive que des interprétations s'appuient sur le texte latin, dont certaines phrases sont, dans les commentaires et dans les discussions, retraduites avec précision ; mais tout se passe comme si l'on n'osait pas en écrire une traduction continue, par respect pour un texte revu par Descartes.

Or nous pouvons dissocier les deux fonctions et traiter différemment les deux aspects du texte français. Si le texte des *Méditations métaphysiques* publiées en 1647 sous le nom de Descartes est intangible, la traduction de Luynes n'est pas intangible. Comme toute traduction, si excellente soit-elle, même revue par l'auteur, elle est sujette à révision ; et en l'occurrence, la révision de Descartes ne la rend pas pour autant plus fidèle et plus fiable, au contraire, puisque ses corrections ont porté non sur la traduction mais sur ses pensées. Le respect dû aux *Méditations métaphysiques* comme texte original français ne doit pas devenir soumission à une traduction de l'original latin.

Il ne convient pas d'exagérer la distance entre les deux textes. Les corrections de Descartes sont présentées comme des éclaircissements. Descartes n'est pas de ceux qui se laissent aller à exprimer des pensées changeantes, qu'il faudrait ensuite modifier ; et la traduction de Luynes, dans son élégance et dans le style propre à son époque, est souvent beaucoup plus profondément fidèle qu'il le semble au premier abord. Mais il y a incontestablement des écarts, qui justifient le retour continu au texte latin.

Certains concernent des points de doctrine. Ils sont plus ou moins manifestes, et ce ne sont pas les plus manifestes qui appellent une nouvelle traduction.

Ainsi, dans l'énumération des modes de la pensée au début de la Troisième Méditation, l'addition de « qui aime, qui hait » (AT IX 27), avant la césure du « aussi » qui introduit l'imagination et le sentiment, correspond à la reconnaissance par Descartes, après 1640, d'un amour et d'une haine purement intellectuels. Ce petit changement suffirait à prouver, si l'on ne voulait pas se fier à l'avis du libraire au lecteur, l'intervention de Descartes. Mais une addition si facilement repérable n'exigerait pas une retraduction.

Plus ample et plus subtil est le remaniement, dans la Quatrième Méditation, d'un passage sur la liberté (AT VII 57.58, IX 46). Le texte de 1647 cesse en effet de dissocier la liberté du pouvoir des contraires, pour la dissocier seulement de l'indifférence définie comme un état négatif d'indétermination due à l'ignorance. « Être indifférent à choisir » ne traduit pas *ferri posse*. Il ne suffit même pas de dire que c'est une traduction inexacte. Mais ce qui apparaît comme infidélité dans ce qu'on tient pour traduction n'est qu'un aspect d'un remaniement global, Descartes profitant sans doute de sa relecture pour intégrer à son texte le résultat de réflexions postérieures à 1641, suscitées par ses discussions avec les jésuites, en particulier avec Mesland. Ici nous avons deux textes massivement différents, tous deux de la main de Descartes. Le second n'est pas la traduction du premier.

Plus ou moins manifestes, les différences dans la pensée sont aussi plus ou moins manifestement voulues par Descartes. La différence d'accent, dans l'analyse dite du morceau de cire (AT VII 30.34, IX 23.26), entre le texte latin et le texte français qui tend à effacer le sens précis des *ipse* est-elle due à l'auteur ou au traducteur ? L'incertitude où nous restons n'en rend pas moins nécessaire la traduction précise du latin.

D'autres écarts peuvent sembler de simples détails. Un *aliquando*, un *aliquandiu*, ou encore *forte etiam* disparaissent dans la version française. Ils exprimaient en réalité le rapport de la méditation vécue au temps, et l'effort, incertain du succès, du sujet méditant. Le traducteur y est comme indifférent. Peut-être même l'auteur, qui laisse passer. La traduction et la relecture sont un peu éloignées de l'expérience inventive.

Cet éloignement, et cette indifférence à ce qui exprime la pensée en exercice, rendent parfois les démonstrations moins convaincantes, parce que moins claires, parce que moins effectivement pensées. C'est le cas de la démonstration de l'existence des choses corporelles, dans la manière dont elle s'engage (AT VII 79, AT IX 63). En traduisant *Jam vero* par « De plus » et en omettant un *quidem*, la version française ne suit pas fidèlement le mouvement de retour sur la faculté de sentir déjà reconnue en moi et, par là, cerne moins bien le point sur lequel on va progresser.

Il est vrai que le recul pris par rapport à l'expérience méditative vécue permet d'introduire dans la pensée plus d'exactitude. Au début de la Seconde Méditation (AT VII 25, IX 20), la version française est plus juste en voyant dans la certitude de mon existence une connaissance plus certaine et plus évidente « que toutes celles que j'ai eues auparavant », et non pas, comme le texte latin, la connaissance la plus certaine et la plus évidente de toutes ; on ne pourra en effet véritablement dire cela que de la connaissance de Dieu. Celui qui relit sait ce que celui qui vit la première certitude ne peut, en fait, penser. Mais la plus grande exactitude de la pensée n'est pas l'exactitude de la traduction. Il ne s'agit pas ici d'un changement de doctrine ; la différence est liée à une différence de nature entre deux textes.

Ces quelques exemples montrent qu'il y a bien deux textes et que le second n'est pas la traduction fidèle du premier, cela pour des raisons diverses : que l'auteur, ou le traducteur, y ait exprimé, volontairement ou non, une pensée plus ou moins différente, ou que le traducteur, ou l'auteur, y ait négligé, consciemment ou non, des aspects propres au premier. Mais s'il y a un texte original latin et un texte français original, le texte latin est bien le texte originel. Le traduire sera nous rapprocher du chemin effectivement parcouru par Descartes, et qu'il nous a invités à parcourir avec lui.

*

Nous avons essayé d'offrir au lecteur français d'aujourd'hui une traduction qui lui soit immédiatement accessible tout en suivant au plus près le texte originel. Maintenant que les traductions étrangères des *Méditations* partent le plus souvent du texte latin, il devenait paradoxal que les Français demeurent les plus étrangers au texte écrit par Descartes. Mais nous n'avons pas voulu nous distinguer systématiquement du texte de 1647, et nous avons consulté la seconde édition française pour laquelle Clerselier en 1661 introduit dans la traduction des *Méditations* des changements justifiés. Nous n'avons pas cherché l'originalité.

Toute traduction se heurte à des exigences contradictoires. Elle doit sur certains points consentir à des compromis. Elle peut aussi, sur d'autres, privilégier une exigence. Nous avons dû parfois renoncer à la constance absolue dans le choix des équivalences terminologiques ainsi qu'à la parfaite cohérence dans la traduction des termes apparentés. Nous n'avons pas renoncé à respecter scrupuleusement le mouvement de la méditation cartésienne et à essayer d'en retrouver le rythme.

Dans la traduction des termes, une des difficultés rencontrées concerne le verbe *intelligere*. Nous avons le plus souvent rejeté « entendre », équivoque, qui oriente plutôt maintenant vers l'acte d'ouïr ; nous manquions alors la parenté avec *intellectus* traduit par « entendement ». Nous avons exclu « comprendre », réservé à *comprehendere* que Descartes oppose à *intelligere*, ainsi que « concevoir », parce que *concipere*-concevoir n'est pas sans affinité avec *imaginari*-imaginer et parce que, d'autre part, Descartes, écrivant en français, a rapproché concevoir de comprendre. «Avoir l'intellection de » est un assez bon équivalent, mais impose à la traduction une construction parfois compliquée qui n'est pas dans la phrase latine. Nous ne l'avons pas toujours retenu, et nous avons aussi utilisé « connaître » ou « reconnaître », en ajoutant « par entendement » ou « intellectuellement » lorsque la précision nous semblait nécessaire. Cette diversité de traductions risque de masquer l'unité d'un concept important. Nous avons essayé au moins de ne pas fausser le sens de chaque phrase où le mot se trouve.

C'est là l'exemple le plus douloureux. Quelques autres notions risquent de ne pas être identifiées. Le verbe *deprehendere*, qui désigne l'acte de surprendre une tromperie et de s'en déprendre, n'a pas trouvé lui non plus d'équivalent unique dans notre traduction : « déceler » a parfois été plus facile à intégrer dans la phrase que « se rendre compte de », pourtant plus pertinent.

La traduction des termes comporte d'autres genres de concessions. Malgré notre souci de ne pas dérouter ni heurter le lecteur, nous avons à l'occasion usé d'un archaïsme, par exemple avec l'adjectif « exprès, expresse », pour garder la parenté d'*expressus* avec *expresse* traduit sans gêne par « expressément » ; ou d'une périphrase, pour *praecise*, dont nous avons voulu mettre en évidence la signification première, issue de *praecidere*, couper, découper, en traduisant par « dans ses limites précises » ou « précisément délimité ».

Quant au mouvement de la méditation cartésienne, il était nécessaire, et il n'était pas difficile, d'en exprimer dans la traduction les articulations logiques. Il était plus difficile d'en maintenir la tension et de ne pas perdre la diversité de ses nuances.

Malgré l'effort demandé au lecteur, ou plutôt à cause de cet effort, nous avons conservé la longueur et la complexité de certaines phrases où les propositions de natures diverses s'accumulent et même s'enchevêtrent. On objectera peut-être qu'une traduction française, de nos jours, n'a pas à reproduire servilement la construction latine. Mais il ne s'agit pas ici d'une simple question de forme, ni du génie de chaque langue. La phrase de Descartes correspond à l'unité d'un mouvement de pensée qui ne doit pas être morcelé. Sa longueur tient à ce que la pensée dans son exercice prend du temps. Sa complexité vient de ce que la pensée se cherche des appuis et rencontre aussi des obstacles, avant de pouvoir s'affirmer et se déployer. Mais le temps de la pensée qui s'exerce est celui du présent unifié par une attention continue ; et les obstacles comme les appuis se subordonnent à une affirmation qui les intègre et les unifie. La phrase est une totalité qui manifeste cette double unification. La subordination préserve dans l'expression l'unité de l'acte de l'esprit qui englobe d'un seul regard, pour penser, diverses pensées entretenant entre elles des relations diverses : causes, conséquences, concessions, restrictions, conditions, comparaisons. La diversité n'est pas pour autant réduite. Elle est au contraire soulignée par la diversité manifeste des conjonctions nécessaires à la subordination, et les propositions apparaissent, surtout quand elles s'imbriquent l'une dans l'autre, comme autant de plans différents. Une traduction qui découperait la phrase en propositions juxtaposées pourrait à la rigueur conserver les articulations logiques. Mais elle briserait l'élan de la pensée, compromettrait son pouvoir inventif, et en priverait le lecteur. Il faut souvent tenir ensemble des éléments divers, ne pas faire de pause après la rencontre d'un obstacle, et ne pas couper les effets de leurs soutiens. La longueur de la phrase est l'ampleur de l'attention que Descartes demande au lecteur. L'attente suscitée chez le lecteur par la succession et l'emboîtement des propositions subordonnées et par l'éloignement de la proposition principale amplifie son attention et l'égale à celle de l'auteur.

L'unité de la phrase se prolonge par la liaison entre les phrases. Celles-ci sont presque toujours coordonnées entre elles. On verra peut-être là aussi un trait spécifique du latin, qu'une bonne traduction ne doit pas transcrire mécaniquement. C'est pourtant encore la continuité du mouvement de pensée qui s'exprime ainsi. La phrase naît souvent de l'élan de la phrase précédente ou de ce qu'elle a, dans son élan, provisoirement laissé hors d'elle. La phrase n'est pas une totalité fermée sur elle-même. Il y a transition d'une pensée à une autre, comme d'un moment à un autre, et non juxtaposition discontinue. Plus difficile à faire passer dans la traduction que les liens strictement logiques exprimés par les *nam*, les *itaque* ou les *tamen*, la fréquence des *et* au début des phrases, loin d'être une négligence, signifie cette transition essentielle à la pensée. Bien des mots ne font qu'accompagner le cours de la pensée, à l'intérieur comme au début des phrases. Nous avons traduit scrupuleusement, mais sans garder des équivalences constantes, ceux qui renforcent une affirmation comme *profecto* ou *sane*, ou qui annoncent une restriction comme *quidem* suivi de *sed*, et même, presque toujours, ceux qui soulignent le caractère incontesté, au moment où on l'énonce, d'une idée ou d'un fait, comme c'est le cas pour *nempe*. Par ce choix, nous surchargeons notre traduction et par là même nous risquons de dénaturer ce qui, dans le texte latin, est plutôt comme un souffle qui l'aère. Nous avons cependant préféré exprimer les nuances d'un mouvement subtil, quitte à en perdre la souplesse.

La continuité de la méditation n'interdit pas les pauses entre les phrases. Descartes prêtait attention aux passages à la ligne : on l'a vu dans sa lettre du 23 juin 1641. Mais le caractère problématique des éditions latines laisse toute liberté au traducteur pour marquer et hiérarchiser les pauses, et préciser le rythme de la méditation.

L'impression quasi continue des cinq premières méditations n'était peut-être pas contraire aux intentions de Descartes. « ... si ce n'est qu'on prenne au moins la peine de lire tout d'une haleine les cinq premières méditations... » Tel est le conseil de lecture que Descartes donne à Huygens[1] — sans exclure qu'on y passe aussi des semaines entières. Le seul passage à la ligne de la Quatrième Méditation vient après la récapitulation du mouvement ascendant qui conduit jusqu'à Dieu ; le premier alinéa que l'on trouve dans la Cinquième Méditation vient après une nouvelle preuve de l'existence de Dieu. Ce que les éditions originales présentent de manière continue, ou quasi continue, ne serait-il pas justement ce parcours « tout d'une haleine » ?

---

1. *Cf.* lettre à Huygens, 12 novembre 1640.

Présentation

Pourtant, Descartes a sûrement accepté que l'édition française répartisse l'ensemble du texte en alinéas, et il semble que toute traduction, aujourd'hui, doive le faire. La tâche est délicate. On peut être tenté, pour être plus clair, de distinguer toujours nettement une objection, puis la réponse, d'isoler une définition ou un principe. Mais ce serait vouloir couler dans le moule d'un exposé synthétique le cheminement analytique des *Méditations*, qui n'explicite même pas toujours définitions et principes, et qui intériorise le heurt des objections et des réponses. Les *Méditations* ne sont pas un manuel. Il ne s'agit pas de forcer l'attention du lecteur en détachant ce que la pensée enveloppe dans son progrès. Nous avons sans doute consenti à ce style dans notre traduction des titres des Méditations dont nous isolons la seconde partie : c'est que précisément Descartes a ajouté ce complément après coup pour ceux qui ne liront pas assez attentivement le livre[1]. Les *Méditations* comportent, bien sûr, des passages de recensement et de classification qui se laissent aisément découper ; le cheminement méditatif lui-même a certainement des étapes fortement marquées. Mais dans le développement de la méditation, la continuité l'emporte et nous invite, non pas à garder un texte compact, mais à interroger longuement le texte avant de situer les alinéas. On peut hésiter pour localiser un commencement ou une fin. On peut hésiter à donner à une affirmation, par ce temps de silence qu'est le passage à la ligne, la stabilité d'une conclusion.

1. *Cf.* lettre à Mersenne, 28 janvier 1641.

*

Bien qu'elle paraisse dépasser les limites du travail de traduction, cette interrogation sur les silences n'est pas d'une nature différente de celle qui porte sur les mots, sur leur sens et sur leurs rapports. Il ne s'agit plus seulement de respecter un texte, il s'agit de retrouver une pensée ; mais n'est-ce pas le but d'une traduction ?

Plus que les autres difficultés rencontrées, cette interrogation souligne la part d'interprétation de toute traduction. C'est sans doute mettre en évidence ce qu'il y a en elle d'effort pour rejoindre une pensée en exercice. C'est aussi rappeler que toute traduction peut et doit être remise en question.

Michelle BEYSSADE.

NOTE SUR LES TEXTES DE CETTE ÉDITION

La présente édition donne, sur la page de gauche, en haut le texte latin des *Méditations*, en bas la traduction du duc de Luynes revue par Descartes, et sur la page de droite une nouvelle traduction du texte latin.

Les textes publiés par Descartes ont été établis d'après les éditions originales. Pour le texte latin, la comparaison des deux éditions, celle de 1641 faite à Paris, celle de 1642 faite à Amsterdam, conduit à préférer la seconde, que nous suivons ici, en indiquant en notes certaines différences entre les deux éditions. Nous avons modernisé la ponctuation, et nous nous écartons de l'édition de référence faite par Adam et Tannery (AT), qui introduit des virgules ne correspondant pas à notre usage actuel ; nous avons respecté l'absence d'alinéas dans les premières méditations et, quand les alinéas apparaissent, nous suivons la répartition de cette seconde édition, différente pour la Sixième Méditation de celle de la première édition. Pour le texte français, nous avons modernisé l'orthographe en même temps que la ponctuation.

Nous donnons en fin de volume les textes que les éditions originales impriment avant les *Méditations*. Bien que Descartes les ait fait placer en tête de l'ouvrage, ces textes liminaires ne sont pas le commencement de la méditation cartésienne et peuvent être tenus pour des textes annexes. L'*Epître dédicatoire* est suivie dans les éditions latines d'une *Préface* et d'un *Abrégé* ; la préface latine ayant été remplacée dans la version française par un *Avis du libraire*, nous donnons celui-ci à la suite de la *Préface* et de sa traduction, et nous terminons par l'*Abrégé* qui apparaît comme un récapitulatif.

Nous indiquons en marge la pagination de l'édition de référence AT, tome VII pour le texte latin, tome IX (1) pour le texte français.

RENATI DESCARTES
MEDITATIONES
DE PRIMA PHILOSOPHIA

in quibus Dei existentia et animae
humanae a corpore distinctio demonstrantur[1]

LES MÉDITATIONS MÉTAPHYSIQUES
DE RENÉ DESCARTES
TOUCHANT LA PREMIÈRE PHILOSOPHIE

dans lesquelles l'existence de Dieu et la distinction
réelle entre l'âme et le corps de l'homme
sont démontrées

---

1. Première édition (1641) : *in qua Dei existentia et animae immortalitas
demonstratur* (dans laquelle l'existence de Dieu et l'immortalité de l'âme
sont démontrées).

RENÉ DESCARTES

MÉDITATIONS

DE PHILOSOPHIE PREMIÈRE

dans lesquelles l'existence de Dieu
et la distinction entre l'âme humaine et le corps
sont démontrées

Meditatio Prima
De iis quae in dubium revocari possunt.

Animadverti jam ante aliquot annos quam multa ineunte aetate falsa pro veris admiserim, et quam dubia sint quaecunque istis postea superextruxi, ac proinde funditus omnia semel in vita esse evertenda, atque a primis fundamentis denuo inchoandum, si quid aliquando firmum et mansurum cupiam in scientiis stabilire ; sed ingens opus esse videbatur, eamque aetatem expectabam, quae foret tam matura, ut capescendis disciplinis aptior nulla sequeretur. Quare tamdiu cunctatus sum ut deinceps essem in culpa, si quod temporis superest ad agendum, deliberando consumerem. Opportune igitur 18 hodie mentem curis omnibus exsolvi, securum mihi otium procuravi, solus secedo, serio tandem et libere generali huic mearum opinionum eversioni vacabo. Ad hoc autem non erit necesse, ut

Première Méditation
Des choses que l'on peut révoquer en doute.

Il y a déjà quelque temps que je me suis aperçu que, dès mes premières années, j'avais reçu quantité de fausses opinions pour véritables, et que ce que j'ai depuis fondé sur des principes si mal assurés, ne pouvait être que fort douteux et incertain ; de façon qu'il me fallait entreprendre sérieusement une fois en ma vie de me défaire de toutes les opinions que j'avais reçues jusques alors en ma créance, et commencer tout de nouveau dès les fondements, si je voulais établir quelque chose de ferme et de constant dans les sciences. Mais cette entreprise me semblant être fort grande, j'ai attendu que j'eusse atteint un âge qui fût si mûr, que je n'en pusse espérer d'autre après lui, auquel je fusse plus propre à l'exécuter ; ce qui m'a fait différer si longtemps, que désormais je croirais commettre une faute, si j'employais encore à délibérer le temps qui me reste pour agir.

Maintenant donc que mon esprit est libre de tous soins, et que je me suis procuré un repos assuré dans une paisible solitude, je m'appliquerai sérieusement et avec liberté à détruire généralement toutes mes anciennes opinions. Or il ne sera pas nécessaire, pour

Première Méditation
Des choses que l'on peut révoquer en doute.

J'ai remarqué, il y a déjà quelques années, combien sont nombreuses les choses fausses que dès mon plus jeune âge j'ai admises pour vraies et combien sont douteuses toutes celles que j'ai depuis édifiées sur elles, et que par conséquent il fallait une fois en ma vie tout renverser jusqu'au fond et commencer de nouveau à partir des premiers fondements, si je désirais établir un jour dans les sciences quelque chose de ferme et de durable ; mais immense semblait être la tâche, et j'attendais un âge qui fût si mûr qu'aucun autre après lui ne fût plus approprié à la conquête du savoir. C'est pourquoi j'ai différé si longtemps que je serais désormais en faute si je dépensais à délibérer le temps qui reste pour agir. C'est donc le moment aujourd'hui : j'ai délivré mon esprit de tous soucis, je me suis ménagé loisir et tranquillité, je me retire dans la solitude, je vais enfin sérieusement et librement me consacrer à ce renversement général de mes opinions.

omnes esse falsas ostendam, quod nunquam fortassis assequi possem ; sed quia jam ratio persuadet non minus accurate ab iis quae non plane certa sunt atque indubitata, quam ab aperte falsis assensionem esse cohibendam, satis erit ad omnes rejiciendas, si aliquam rationem dubitandi in unaquaque reperero. Nec ideo etiam singulae erunt percurrendae, quod operis esset infiniti ; sed quia, suffossis fundamentis, quidquid iis superaedificatum est sponte collabitur, aggrediar statim ipsa principia quibus illud omne quod olim credidi nitebatur. Nempe quidquid hactenus ut maxime verum admisi, vel a sensibus, vel per sensus accepi ; hos autem interdum fallere deprehendi, ac prudentiae est nunquam illis plane confidere qui nos vel semel deceperunt. Sed forte, quamvis interdum sensus circa minuta quaedam et remotiora nos fallant, pleraque tamen alia

arriver à ce dessein, de prouver qu'elles sont toutes fausses, de quoi
14 peut-être je ne viendrais jamais à bout ; mais, d'autant que la raison me persuade déjà que je ne dois pas moins soigneusement m'empêcher de donner créance aux choses qui ne sont pas entièrement certaines et indubitables, qu'à celles qui nous paraissent manifestement être fausses, le moindre sujet de douter que j'y trouverai, suffira pour me les faire toutes rejeter. Et pour cela il n'est pas besoin que je les examine chacune en particulier, ce qui serait d'un travail infini ; mais, parce que la ruine des fondements entraîne nécessairement avec soi tout le reste de l'édifice, je m'attaquerai d'abord aux principes sur lesquels toutes mes anciennes opinions étaient appuyées.

Tout ce que j'ai reçu jusqu'à présent pour le plus vrai et assuré, je l'ai appris des sens, ou par les sens. Or j'ai quelquefois éprouvé que ces sens étaient trompeurs, et il est de la prudence de ne se fier jamais entièrement à ceux qui nous ont une fois trompés.

Mais encore que les sens nous trompent quelquefois touchant les choses peu sensibles et fort éloignées, il s'en rencontre peut-être beaucoup d'autres, desquelles on ne peut pas raisonnablement

Or pour cela il ne sera pas nécessaire que je montre qu'elles sont toutes fausses, à quoi je ne pourrais peut-être jamais parvenir ; mais parce que la raison persuade déjà qu'il ne faut pas moins soigneusement refuser son assentiment à ce qui n'est pas tout à fait certain et hors de doute qu'à ce qui est manifestement faux, il suffira pour les rejeter toutes de trouver en chacune quelque raison de douter. Et il ne faudra pas non plus pour cela les parcourir une à une, ce qui serait une tâche infinie ; mais parce que, une fois les fondements sapés, tout ce qui a été construit sur eux s'écroule de soi-même, je m'attaquerai d'emblée aux principes mêmes sur lesquels s'appuyaient toutes mes anciennes croyances.

Tout ce que jusqu'à présent j'ai admis comme le plus vrai, c'est bien des sens ou par l'intermédiaire des sens que je l'ai reçu ; or je me suis rendu compte qu'ils trompent, quelquefois, et il est prudent de ne se fier jamais tout à fait à ceux qui nous ont, ne serait-ce qu'une fois, abusés.

Mais peut-être, bien que les sens nous trompent quelquefois sur certaines choses ténues et trop éloignées, y en a-t-il pourtant beaucoup d'autres dont il est tout à fait

31

sunt de quibus dubitari plane non potest, quamvis ab iisdem hauriantur ; ut jam me hic esse, foco assidere, hyemali toga esse indutum, chartam istam manibus contrectare, et similia. Manus vero has ipsas, totumque hoc corpus meum esse, qua ratione posset negari ? Nisi me forte comparem nescio quibus insanis, quorum cerebella tam contumax vapor ex atra bile labefactat, ut constanter asseverent vel se esse reges, cum sunt pauperrimi, vel purpura indutos, cum sunt nudi, vel caput habere fictile, vel se totos esse cucurbitas, vel ex vitro conflatos ; sed amentes sunt isti, nec minus ipse demens viderer, si quod ab iis exemplum ad me transferrem. Praeclare sane, tanquam non sim homo qui soleam noctu dormire, et eadem omnia in somnis pati, vel etiam interdum minus verisimilia, quam quae isti vigilantes. Quam frequenter vero usitata ista, me hic esse, toga vestiri, foco assidere, quies nocturna persuadet ? cum tamen positis vestibus jaceo inter strata. Atqui nunc certe

douter, quoique nous les connaissions par leur moyen : par exemple, que je sois ici, assis auprès du feu, vêtu d'une robe de chambre, ayant ce papier entre les mains, et autres choses de cette nature. Et comment est-ce que je pourrais nier que ces mains et ce corps-ci soient à moi ? si ce n'est peut-être que je me compare à ces insensés, de qui le cerveau est tellement troublé et offusqué par les noires vapeurs de la bile, qu'ils assurent constamment qu'ils sont des rois, lorsqu'ils sont très pauvres ; qu'ils sont vêtus d'or et de pourpre, lorsqu'ils sont tout nus ; ou s'imaginent être des cruches, ou avoir un corps de verre. Mais quoi ? ce sont des fous, et je ne serais pas moins extravagant, si je me réglais sur leurs exemples.

Toutefois j'ai ici à considérer que je suis homme, et par conséquent que j'ai coutume de dormir et de me représenter en mes songes les mêmes choses, ou quelquefois de moins vraisemblables, que ces insensés, lorsqu'ils veillent. Combien de fois m'est-il arrivé de songer, la nuit, que j'étais en ce lieu, que j'étais habillé, que j'étais auprès du feu, quoique je fusse tout nu dedans mon lit ? Il me

impossible de douter, bien qu'elles soient tirées des sens : par exemple que maintenant je suis ici, assis près du feu, vêtu d'une robe de chambre, tenant dans les mains cette feuille, et choses semblables. Et ces mains elles-mêmes, et tout ce corps, mon corps, quelle raison pourrait-il y avoir de les nier ? Sauf si peut-être je me comparais à je ne sais quels fous dont le cerveau est atteint par des vapeurs atrabilaires si tenaces qu'ils soutiennent fermement qu'ils sont des rois alors qu'ils sont très pauvres, ou qu'ils sont vêtus de pourpre alors qu'ils sont tout nus, ou qu'ils ont une tête en argile, ou que tout entiers ils sont des cruches, ou faits de verre. Mais ce sont là des insensés, et moi-même je ne paraîtrais pas moins privé de sens, si je retenais d'eux quelque exemple pour me l'appliquer.

A la bonne heure ! Comme si je n'étais pas un homme qui a coutume de dormir la nuit et d'éprouver dans le sommeil toutes ces mêmes choses, ou même quelquefois de moins vraisemblables, que ces insensés quand ils sont éveillés ! Et que de fois l'assoupissement de la nuit me persuade que je suis ici, habillé, assis près du feu, toutes choses habituelles, alors que pourtant je suis couché,

vigilantibus oculis intueor hanc chartam, non sopitum est hoc caput quod commoveo, manum istam prudens et sciens extendo et sentio ; non tam distincta contingerent dormienti. Quasi scilicet non recorder a similibus etiam cogitationibus me alias in somnis fuisse delusum ; quae dum cogito attentius, tam plane video nunquam certis indiciis vigiliam a somno posse distingui, ut obstupescam, et fere hic ipse stupor mihi opinionem somni confirmet. Age ergo somniemus, nec particularia ista vera sint, nos oculos aperire, caput movere, manus extendere, nec forte etiam nos habere tales manus, nec tale totum corpus ; tamen profecto fatendum est visa per quietem esse veluti quasdam pictas imagines, quae non nisi ad similitudinem rerum verarum fingi potuerunt ; ideoque saltem generalia haec, oculos, caput, manus, totumque corpus, res quasdam non imaginarias, sed

---

semble bien à présent que ce n'est point avec des yeux endormis que je regarde ce papier ; que cette tête que je remue n'est point assoupie ; que c'est avec dessein et de propos délibéré que j'étends cette main, et que je la sens : ce qui arrive dans le sommeil ne
15 semble point si clair ni si distinct que tout ceci. Mais, en y pensant soigneusement, je me ressouviens d'avoir été souvent trompé, lorsque je dormais, par de semblables illusions. Et m'arrêtant sur cette pensée, je vois si manifestement qu'il n'y a point d'indices concluants, ni de marques assez certaines par où l'on puisse distinguer nettement la veille d'avec le sommeil, que j'en suis tout étonné ; et mon étonnement est tel, qu'il est presque capable de me persuader que je dors.

Supposons donc maintenant que nous sommes endormis, et que toutes ces particularités-ci, à savoir, que nous ouvrons les yeux, que nous remuons la tête, que nous étendons les mains, et choses semblables, ne sont que de fausses illusions ; et pensons que peut-être nos mains, ni tout notre corps, ne sont pas tels que nous les voyons. Toutefois il faut au moins avouer que les choses qui nous sont représentées dans le sommeil, sont comme des tableaux et des peintures, qui ne peuvent être formées qu'à la ressemblance de quelque chose de réel et de véritable ; et qu'ainsi, pour le moins, ces choses générales, à savoir, des yeux, une tête, des mains, et tout le

déshabillé, entre mes draps ! Mais à présent en tout cas c'est avec des yeux éveillés que je regarde cette feuille, elle n'est pas endormie, cette tête que je remue, et cette main-là, c'est en pleine connaissance de cause que je la tends et que je la sens ; il ne saurait arriver quand on dort des choses si distinctes. Vraiment ? Comme si je ne me souvenais pas avoir été leurré d'autres fois, dans le sommeil, par ce genre de pensées aussi ! Et quand j'y pense avec plus d'attention, je vois si manifestement qu'on ne peut jamais distinguer par des marques certaines la veille d'avec le sommeil que j'en suis stupéfait, et que cette stupeur même me confirme presque dans l'opinion que je dors.

Eh bien donc, admettons que nous rêvons, et que ces choses particulières-là, que nous ouvrons les yeux, remuons la tête, tendons les mains, ne sont pas vraies, que peut-être même il n'est pas vrai que nous avons de ces mains, et tout ce corps. Toutefois il faut bien avouer que ce qu'on voit pendant l'assoupissement est comparable à des images peintes qui n'ont pu être inventées qu'à la ressemblance de choses vraies, et qu'ainsi ces choses générales-ci au moins, des yeux, une tête, des mains et tout le reste du corps,

20 veras existere. Nam sane pictores ipsi, ne tum quidem, cum Sirenas et Satyriscos maxime inusitatis formis fingere student, naturas omni ex parte novas iis possunt assignare, sed tantummodo diversorum animalium membra permiscent ; vel si forte aliquid excogitent adeo novum, ut nihil omnino ei simile fuerit visum, atque ita plane fictitium sit et falsum, certe tamen ad minimum veri colores esse debent, ex quibus illud componant. Nec dispari ratione, quamvis etiam generalia haec, oculi, caput, manus, et similia, imaginaria esse possent, necessario tamen saltem alia quaedam adhuc magis simplicia et universalia vera esse fatendum est, ex quibus tanquam coloribus veris omnes istae, seu verae, seu falsae, quae in cogitatione nostra sunt, rerum imagines effinguntur. Cujus generis esse videntur natura corporea in communi, ejusque extensio ; item figura rerum extensarum ; item quantitas, sive earumdem magnitudo, et numerus ; item locus in quo existant, tempusque per quod durent, et

reste du corps, ne sont pas choses imaginaires, mais vraies et existantes. Car de vrai les peintres, lors même qu'ils s'étudient avec le plus d'artifice à représenter des sirènes et des satyres par des formes bizarres et extraordinaires, ne leur peuvent pas toutefois attribuer des formes et des natures entièrement nouvelles, mais font seulement un certain mélange et composition des membres de divers animaux ; ou bien, si peut-être leur imagination est assez extravagante pour inventer quelque chose de si nouveau que jamais nous n'ayons rien vu de semblable, et qu'ainsi leur ouvrage nous représente une chose purement feinte et absolument fausse, certes à tout le moins les couleurs dont ils le composent doivent-elles être véritables.

Et par la même raison, encore que ces choses générales, à savoir, des yeux, une tête, des mains, et autres semblables, pussent être imaginaires, il faut toutefois avouer qu'il y a des choses encore plus simples et plus universelles, qui sont vraies et existantes, du mélange desquelles, ni plus ni moins que de celui de quelques véritables couleurs, toutes ces images des choses qui résident en notre pensée, soit vraies et réelles, soit feintes et fantastiques, sont formées. De ce genre de choses est la nature corporelle en général, et son étendue ; ensemble la figure des choses étendues, leur quantité ou grandeur, et leur nombre ; comme aussi le lieu où elles sont, le temps qui mesure leur durée, et autres semblables.

existent, et sont des choses vraies, et non imaginaires. Car en vérité les peintres, justement, même quand ils s'appliquent à inventer des sirènes et des satyres aux formes les plus insolites, ne peuvent leur attribuer des natures de part en part nouvelles et ne font que mélanger des parties de divers animaux ; ou bien si peut-être ils élaborent quelque chose de si nouveau qu'on n'ait absolument rien vu de semblable et qui soit ainsi entièrement fictif et faux, il reste toutefois que pour le moins les couleurs dont ils le composent doivent être vraies. De manière analogue, même s'il se pouvait que ces choses générales aussi, des yeux, une tête, des mains et choses semblables, fussent imaginaires, il faut toutefois nécessairement avouer qu'au moins sont vraies d'autres choses encore plus simples et universelles, à partir desquelles sont formées, comme à partir de vraies couleurs, toutes ces images de choses qui sont en notre pensée, qu'elles soient vraies ou fausses. De ce genre semblent être la nature corporelle en général, et son étendue ; la figure des choses étendues ; leur quantité ou grandeur, et leur nombre ; le lieu dans lequel elles existent, le temps

similia. Quapropter ex his forsan non male concludemus Physicam, Astronomiam, Medicinam, disciplinasque alias omnes, quae a rerum compositarum consideratione dependent, dubias quidem esse ; atqui Arithmeticam, Geometriam, aliasque ejusmodi, quae nonnisi de simplicissimis et maxime generalibus rebus tractant, atque utrum eae sint in rerum natura necne[1], parum curant, aliquid certi atque indubitati continere. Nam sive vigilem, sive dormiam, duo et tria simul juncta sunt quinque, quadratumque non plura habet latera quam quatuor ; nec fieri posse videtur ut tam perspicuae veritates in suspicionem falsitatis incurrant. Verumtamen infixa quaedam est meae menti vetus opinio, Deum esse qui potest omnia, et a quo talis, qualis existo, sum creatus. Unde autem scio illum non fecisse ut nulla plane sit terra, nullum coelum, nulla res extensa, nulla figura, nulla magnitudo, nullus locus, et tamen haec omnia non aliter quam nunc mihi videantur existere ? Imo etiam, quemadmo-

21

---

1. *nec ne*, en deux mots, dans les éditions originales (1641 et 1642).

---

16 C'est pourquoi peut-être que de là nous ne conclurons pas mal, si nous disons que la physique, l'astronomie, la médecine, et toutes les autres sciences qui dépendent de la considération des choses composées, sont fort douteuses et incertaines ; mais que l'arithmétique, la géométrie, et les autres sciences de cette nature, qui ne traitent que de choses fort simples et fort générales, sans se mettre beaucoup en peine si elles sont dans la nature, ou si elles n'y sont pas, contiennent quelque chose de certain et d'indubitable. Car, soit que je veille ou que je dorme, deux et trois joints ensemble formeront toujours le nombre de cinq, et le carré n'aura jamais plus de quatre côtés ; et il ne semble pas possible que des vérités si apparentes puissent être soupçonnées d'aucune fausseté ou d'incertitude.

Toutefois il y a longtemps que j'ai dans mon esprit une certaine opinion, qu'il y a un Dieu qui peut tout, et par qui j'ai été créé et produit tel que je suis. Or qui me peut avoir assuré que ce Dieu n'ait point fait qu'il n'y ait aucune terre, aucun ciel, aucun corps étendu, aucune figure, aucune grandeur, aucun lieu, et que néanmoins j'aie les sentiments de toutes ces choses, et que tout cela ne me semble point exister autrement que je le vois ? Et même, comme je juge quelquefois que les autres se méprennent, même dans les

38

pendant lequel elles durent, et choses semblables.

C'est pourquoi, peut-être, nous n'aurons
pas tort d'en conclure que la physique,
l'astronomie, la médecine, et toutes les autres
disciplines qui dépendent de la considération
de choses composées, sont certes douteuses,
mais que l'arithmétique, la géométrie, et les
autres disciplines de cette sorte qui ne traitent que de choses très simples et très générales et se soucient peu de savoir si elles sont
dans la nature ou non, contiennent quelque
chose de certain et qui reste hors de doute.
Car, que je veille ou que je dorme, deux
ajoutés à trois font cinq et le carré n'a pas
plus de quatre côtés ; et il semble impossible
que des vérités si transparentes encourent le
soupçon de fausseté.

Mais pourtant j'ai dans l'esprit, fixée depuis
longtemps, une certaine opinion selon laquelle
il y a un Dieu qui peut tout et par qui j'ai
été créé tel que j'existe. Or d'où sais-je qu'il
n'a pas fait qu'il n'y ait absolument aucune
terre, aucun ciel, aucune chose étendue,
aucune figure, aucune grandeur, aucun lieu,
et que pourtant tout cela, exactement comme
maintenant, me semble exister ? Bien plus
encore, de même que je juge que d'autres

dum judico interdum alios errare circa ea quae se perfectissime scire arbitrantur, ita ego ut fallar quoties duo et tria simul addo, vel numero quadrati latera, vel si quid aliud facilius fingi potest ? At forte noluit Deus ita me decipi, dicitur enim summe bonus ; sed si hoc ejus bonitati repugnaret talem me creasse ut semper fallar, ab eadem etiam videretur esse alienum permittere ut interdum fallar ; quod ultimum tamen non potest dici. Essent vero fortasse nonnulli qui tam potentem aliquem Deum mallent negare, quam res alias omnes credere esse incertas. Sed iis non repugnemus, totumque hoc de Deo demus esse fictitium ; at seu fato, seu casu, seu continuata rerum serie, seu quovis alio modo me ad id quod sum pervenisse supponant ; quoniam falli et errare imperfectio quaedam esse videtur, quo minus potentem originis meae authorem assignabunt, eo

choses qu'ils pensent savoir avec le plus de certitude, il se peut faire qu'il ait voulu que je me trompe toutes les fois que je fais l'addition de deux et de trois, ou que je nombre les côtés d'un carré, ou que je juge de quelque chose encore plus facile, si l'on se peut imaginer rien de plus facile que cela. Mais peut-être que Dieu n'a pas voulu que je fusse déçu de la sorte, car il est dit souverainement bon. Toutefois, si cela répugnait à sa bonté, de m'avoir fait tel que je me trompasse toujours, cela semblerait aussi lui être aucunement contraire, de permettre que je me trompe quelquefois, et néanmoins je ne puis douter qu'il ne le permette.

Il y aura peut-être ici des personnes qui aimeront mieux nier l'existence d'un Dieu si puissant, que de croire que toutes les autres choses sont incertaines. Mais ne leur résistons pas pour le présent, et supposons en leur faveur que tout ce qui est dit ici d'un Dieu soit une fable. Toutefois, de quelque façon qu'ils supposent que je sois parvenu à l'état et à l'être que je possède, soit qu'ils l'attribuent à quelque destin ou fatalité, soit qu'ils le réfèrent au hasard, soit qu'ils veuillent que ce soit par une continuelle suite et liaison des
17 choses, il est certain que, puisque faillir et se tromper est une espèce d'imperfection, d'autant moins puissant sera l'auteur qu'ils attribueront à mon origine, d'autant plus sera-t-il probable que je suis

quelquefois s'égarent dans ce dont ils esti-
ment avoir la science la plus parfaite, de
même d'où sais-je qu'il n'a pas fait que je
me trompe moi aussi toutes les fois que je
fais l'addition de deux et de trois ou le
dénombrement des côtés d'un carré ou
quelque autre chose plus facile si l'on peut
en imaginer une ? Peut-être toutefois Dieu
n'a-t-il pas voulu que je sois ainsi abusé : on
le dit en effet souverainement bon. Mais si
sa bonté devait exclure qu'il m'ait créé tel
que je me trompe toujours, cette même
bonté, apparemment, devrait aussi s'opposer
à ce qu'il permette que je me trompe quelquefois, ultime conséquence qu'on ne peut
pourtant pas soutenir.

Il y a peut-être des gens, il est vrai, qui
aimeraient mieux nier un Dieu si puissant
que de croire incertaines toutes les autres
choses. Ne les contredisons pas, et accordons
que tout ce qui vient d'être dit de Dieu est
une fiction. Toutefois, qu'ils supposent que
je sois parvenu à l'être que je suis par le
destin, le hasard, un enchaînement continu
de choses ou de n'importe quelle autre façon,
puisque se tromper et s'égarer semble être
une imperfection, moins sera puissant l'auteur qu'ils attribueront à mon origine, plus

probabilius erit me tam imperfectum esse ut semper fallar. Quibus sane argumentis non habeo quod respondeam, sed tandem cogor fateri nihil esse ex iis quae olim vera putabam, de quo non liceat dubitare, idque non per inconsiderantiam vel levitatem, sed propter validas et meditatas rationes ; ideoque etiam ab iisdem, non minus quam ab aperte falsis, accurate deinceps assensionem esse cohibendam, si quid certi velim invenire. Sed nondum sufficit haec advertisse, curandum est ut recorder ; assidue enim recurrunt consuetae opiniones, occupantque credulitatem meam tanquam longo usu et familiaritatis jure sibi devinctam, fere etiam me invito ; nec unquam iis assentiri et confidere desuescam, quamdiu tales esse supponam quales sunt revera, nempe aliquo quidem modo dubias, ut jam jam ostensum est, sed nihilominus valde probabiles, et quas multo magis rationi consentaneum sit credere quam negare. Quapropter, ut

tellement imparfait que je me trompe toujours. Auxquelles raisons je n'ai certes rien à répondre, mais je suis contraint d'avouer que, de toutes les opinions que j'avais autrefois reçues en ma créance pour véritables, il n'y en a pas une de laquelle je ne puisse maintenant douter, non par aucune inconsidération ou légèreté, mais pour des raisons très fortes et mûrement considérées : de sorte qu'il est nécessaire que j'arrête et suspende désormais mon jugement sur ces pensées, et que je ne leur donne pas plus de créance, que je ferais à des choses qui me paraîtraient évidemment fausses, si je désire trouver quelque chose de constant et d'assuré dans les sciences.

Mais il ne suffit pas d'avoir fait ces remarques, il faut encore que je prenne soin de m'en souvenir ; car ces anciennes et ordinaires opinions me reviennent encore souvent en la pensée, le long et familier usage qu'elles ont eu avec moi leur donnant droit d'occuper mon esprit contre mon gré, et de se rendre presque maîtresses de ma créance. Et je ne me désaccoutumerai jamais d'y acquiescer, et de prendre confiance en elles, tant que je les considérerai telles qu'elles sont en effet, c'est à savoir en quelque façon douteuses, comme je viens de montrer, et toutefois fort probables, en sorte que l'on a beaucoup plus de raison de les croire que de les nier. C'est pourquoi je pense que j'en userai plus prudemment, si, prenant un

il sera probable que je suis si imparfait que je me trompe toujours.

A ces arguments, vraiment, je n'ai rien à répondre. Et je suis finalement contraint d'avouer qu'il n'y a rien de ce que je tenais autrefois pour vrai dont il ne soit permis de douter, cela non par irréflexion ou légèreté, mais pour des raisons fortes et méditées ; et que par conséquent à cela aussi, non moins qu'à ce qui est manifestement faux, je dois désormais soigneusement refuser mon assentiment, si je veux découvrir quelque chose de certain.

Mais ces remarques ne suffisent pas encore, il faut que je prenne soin de m'en souvenir ; inlassablement en effet reviennent les opinions accoutumées, et elles s'emparent de ma crédulité, qu'un long usage et le droit que donne la familiarité leur ont comme asservie, et presque malgré moi. Et je ne me désaccoutumerai jamais d'y consentir et de m'y fier, tant que je les supposerai telles qu'elles sont effectivement, à savoir en quelque façon, bien sûr, douteuses, comme cela vient d'être montré, mais néanmoins fort probables, et telles qu'il est beaucoup plus conforme à la raison de les croire que de les nier. C'est pourquoi, je crois, je ne

opinor, non male agam, si, voluntate plane in contrarium versa, me ipsum fallam, illasque aliquandiu omnino falsas imaginariasque esse fingam, donec, tandem, velut aequatis utrimque praejudiciorum ponderibus, nulla amplius prava consuetudo judicium meum a recta rerum perceptione detorqueat. Etenim scio nihil inde periculi vel erroris interim sequuturum, et me plus aequo diffidentiae indulgere non posse, quandoquidem nunc non rebus agendis, sed cognoscendis tantum incumbo. Supponam igitur non optimum Deum, fontem veritatis, sed genium aliquem malignum, eundemque summe potentem et callidum, omnem suam industriam in eo posuisse, ut me falleret. Putabo coelum, aërem, terram, colores, figuras, sonos, cunctaque externa nihil aliud esse quam ludificationes somniorum, 23 quibus insidias credulitati meae tetendit. Considerabo meipsum tanquam manus non habentem, non oculos, non carnem, non sanguinem, non aliquem sensum, sed haec omnia me habere falso opinantem. Manebo obstinate in hac meditatione defixus, atque ita,

parti contraire, j'emploie tous mes soins à me tromper moi-même, feignant que toutes ces pensées sont fausses et imaginaires ; jusques à ce qu'ayant tellement balancé mes préjugés qu'ils ne puissent faire pencher mon avis plus d'un côté que d'un autre, mon jugement ne soit plus désormais maîtrisé par de mauvais usages et détourné du droit chemin qui le peut conduire à la connaissance de la vérité. Car je suis assuré que cependant il ne peut y avoir de péril ni d'erreur en cette voie, et que je ne saurais aujourd'hui trop accorder à ma défiance, puisqu'il n'est pas maintenant question d'agir, mais seulement de méditer et de connaître.

Je supposerai donc qu'il y a, non point un vrai Dieu, qui est la souveraine source de vérité, mais un certain mauvais génie, non moins rusé et trompeur que puissant, qui a employé toute son industrie à me tromper. Je penserai que le ciel, la terre, les couleurs, les figures, les sons et toutes les choses extérieures que nous voyons, 18 ne sont que des illusions et tromperies, dont il se sert pour surprendre ma crédulité. Je me considérerai moi-même comme n'ayant point de mains, point d'yeux, point de chair, point de sang, comme n'ayant aucuns sens, mais croyant faussement avoir toutes ces choses. Je demeurerai obstinément attaché à cette pensée ; et si

ferai pas mal si, la volonté entièrement convertie au parti opposé, je me trompe moi-même et feins pour quelque temps que ces opinions sont tout à fait fausses et imaginaires, jusqu'à ce que, enfin, les poids des deux sortes de préjugés ayant été pour ainsi dire rendus égaux, aucune mauvaise habitude ne détourne plus mon jugement de la perception correcte des choses. Je sais en effet qu'il ne s'ensuivra pendant ce temps ni péril ni erreur, et que je ne saurais accorder plus qu'il ne faut à la défiance, puisque je ne me propose pas maintenant d'agir, mais seulement de connaître.

Je supposerai donc, non pas le Dieu tout bon, source de vérité, mais quelque génie méchant, et en même temps souverainement puissant et rusé, qui a mis toute son adresse à me tromper. Je tiendrai que le ciel, l'air, la terre, les couleurs, les figures, les sons et l'ensemble des choses extérieures ne sont que mystifications de songes dont il s'est servi pour tendre des pièges à ma crédulité. Je me considérerai moi-même comme n'ayant ni mains, ni yeux, ni chair, ni sang, ni aucun sens, et croyant faussement avoir tout cela. Je demeurerai obstinément fixé dans cette méditation et, de cette manière, si vraiment

siquidem non in potestate mea sit aliquid veri cognoscere, at certe hoc quod in me est, ne falsis assentiar, nec mihi quidquam iste deceptor, quantumvis potens, quantumvis callidus, possit imponere, obfirmata mente cavebo. Sed laboriosum est hoc institutum, et desidia quaedam ad consuetudinem vitae me reducit. Nec aliter quam captivus, qui forte imaginaria libertate fruebatur in somnis, cum[1] postea suspicari incipit se dormire, timet excitari, blandisque illusionibus lente connivet, sic[2] sponte relabor in veteres opiniones, vereorque expergisci, ne placidae quieti laboriosa vigilia succedens, non in aliqua luce, sed inter inextricabiles jam motarum difficultatum tenebras, in posterum sit degenda.

1. *quum* dans les deux éditions originales.
2. 1ʳᵉ édition (1641) : *hic*.

par ce moyen il n'est pas en mon pouvoir de parvenir à la connaissance d'aucune vérité, à tout le moins il est en ma puissance de suspendre mon jugement. C'est pourquoi je prendrai garde soigneusement de ne point recevoir en ma croyance aucune fausseté, et préparerai si bien mon esprit à toutes les ruses de ce grand trompeur, que, pour puissant et rusé qu'il soit, il ne pourra jamais rien imposer.

Mais ce dessein est pénible et laborieux, et une certaine paresse m'entraîne insensiblement dans le train de ma vie ordinaire. Et tout de même qu'un esclave qui jouissait dans le sommeil d'une liberté imaginaire, lorsqu'il commence à soupçonner que sa liberté n'est qu'un songe, craint d'être réveillé, et conspire avec ces illusions agréables pour en être plus longuement abusé, ainsi je retombe insensiblement de moi-même dans mes anciennes opinions, et j'appréhende de me réveiller de cet assoupissement, de peur que les veilles laborieuses qui succéderaient à la tranquillité de ce repos, au lieu de m'apporter quelque jour et quelque lumière dans la connaissance de la vérité, ne fussent pas suffisantes pour éclaircir les ténèbres des difficultés qui viennent d'être agitées.

il n'est pas en mon pouvoir de connaître quelque chose de vrai, une chose malgré tout dépend de moi et j'y prendrai résolument garde, ne pas consentir au faux, et faire que ce trompeur, si puissant, si rusé soit-il, ne puisse rien m'imposer.

Mais ce projet est laborieux, et une certaine paresse me ramène aux habitudes de la vie. Tout comme un prisonnier qui peut-être jouissait dans le sommeil d'une liberté imaginaire, quand ensuite il commence à soupçonner qu'il dort, craint d'être réveillé et conspire nonchalamment avec ces illusions agréables, ainsi je retombe de moi-même dans les vieilles opinions et j'appréhende de m'éveiller, de peur que la veille laborieuse qui succédera au paisible assoupissement ne doive dorénavant s'écouler, sans la moindre lumière, parmi les inextricables ténèbres des difficultés qui viennent d'être agitées.

Meditatio Secunda

De natura mentis humanae. Quod ipsa sit
notior quam corpus.

In tantas dubitationes hesterna meditatione conjectus sum, ut nequeam amplius earum oblivisci nec videam tamen qua ratione 24 solvendae sint ; sed, tanquam in profundum gurgitem ex improviso delapsus, ita turbatus sum, ut nec possim in imo pedem figere, nec enatare ad summum. Enitar tamen et tentabo rursus eandem viam quam heri fueram ingressus, removendo scilicet illud omne quod vel minimum dubitationis admittit, nihilo secius quam si omnino falsum esse comperissem ; pergamque porro donec aliquid certi, vel si nihil aliud, saltem hoc ipsum pro certo nihil esse certi, cognoscam. Nihil nisi punctum petebat Archimedes, quod esset firmum et immobile, ut integram terram loco dimoveret ; magna quoque speranda sunt, si vel minimum quid invenero quod certum sit et

---

Méditation Seconde

De la nature de l'esprit humain ;
et qu'il est plus aisé à connaître que le corps.

La Méditation que je fis hier m'a rempli l'esprit de tant de doutes, qu'il n'est plus désormais en ma puissance de les oublier. Et cependant je ne vois pas de quelle façon je les pourrai résoudre ; et comme si tout à coup j'étais tombé dans une eau très profonde, je suis tellement surpris, que je ne puis ni assurer mes pieds dans le fond, ni nager pour me soutenir au-dessus. Je m'efforcerai néanmoins, et suivrai derechef la même voie où j'étais entré hier, en m'éloignant de tout ce en quoi je pourrai imaginer le moindre doute, 19 tout de même que si je connaissais que cela fût absolument faux ; et je continuerai toujours dans ce chemin, jusqu'à ce que j'aie rencontré quelque chose de certain, ou du moins, si je ne puis autre chose, jusqu'à ce que j'aie appris certainement, qu'il n'y a rien au monde de certain.

Archimède, pour tirer le globe terrestre de sa place et le transporter en un autre lieu, ne demandait rien qu'un point qui fût fixe et assuré. Ainsi j'aurai droit de concevoir de hautes espérances, si je

48

Seconde Méditation

De la nature de l'esprit humain.
Priorité de sa connaissance
sur celle du corps.

La méditation d'hier m'a jeté dans de si grands doutes qu'il n'est plus en mon pouvoir de les oublier et que, pourtant, je ne vois pas de quelle manière les résoudre ; et comme si j'étais tombé inopinément dans un profond trou d'eau, je suis tellement troublé que je ne puis ni prendre pied dans le fond ni remonter à la nage jusqu'à la surface. Je vais pourtant faire effort et tenter de nouveau le même chemin où je m'étais engagé hier, écartant, comme on sait, tout ce qui admet ne serait-ce que le plus petit doute, tout comme si j'en avais découvert l'entière fausseté ; et je poursuivrai dans ce sens jusqu'à ce que je connaisse quelque chose de certain, ou du moins, à défaut d'autre chose, que je connaisse comme certain que justement il n'y a rien de certain.

Archimède ne demandait rien qu'un point qui fût ferme et immobile pour tirer de son lieu la terre tout entière ; il y a aussi beaucoup à espérer si je trouve ne serait-ce que

inconcussum. Suppono igitur omnia quae video falsa esse, credo nihil unquam extitisse eorum quae mendax memoria repraesentat, nullos plane habeo sensus ; corpus, figura, extensio, motus, locusque sunt chimerae. Quid igitur erit verum ? Fortassis hoc unum, nihil esse certi. Sed unde scio nihil esse diversum ab iis omnibus quae jam jam recensui, de quo ne minima quidem occasio sit dubitandi ? Nunquid est aliquis Deus, vel quocunque nomine illum vocem, qui mihi has ipsas cogitationes immittit ? Quare vero hoc putem, cum forsan ipsemet illarum author esse possim ? Nunquid ergo saltem ego aliquid sum ? Sed jam negavi me habere ullos sensus, et ullum
25 corpus. Haereo tamen ; nam quid inde ? Sumne ita corpori sensibusque alligatus, ut sine illis esse non possim ? Sed mihi persuasi nihil plane esse in mundo, nullum coelum, nullam terram, nullas mentes, nulla corpora ; nonne igitur etiam me non esse ? Imo certe ego eram, si quid mihi persuasi. Sed est deceptor nescio quis, summe

---

suis assez heureux pour trouver seulement une chose qui soit certaine et indubitable.

Je suppose donc que toutes les choses que je vois sont fausses ; je me persuade que rien n'a jamais été de tout ce que ma mémoire remplie de mensonges me représente ; je pense n'avoir aucun sens ; je crois que le corps, la figure, l'étendue, le mouvement et le lieu ne sont que des fictions de mon esprit. Qu'est-ce donc qui pourra être estimé véritable ? Peut-être rien autre chose, sinon qu'il n'y a rien au monde de certain.

Mais que sais-je s'il n'y a point quelque autre chose différente de celles que je viens de juger incertaines, de laquelle on ne puisse avoir le moindre doute ? N'y a-t-il point quelque Dieu, ou quelque autre puissance, qui me met en l'esprit ces pensées ? Cela n'est pas nécessaire ; car peut-être que je suis capable de les produire de moi-même. Moi donc à tout le moins ne suis-je pas quelque chose ? Mais j'ai déjà nié que j'eusse aucun sens ni aucun corps. J'hésite néanmoins, car que s'ensuit-il de là ? Suis-je tellement dépendant du corps et des sens, que je ne puisse être sans eux ? Mais je me suis persuadé qu'il n'y avait rien du tout dans le monde, qu'il n'y avait aucun ciel, aucune terre, aucuns esprits, ni aucuns corps ; ne me suis-je donc pas aussi persuadé que je n'étais point ? Non certes, j'étais sans doute, si je me suis persuadé, ou seulement si j'ai pensé

le plus petit quelque chose qui soit certain et inébranlé.

Je suppose donc que tout ce que je vois est faux, je crois que rien n'a jamais existé de ce que représente la mémoire menteuse, je n'ai pas de sens du tout ; corps, figure, étendue, mouvement et lieu sont des chimères. Qu'est-ce donc qui sera vrai ? Une seule chose peut-être : il n'y a rien de certain.

Mais d'où sais-je qu'il n'y a pas quelque chose de différent de tout ce que je viens de recenser, quelque chose dont il n'y ait pas même la plus petite occasion de douter ? N'y a-t-il pas quelque Dieu, ou peu importe le nom dont je l'appelle, qui met en moi ces pensées mêmes ? Mais pourquoi le croirais-je, alors que moi-même, peut-être, je pourrais en être l'auteur ? Ne suis-je donc pas, moi, à tout le moins, quelque chose ? Mais j'ai déjà dit n'avoir aucun sens ni aucun corps. J'hésite pourtant, car que s'ensuit il ? Suis-je tellement attaché au corps et aux sens que je ne puisse être sans eux ? Mais je me suis persuadé qu'il n'y avait absolument rien dans le monde, ni ciel, ni terre, ni esprits, ni corps ; ne me suis-je donc pas aussi persuadé que je n'étais pas ? Mais non ! J'étais, moi, en tout cas, si je me suis

potens, summe callidus, qui de industria me semper fallit. Haud dubie igitur ego etiam sum, si me fallit ; et fallat quantum potest, nunquam tamen efficiet, ut nihil sim quamdiu me aliquid esse cogitabo. Adeo ut, omnibus satis superque pensitatis, denique statuendum sit hoc pronuntiatum, Ego sum, ego existo, quoties a me profertur, vel mente concipitur, necessario esse verum. Nondum vero satis intelligo, quisnam sim ego ille, qui jam necessario sum ; deincepsque cavendum est ne forte quid aliud imprudenter assumam in locum mei, sicque aberrem etiam in ea cognitione, quam omnium certissimam evidentissimamque esse contendo. Quare jam denuo meditabor quidnam me olim esse crediderim, priusquam in has cogitationes incidissem ; ex quo deinde subducam quidquid allatis rationibus vel minimum potuit infirmari, ut ita tandem praecise

quelque chose. Mais il y a un je ne sais quel trompeur très puissant et très rusé, qui emploie toute son industrie à me tromper toujours. Il n'y a donc point de doute que je suis, s'il me trompe ; et qu'il me trompe tant qu'il voudra, il ne saurait jamais faire que je ne sois rien, tant que je penserai être quelque chose. De sorte qu'après y avoir bien pensé, et avoir soigneusement examiné toutes choses, enfin il faut conclure, et tenir pour constant que cette proposition, *Je suis, j'existe,* est nécessairement vraie, toutes les fois que je la prononce, ou que je la conçois en mon esprit.

Mais je ne connais pas encore assez clairement ce que je suis, moi qui suis certain que je suis ; de sorte que désormais il faut que je prenne soigneusement garde de ne prendre pas imprudemment
20 quelque autre chose pour moi, et ainsi de ne me point méprendre dans cette connaissance, que je soutiens être plus certaine et plus évidente que toutes celles que j'ai eues auparavant.

C'est pourquoi je considérerai derechef ce que je croyais être avant que j'entrasse dans ces dernières pensées ; et de mes anciennes opinions je retrancherai tout ce qui peut être combattu par les raisons que j'ai tantôt alléguées, en sorte qu'il ne demeure précisé-

persuadé quelque chose. Mais il y a je ne sais quel trompeur, souverainement puissant, souverainement rusé, qui de toute son adresse me trompe toujours. Il n'y a donc pas de doute, moi aussi je suis, s'il me trompe ; et qu'il me trompe autant qu'il peut, il ne fera pourtant jamais que je ne sois rien tant que je penserai être quelque chose ; de sorte que, tout bien pesé et soupesé, il faut finalement poser que cet énoncé, *je suis, j'existe, moi*, toutes les fois que je le prononce ou que je le conçois mentalement, est nécessairement vrai.

Mais je ne connais pas encore d'une intellection suffisante ce qu'est ce moi, ce que je suis, moi qui à présent de toute nécessité suis ; et il faut désormais être sur mes gardes pour ne pas risquer de prendre imprudemment quelque chose d'autre pour moi et m'égarer ainsi même dans cette connaissance dont je soutiens qu'elle est de toutes la plus certaine et la plus évidente. C'est pourquoi je vais maintenant à nouveau méditer ce que j'ai cru être autrefois, avant d'en être venu à ces pensées, de quoi ensuite je retrancherai tout ce qui a pu être tant soit peu infirmé par les raisons avancées, en sorte que, de cette manière, il reste enfin, délimité

remaneat illud tantum quod certum est et inconcussum. Quidnam igitur antehac me esse putavi ? Hominem scilicet. Sed quid est homo ? Dicamne animal rationale ? Non, quia postea quaerendum foret quidnam animal sit, et quid rationale, atque ita ex una quaestione in plures difficilioresque delaberer ; nec jam mihi tantum otii est, ut illo velim inter istiusmodi subtilitates abuti. Sed hic

26 potius attendam quid sponte et natura duce cogitationi meae antehac occurrebat, quoties quid essem considerabam. Nempe occurrebat primo me habere vultum, manus, brachia, totamque hanc membrorum machinam, qualis etiam in cadavere cernitur, et quam corporis nomine designabam. Occurrebat praeterea me nutriri, incedere, sentire, et cogitare, quas quidem actiones ad animam referebam ; sed quid esset haec anima, vel non advertebam, vel exiguum nescio quid imaginabar, instar venti, vel[1] ignis, vel aetheris, quod crassioribus mei partibus esset infusum. De corpore vero ne dubitabam

1. *vel* manque dans la 1re édition.

ment rien que ce qui est entièrement indubitable. Qu'est-ce donc que j'ai cru être ci-devant ? Sans difficulté, j'ai pensé que j'étais un homme. Mais qu'est-ce qu'un homme ? Dirai-je que c'est un animal raisonnable ? Non certes : car il faudrait par après rechercher ce que c'est qu'animal, et ce que c'est que raisonnable, et ainsi d'une seule question nous tomberions insensiblement en une infinité d'autres plus difficiles et embarrassées, et je ne voudrais pas abuser du peu de temps et de loisir qui me reste, en l'employant à démêler de semblables subtilités. Mais je m'arrêterai plutôt à considérer ici les pensées qui naissaient ci-devant d'elles-mêmes en mon esprit, et qui ne m'étaient inspirées que de ma seule nature, lorsque je m'appliquais à la considération de mon être. Je me considérais, premièrement, comme ayant un visage, des mains, des bras, et toute cette machine composée d'os et de chair, telle qu'elle paraît en un cadavre, laquelle je désignais par le nom de corps. Je considérais, outre cela, que je me nourrissais, que je marchais, que je sentais et que je pensais, et je rapportais toutes ces actions à l'âme ; mais je ne m'arrêtais point à penser ce que c'était que cette âme, ou bien, si je m'y arrêtais, j'imaginais qu'elle était quelque chose extrêmement rare et subtile, comme un vent, une flamme ou un air très délié, qui était insinué et répandu dans mes plus grossières parties.

avec précision, cela seulement qui est certain et inébranlé.

Qu'est-ce donc, jusqu'à maintenant, que j'ai cru être ? Un homme, sans doute. Mais qu'est-ce qu'un homme ? Vais-je dire un animal raisonnable ? Non, parce qu'il faudrait après chercher ce que c'est qu'animal et que raisonnable, et ainsi d'une seule question je tomberais en plusieurs autres et plus difficiles ; et je n'ai plus assez de loisir pour vouloir en gaspiller à ce genre de subtilités. Mais je me rendrai plutôt attentif ici à ce qui, jusqu'à maintenant, se présentait à ma pensée spontanément et tout naturellement, chaque fois que je considérais ce que j'étais. Ce qui se présentait d'abord, c'est bien que j'avais un visage, des mains, des bras, et toute cette machine d'organes telle qu'on l'observe aussi dans un cadavre, que je désignais du nom de corps. Ce qui se présentait en outre, c'est que je me nourrissais, marchais, sentais et pensais, actions que je rapportais sans doute à une âme ; mais ce qu'était cette âme, ou bien je ne m'y arrêtais pas, ou bien j'imaginais un minuscule je ne sais quoi, sur le modèle d'un vent, d'un feu ou de l'éther, qui aurait été répandu dans les parties les plus grossières de mon être.

quidem, sed distincte me nosse arbitrabar ejus naturam, quam si forte, qualem mente concipiebam, describere tentassem, sic explicuissem. Per corpus intelligo illud omne quod aptum est figura aliqua terminari, loco circumscribi, spatium sic replere, ut ex eo aliud omne corpus excludat ; tactu, visu, auditu, gustu, vel odoratu percipi, necnon moveri pluribus modis, non quidem a seipso, sed ab alio quopiam a quo tangatur ; namque habere vim seipsum movendi, item sentiendi, vel cogitandi, nullo pacto ad naturam corporis pertinere judicabam ; quinimo mirabar potius tales facultates in quibusdam corporibus reperiri. Quid autem nunc[1] ubi suppono deceptorem aliquem potentissimum, et, si fas est dicere, malignum, data opera in omnibus, quantum potuit, me delusisse ? Possumne affirmare me habere vel minimum quid ex iis omnibus, 27 quae jam dixi ad naturam corporis pertinere ? Attendo, cogito, revolvo, nihil occurrit ; fatigor eadem frustra repetere. Quid vero ex

1. *nunc* manque dans la 1ʳᵉ édition.

Pour ce qui était du corps, je ne doutais nullement de sa nature ; car je pensais la connaître fort distinctement, et, si je l'eusse voulu expliquer suivant les notions que j'en avais, je l'eusse décrite en cette sorte. Par le corps, j'entends tout ce qui peut être terminé par quelque figure ; qui peut être compris en quelque lieu, et remplir un espace en telle sorte que tout autre corps en soit exclu ; qui peut être senti, ou par l'attouchement, ou par la vue, ou par l'ouïe, ou par le goût, ou par l'odorat ; qui peut être mû en plusieurs façons, non par lui-même, mais par quelque chose d'étranger duquel il soit touché et dont il reçoive l'impression. Car d'avoir en soi la puissance de se mouvoir, de sentir et de penser, je ne croyais aucunement que l'on dût attribuer ces avantages à la nature corporelle ; au contraire, 21 je m'étonnais plutôt de voir que de semblables facultés se rencontraient en certains corps.

Mais moi, qui suis-je, maintenant que je suppose qu'il y a quelqu'un qui est extrêmement puissant et, si je l'ose dire, malicieux et rusé, qui emploie toutes ses forces et toute son industrie à me tromper ? Puis-je m'assurer d'avoir la moindre de toutes les choses que j'ai attribuées ci-dessus à la nature corporelle ? Je m'arrête à y penser avec attention, je passe et repasse toutes ces choses en mon

Quant au corps, loin d'en douter, j'estimais en connaître distinctement la nature, et si d'aventure j'avais tenté de la décrire telle que mentalement je la concevais, voici comment je l'aurais explicitée : par corps, j'entends tout ce qui est susceptible d'être borné par une figure, d'être circonscrit en un lieu et de remplir un espace de telle sorte qu'il en exclue tout autre corps, d'être perçu par le toucher, par la vue, par l'ouïe, par le goût ou par l'odorat, et aussi d'être mû de plusieurs façons, non certes par soi-même, mais par quelque chose d'autre par quoi il est touché. En effet, avoir la puissance de se mouvoir soi-même, comme aussi de sentir, ou de penser, je jugeais que cela n'apparte-nait en aucune manière à la nature du corps ; au contraire, je m'étonnais plutôt de rencon-trer en certains corps de telles facultés.

Qu'en est-il maintenant que je suppose qu'un trompeur très puissant et, s'il est permis de le dire, méchant, s'est délibéré-ment, en toutes choses, autant qu'il a pu, joué de moi ? Puis-je affirmer que j'ai la moindre chose de toutes celles que je viens de dire appartenir à la nature du corps ? Je concentre mon attention, je pense, je réflé-chis, rien ne se présente ; je m'exténue à

iis quae animae tribuebam, nutriri vel incedere ? Quandoquidem
jam corpus non habeo, haec quoque nihil sunt nisi figmenta. Sentire ?
Nempe etiam hoc non fit sine corpore, et permulta sentire visus
sum in somnis quae deinde animadverti me non sensisse. Cogitare ?
Hic invenio, cogitatio est, haec sola a me divelli nequit, ego sum,
ego existo, certum est. Quandiu autem ? Nempe quandiu cogito ;
nam forte etiam fieri posset, si cessarem ab omni cogitatione, ut
illico totus esse desinerem. Nihil nunc admitto nisi quod necessario
sit verum. Sum igitur praecise tantum res cogitans, id est, mens,
sive animus, sive intellectus, sive ratio, voces mihi prius significatio-
nis ignotae. Sum autem res vera, et vere existens ; sed qualis res ?
Dixi, cogitans. Quid praeterea ? Imaginabor. Non sum compages
illa membrorum, quae corpus humanum appellatur ; non sum etiam
tenuis aliquis aër istis membris infusus, non ventus, non ignis, non

esprit, et je n'en rencontre aucune que je puisse dire être en moi. Il
n'est pas besoin que je m'arrête à les dénombrer. Passons donc aux
attributs de l'âme, et voyons s'il y en a quelques-uns qui soient en
moi. Les premiers sont de me nourrir et de marcher ; mais s'il est
vrai que je n'ai point de corps, il est vrai aussi que je ne puis
marcher ni me nourrir. Un autre est de sentir ; mais on ne peut
aussi sentir sans le corps, outre que j'ai pensé sentir autrefois
plusieurs choses pendant le sommeil, que j'ai reconnu à mon réveil
n'avoir point en effet senties. Un autre est de penser ; et je trouve
ici que la pensée est un attribut qui m'appartient. Elle seule ne peut
être détachée de moi, *je suis, j'existe*, cela est certain ; mais combien
de temps ? A savoir, autant de temps que je pense ; car peut-être se
pourrait-il faire, si je cessais de penser, que je cesserais en même
temps d'être ou d'exister. Je n'admets maintenant rien qui ne soit
nécessairement vrai : je ne suis donc, précisément parlant, qu'une
chose qui pense, c'est-à-dire un esprit, un entendement ou une
raison, qui sont des termes dont la signification m'était auparavant
inconnue. Or je suis une chose vraie, et vraiment existante ; mais
quelle chose ? Je l'ai dit : une chose qui pense. Et quoi davantage ?
J'exciterai encore mon imagination, pour chercher si je ne suis point
quelque chose de plus. Je ne suis point cet assemblage de membres,
que l'on appelle le corps humain ; je ne suis point un air délié et

reprendre en vain la même quête. Et de celles que j'attribuais à l'âme ? Se nourrir ou marcher ? Puisque désormais je n'ai pas de corps, ce ne sont là aussi que fictions. Sentir ? Cela non plus, bien sûr, ne se fait pas sans corps, et il m'a semblé sentir quantité de choses, pendant le sommeil, dont je me suis aperçu ensuite que je ne les avais pas senties. Penser ? Cette fois, je trouve : ce qui est, c'est la pensée. Elle seule ne peut être détachée de moi. Je suis, j'existe, moi ; cela est certain. Mais combien de temps ? Bien sûr, autant de temps que je pense ; car peut-être même pourrait-il se faire, si je n'avais plus aucune pensée, que, sur-le-champ, tout entier je cesserais d'être. Je n'admets rien maintenant qui ne soit nécessairement vrai. Délimité avec précision, je ne suis donc qu'une chose qui pense, c'est-à-dire un esprit, ou une intelligence, ou un entendement, ou une raison, mots dont la signification m'était auparavant inconnue. Mais je suis une chose véritable, et véritablement existante. Quelle chose ? Je l'ai dit, une chose qui pense.

Quoi de plus ? Je vais faire appel à l'imagination. Je ne suis pas cet assemblage d'organes qu'on appelle un corps humain ; je ne suis pas non plus un air subtil répandu dans

Seconde Méditation

vapor, non halitus, non quidquid mihi fingo, supposui enim ista
nihil esse. Manet[1] positio, nihilominus tamen ego aliquid sum.
Fortassis vero contingit, ut haec ipsa, quae suppono nihil esse, quia
mihi sunt ignota, tamen in rei veritate non differant ab eo me quem
novi ? Nescio, de hac re jam non disputo ; de iis tantum quae mihi
nota sunt judicium ferre possum. Novi me existere ; quaero quis
sim ego ille quem novi. Certissimum est hujus sic praecise sumpti
28 notitiam non pendere ab iis quae existere nondum novi ; non igitur
ab iis ullis, quae imaginatione effingo. Atque hoc verbum, *effingo*[2],
admonet me erroris mei ; nam fingerem revera si quid me esse
imaginarer, quia nihil aliud est imaginari quam rei corporeae figuram
seu imaginem contemplari. Jam autem certo scio me esse, simulque
fieri posse ut omnes istae imagines, et generaliter quaecunque ad

1. 1ʳᵉ édition : *maneat*.
2. La 1ʳᵉ édition ne met pas ce mot en italiques.

pénétrant, répandu dans tous ces membres ; je ne suis point un
vent, un souffle, une vapeur, ni rien de tout ce que je puis feindre
et imaginer, puisque j'ai supposé que tout cela n'était rien, et que,
sans changer cette supposition, je trouve que je ne laisse pas d'être
certain que je suis quelque chose.

Mais aussi peut-il arriver que ces mêmes choses, que je suppose
n'être point, parce qu'elles me sont inconnues, ne sont point en effet
différentes de moi, que je connais ? Je n'en sais rien ; je ne dispute
pas maintenant de cela, je ne puis donner mon jugement que des
choses qui me sont connues : j'ai reconnu que j'étais, et je cherche
22 quel je suis, moi que j'ai reconnu être. Or il est très certain que
cette notion et connaissance de moi-même, ainsi précisément prise,
ne dépend point des choses dont l'existence ne m'est pas encore
connue ; ni par conséquent, et à plus forte raison, d'aucunes de
celles qui sont feintes et inventées par l'imagination. Et même ces
termes de feindre et d'imaginer m'avertissent de mon erreur ; car je
feindrais en effet, si j'imaginais être quelque chose, puisque imaginer
n'est autre chose que contempler la figure ou l'image d'une chose
corporelle. Or je sais déjà certainement que je suis, et que tout
ensemble il se peut faire que toutes ces images-là, et généralement

ces organes, ni un vent, ni un feu, ni une vapeur, ni un souffle, ni rien de ce que je m'imagine. J'ai en effet supposé que cela n'est rien. La supposition reste en place et pourtant, moi, je n'en suis pas moins quelque chose. Peut-être se trouve-t-il, il est vrai, que ces choses mêmes, que je suppose n'être rien parce qu'elles me sont inconnues, ne diffèrent pourtant pas, dans la vérité de la chose, de ce moi que j'ai reconnu ? Je ne sais pas, de cela je ne dispute pas maintenant ; je ne peux porter un jugement que sur les choses qui me sont connues. J'ai reconnu que j'existe ; je cherche ce que je suis, moi, ce moi que j'ai reconnu. Il est tout à fait certain que la connaissance de cet être considéré dans ces limites précises ne dépend pas des choses dont je n'ai pas encore reconnu qu'elles existent, ni par conséquent d'aucune des inventions de l'imagination. Et même ce terme d'invention m'avertit de mon erreur ; car effectivement ce serait invention et fiction si j'imaginais être quelque chose, imaginer n'étant rien d'autre que contempler la figure ou l'image d'une chose corporelle. Or maintenant je sais avec certitude que je suis et en même temps qu'il se peut que toutes ces images, et généralement tout ce qui est

corporis naturam referuntur, nihil sint praeter insomnia. Quibus animadversis, non minus ineptire videor dicendo, imaginabor, ut distinctius agnoscam quisnam sim, quam si dicerem, jam quidem sum experrectus, videoque nonnihil veri, sed quia nondum video satis evidenter, data opera obdormiam, ut hoc ipsum mihi somnia verius evidentiusque repraesentent. Itaque cognosco nihil eorum quae possum imaginationis ope comprehendere ad hanc quam de me habeo notitiam pertinere, mentemque ab illis diligentissime esse avocandam, ut suam ipsa naturam quam distinctissime percipiat. Sed quid igitur sum ? Res cogitans. Quid est hoc ? Nempe dubitans, intelligens, affirmans, negans, volens, nolens, imaginans quoque, et sentiens. Non pauca sane haec sunt, si cuncta ad me pertineant, sed quidni pertinerent ? Nonne ego ipse sum qui jam dubito fere de omnibus, qui nonnihil tamen intelligo, qui hoc unum verum esse

---

toutes les choses que l'on rapporte à la nature du corps, ne soient que des songes ou des chimères. En suite de quoi je vois clairement que j'aurais aussi peu de raison en disant : j'exciterai mon imagination pour connaître plus distinctement qui je suis, que si je disais : je suis maintenant éveillé, et j'aperçois quelque chose de réel et de véritable, mais, parce que je ne l'aperçois pas encore assez nettement, je m'endormirai tout exprès, afin que mes songes me représentent cela même avec plus de vérité et d'évidence. Et ainsi, je reconnais certainement que rien de tout ce que je puis comprendre par le moyen de l'imagination, n'appartient à cette connaissance que j'ai de moi-même, et qu'il est besoin de rappeler et détourner son esprit de cette façon de concevoir, afin qu'il puisse lui-même reconnaître bien distinctement sa nature.

Mais qu'est-ce donc que je suis ? Une chose qui pense. Qu'est-ce qu'une chose qui pense ? C'est-à-dire une chose qui doute, qui conçoit, qui affirme, qui nie, qui veut, qui ne veut pas, qui imagine aussi, et qui sent. Certes ce n'est pas peu si toutes ces choses appartiennent à ma nature. Mais pourquoi n'y appartiendraient-elles pas ? Ne suis-je pas encore ce même qui doute presque de tout, qui néanmoins entends et conçois certaines choses, qui assure et

rapporté à la nature du corps, ne soient rien que des rêves. Après ces remarques, je ne me sens pas moins absurde en disant : je vais faire appel à l'imagination pour apprendre avec plus de distinction ce que je suis, que si je disais : maintenant je suis, certes, éveillé, et je vois quelque chose de vrai, mais parce que je ne le vois pas encore avec assez d'évidence, je vais tout exprès m'endormir, pour que les songes me représentent justement cela avec plus de vérité et d'évidence. Aussi je reconnais que rien de ce que je peux comprendre à l'aide de l'imagination n'appartient à cette connaissance que j'ai de moi et qu'il en faut détourner très scrupuleusement l'esprit pour qu'il perçoive lui-même le plus distinctement possible sa nature.

Mais que suis-je donc ? Une chose qui pense. Qu'est-ce que cela ? C'est bien une chose qui doute, qui connaît, qui affirme, qui nie, qui veut, qui ne veut pas, qui imagine aussi et qui sent. Assurément ce n'est pas peu, si l'ensemble de ces modalités m'appartient ; mais pourquoi ne m'appartiendraient-elles pas ? Ne suis-je pas moi-même celui qui maintenant doute de presque tout, qui cependant connais quelque

affirmo, nego caetera, cupio plura nosse, nolo decipi, multa vel invitus imaginor, multa etiam tanquam a sensibus venientia animadverto? Quid est horum, quamvis semper dormiam, quamvis etiam is qui me creavit, quantum in se est, me deludat, quod non aeque verum sit ac me esse? Quid est quod a mea cogitatione distinguatur? Quid est quod a me ipso separatum dici possit? Nam quod ego sim qui dubitem, qui intelligam, qui velim, tam manifestum est ut nihil occurrat per quod evidentius explicetur. Sed vero etiam ego idem sum qui imaginor; nam quamvis forte, ut supposui, nulla prorsus res imaginata vera sit, vis tamen ipsa imaginandi revera existit, et cogitationis meae partem facit. Idem denique ego sum qui sentio, sive qui res corporeas tanquam per sensus animadverto; videlicet jam lucem video, strepitum audio, calorem sentio. Falsa haec sunt, dormio enim. At certe videre videor, audire,

affirme celles-là seules être véritables, qui nie toutes les autres, qui veux et désire d'en connaître davantage, qui ne veux pas être trompé, qui imagine beaucoup de choses, même quelquefois en dépit que j'en aie, et qui en sens aussi beaucoup comme par l'entremise des organes du corps? Y a-t-il rien de tout cela qui ne soit aussi véritable qu'il est certain que je suis, et que j'existe, quand même je dormirais toujours, et que celui qui m'a donné l'être se servirait de toutes ses forces pour m'abuser? Y a-t-il aussi aucun de ces attributs qui puisse être distingué de ma pensée, ou qu'on puisse dire être séparé de moi-même? Car il est de soi si évident que c'est moi qui doute, qui entends, et qui désire, qu'il n'est pas ici besoin de rien ajouter pour l'expliquer. Et j'ai aussi certainement la puissance d'imaginer; car encore qu'il puisse arriver (comme j'ai supposé auparavant) que les choses que j'imagine ne soient pas vraies, néanmoins cette puissance d'imaginer ne laisse pas d'être réellement en moi, et fait partie de ma pensée. Enfin je suis le même qui sens, c'est-à-dire qui reçois et connais les choses comme par les organes des sens, puisqu'en effet je vois la lumière, j'ouïs le bruit, je ressens la chaleur. Mais l'on me dira que ces apparences sont fausses et que je dors. Qu'il soit ainsi; toutefois, à tout le moins, il est très certain qu'il me semble que je vois, que j'ouïs, et que je m'échauffe;

chose, qui affirme que cela seul est vrai, nie tout le reste, désire en savoir davantage, ne veux pas être trompé, imagine même malgré moi beaucoup de choses, en aperçois aussi beaucoup comme si elles venaient des sens ? Y a-t-il rien de cela, quand bien même je dormirais toujours, quand bien même celui qui m'a créé se jouerait de moi autant qu'il est en son pouvoir, qui ne soit aussi vrai qu'il est vrai que je suis ? Y a-t-il rien qui se distingue de ma pensée ? Y a-t-il rien qui puisse être dit séparé de moi-même ? Car, que ce soit moi qui doute, qui connais, qui veux, cela est si manifeste qu'il ne se présente rien par quoi l'expliquer avec plus d'évidence. Mais aussi, je suis encore, moi, le même qui imagine ; car, quand bien même, peut-être, comme j'ai supposé, absolument aucune chose imaginée ne serait véritable, toutefois la puissance même d'imaginer existe effectivement et fait partie de ma pensée. Je suis enfin, moi, le même qui sens, c'est-à-dire qui aperçois des choses corporelles comme par l'entremise des sens : par exemple, maintenant, je vois de la lumière, j'entends du bruit, je sens de la chaleur. Ces choses sont fausses, puisque je dors ! Malgré tout, il me semble voir, il me semble entendre, il

calescere, hoc falsum esse non potest, hoc est proprie quod in me
sentire appellatur ; atque hoc praecise sic sumptum nihil aliud est
quam cogitare. Ex quibus equidem aliquanto melius incipio nosse
quisnam sim ; sed adhuc tamen videtur, nec possum abstinere quin
putem, res corporeas, quarum imagines cogitatione formantur, et
quas ipsi sensus explorant, multo distinctius agnosci quam istud
nescio quid mei, quod sub imaginationem non venit ; quanquam
profecto sit mirum res quas animadverto esse dubias, ignotas, a me
alienas, distinctius quam quod verum est, quod cognitum, quam
denique me ipsum, a me comprehendi. Sed video quid sit, gaudet
aberrare mens mea, necdum[1] se patitur intra veritatis limites
30 cohiberi. Esto igitur, et adhuc semel laxissimas habenas ei permit-
tamus, ut, illis, paulo post opportune reductis, facilius se regi
patiatur. Consideremus res illas quae vulgo putantur omnium

---

1. *nec dum*, en deux mots, dans les éditions originales.

---

et c'est proprement ce qui en moi s'appelle sentir, et cela, pris ainsi
précisément, n'est rien autre chose que penser. D'où je commence à
connaître quel je suis, avec un peu plus de lumière et de distinction
que ci-devant.

Mais je ne me puis empêcher de croire que les choses corporelles,
dont les images se forment par ma pensée, et qui tombent sous les
sens, ne soient plus distinctement connues que cette je ne sais quelle
partie de moi-même qui ne tombe point sous l'imagination ;
quoiqu'en effet ce soit une chose bien étrange, que des choses que
je trouve douteuses et éloignées, soient plus clairement et plus
facilement connues de moi, que celles qui sont véritables et certaines,
et qui appartiennent à ma propre nature. Mais je vois bien ce que
c'est : mon esprit se plaît de s'égarer, et ne se peut encore contenir
dans les justes bornes de la vérité. Relâchons-lui donc encore une
fois la bride, afin que, venant ci-après à la retirer doucement et à
propos, nous le puissions plus facilement régler et conduire.

Commençons par la considération des choses les plus communes,

me semble avoir chaud, cela ne peut pas être faux ; cela est, au sens propre, ce qui en moi s'appelle sentir ; et cela, considéré dans ces limites précises, n'est rien d'autre que penser.

Ainsi, je commence sans doute à connaître un peu mieux ce que je suis ; mais il me semble pourtant encore et je ne peux m'empêcher de croire que les choses corporelles, dont la pensée forme les images et que les sens eux-mêmes explorent, sont beaucoup plus distinctement connues que ce je ne sais quoi de mon être qui ne tombe pas sous l'imagination ; bien qu'il soit à coup sûr étonnant que des choses dont je remarque qu'elles sont douteuses, inconnues, étrangères à moi, soient comprises par moi plus distinctement que ce qui est vrai, que ce qui est connu, bref que moi-même. Mais je vois ce que c'est : mon esprit se plaît à s'égarer et ne se laisse pas encore retenir dans les bornes de la vérité. Soit ! Donnons-lui donc toute latitude encore une fois en lâchant la bride, afin que, tout à l'heure, quand sera venu le moment de la resserrer, il se laisse plus facilement diriger.

Considérons les choses dont on croit communément qu'elles sont de toutes les

distinctissime comprehendi ; corpora scilicet, quae tangimus, quae
videmus, non quidem corpora in communi, generales enim istae
perceptiones aliquanto magis confusae esse solent, sed unum in
particulari. Sumamus exempli causa hanc ceram ; nuperrime ex
favis fuit educta, nondum amisit omnem saporem sui mellis,
nonnihil retinet odoris florum ex quibus collecta est ; ejus color,
figura, magnitudo, manifesta sunt ; dura est, frigida est, facile
tangitur, ac si articulo ferias emittet sonum ; omnia denique illi
adsunt quae requiri videntur ut corpus aliquod possit quam distinctissime cognosci. Sed ecce, dum loquor, igni admovetur ; saporis
reliquiae purgantur, odor expirat, color mutatur, figura tollitur,
crescit magnitudo, fit liquida, fit calida, vix tangi potest, nec jam si
pulses emittet sonum. Remanetne adhuc eadem cera ? Remanere
fatendum est, nemo negat, nemo aliter putat. Quid erat igitur in ea
quod tam distincte comprehendebatur ? Certe nihil eorum quae

et que nous croyons comprendre le plus distinctement, à savoir les
corps que nous touchons et que nous voyons. Je n'entends pas
parler des corps en général, car ces notions générales sont d'ordinaire
plus confuses, mais de quelqu'un en particulier. Prenons pour
exemple ce morceau de cire qui vient d'être tiré de la ruche : il n'a
pas encore perdu la douceur du miel qu'il contenait, il retient encore
quelque chose de l'odeur des fleurs dont il a été recueilli ; sa couleur,
sa figure, sa grandeur sont apparentes ; il est dur, il est froid, on le
touche, et si vous le frappez, il rendra quelque son. Enfin toutes les
choses qui peuvent distinctement faire connaître un corps se rencontrent en celui-ci.

Mais voici que, cependant que je parle, on l'approche du feu : ce
qui y restait de saveur s'exhale, l'odeur s'évanouit, sa couleur se
change, sa figure se perd, sa grandeur augmente, il devient liquide,
il s'échauffe, à peine le peut-on toucher, et quoiqu'on le frappe, il
24 ne rendra plus aucun son. La même cire demeure-t-elle après ce
changement ? Il faut avouer qu'elle demeure ; et personne ne le peut
nier. Qu'est-ce donc que l'on connaissait en ce morceau de cire avec
tant de distinction ? Certes ce ne peut être rien de tout ce que j'y ai

plus distinctement comprises : les corps, bien entendu, que nous touchons, que nous voyons, non certes les corps en général, car ces perceptions génériques sont d'ordinaire passablement plus confuses, mais un corps en particulier. Prenons par exemple cette cire : elle vient tout juste d'être sortie de la ruche, elle n'a pas encore perdu toute la saveur de son miel, elle retient quelque chose de l'odeur des fleurs d'où elle a été recueillie ; sa couleur, sa figure, sa grandeur sont manifestes ; elle est dure, elle est froide, il est facile de la toucher et, si on la frappe du doigt, elle émettra un son. Bref, tout s'y trouve de ce qui semble requis pour qu'un corps soit connu le plus distinctement possible. Mais tandis que je parle, voici qu'on l'approche du feu : ce qui reste de saveur s'évanouit, l'odeur s'en va, la couleur change, la figure disparaît, la grandeur augmente, elle devient liquide, elle devient chaude, à peine peut on la toucher, et si on la heurte, elle n'émettra plus de son. La même cire demeure-t-elle encore ? Il faut avouer qu'elle demeure ; personne ne le nie, personne ne croit autre chose.

Qu'y avait-il donc en elle qui était compris si distinctement ? Rien en tout cas de ce que

sensibus attingebam ; nam quaecunque sub gustum, vel odoratum, vel visum, vel tactum, vel auditum veniebant, mutata jam sunt, remanet cera. Fortassis illud erat quod nunc cogito, nempe ceram ipsam non quidem fuisse istam dulcedinem mellis, nec florum fragrantiam, nec istam albedinem, nec istam figuram, nec sonum, sed corpus quod mihi apparebat paulo ante modis istis conspicuum, nunc diversis. Quid est autem hoc praecise quod sic imaginor ? Attendamus, et remotis iis quae ad ceram non pertinent, videamus quid supersit ; nempe nihil aliud quam extensum quid, flexibile, mutabile. Quid vero est hoc flexibile, mutabile ? An quod imaginor, hanc ceram ex figura rotunda in quadratam, vel ex hac in triangularem verti posse ? Nullo modo, nam innumerabilium ejusmodi mutationum capacem eam esse comprehendo, nec possum tamen innumerabiles imaginando percurrere, nec igitur comprehensio haec ab imaginandi facultate perficitur. Quid extensum ? Nunquid etiam ipsa ejus extensio est ignota ? Nam in cera liquescente fit major,

remarqué par l'entremise des sens, puisque toutes les choses qui tombaient sous le goût, ou l'odorat, ou la vue, ou l'attouchement, ou l'ouïe, se trouvent changées, et cependant la même cire demeure. Peut-être était-ce ce que je pense maintenant, à savoir que la cire n'était pas ni cette douceur du miel, ni cette agréable odeur des fleurs, ni cette blancheur, ni cette figure, ni ce son, mais seulement un corps qui un peu auparavant me paraissait sous ces formes, et qui maintenant se fait remarquer sous d'autres. Mais qu'est-ce, précisément parlant, que j'imagine, lorsque je la conçois en cette sorte ? Considérons-le attentivement, et éloignant toutes les choses qui n'appartiennent point à la cire, voyons ce qui reste. Certes il ne demeure rien que quelque chose d'étendu, de flexible et de muable. Or qu'est-ce que cela : flexible et muable ? N'est-ce pas que j'imagine que cette cire étant ronde est capable de devenir carrée, et de passer du carré en une figure triangulaire ? Non certes, ce n'est pas cela, puisque je la conçois capable de recevoir une infinité de semblables changements, et je ne saurais néanmoins parcourir cette infinité par mon imagination, et par conséquent cette conception que j'ai de la cire ne s'accomplit pas par la faculté d'imaginer.

Qu'est-ce maintenant que cette extension ? N'est-elle pas aussi inconnue, puisque dans la cire qui se fond elle augmente, et se

j'atteignais par les sens, car tout ce qui tombait sous le goût, ou l'odorat, ou la vue, ou le toucher, ou l'ouïe, a désormais changé ; la cire demeure. Peut-être était-ce ce que je pense maintenant, à savoir que la cire même n'était pas, certes, cette douceur du miel, ni ce parfum des fleurs, ni cette blancheur, ni la figure, ni le son, mais un corps qui m'apparaissait en s'offrant tout à l'heure avec ces modalités, et maintenant avec d'autres différentes. Mais, en le délimitant avec précision, qu'est-ce que j'imagine ainsi ? Portons-y notre attention et, une fois écarté ce qui n'appartient pas à la cire, voyons ce qui reste : rien d'autre, bien sûr, que quelque chose d'étendu, de flexible, de muable. Mais flexible, muable, qu'est-ce que cela ? N'est-ce pas ce que j'imagine, à savoir que cette cire peut passer d'une figure ronde à une figure carrée, ou de celle-ci à une figure triangulaire ? Pas du tout ; car je comprends qu'elle est capable d'innombrables changements de ce genre, et pourtant je ne puis, par l'imagination, en parcourir d'innombrables ; par conséquent cette compréhension ne s'accomplit pas par la faculté d'imaginer. Etendu, qu'est-ce ? Son étendue même n'est-elle pas aussi inconnue ? Car dans la

major in ferventi, majorque rursus si calor augeatur; nec recte judicarem quid sit cera, nisi putarem hanc etiam plures secundum extensionem varietates admittere quam fuerim unquam imaginando complexus. Superest igitur ut concedam, me nequidem imaginari quid sit haec cera, sed sola mente percipere. Dico hanc in particulari, de cera enim in communi clarius est. Quaenam vero est haec cera, quae non nisi mente percipitur? Nempe eadem quam video, quam tango, quam imaginor, eadem denique quam ab initio esse arbitrabar. Atqui, quod notandum est, ejus perceptio non visio, non tactio, non imaginatio est, nec unquam fuit, quamvis prius ita videretur, sed solius mentis inspectio, quae vel imperfecta esse potest et confusa, ut prius erat, vel clara et distincta, ut nunc est, prout minus vel magis ad illa ex quibus constat attendo. Miror vero interim quam prona sit mea mens in errores; nam quamvis haec apud me 32 tacitus et sine voce considerem, haereo tamen in verbis ipsis, et fere

trouve encore plus grande quand elle est entièrement fondue, et beaucoup plus encore quand la chaleur augmente davantage? Et je ne concevrais pas clairement et selon la vérité ce que c'est que la cire, si je ne pensais qu'elle est capable de recevoir plus de variétés selon l'extension, que je n'en ai jamais imaginé. Il faut donc que je tombe d'accord, que je ne saurais pas même concevoir par l'imagination ce que c'est que cette cire, et qu'il n'y a que mon entendement seul qui le conçoive; je dis ce morceau de cire en particulier, car pour la cire en général il est encore plus évident. Or quelle est cette cire, qui ne peut être conçue que par l'entendement ou l'esprit? Certes c'est la même que je vois, que je touche, que j'imagine, et la même que je connaissais dès le commencement. Mais ce qui est à remarquer, sa perception, ou bien l'action par laquelle on l'aperçoit, n'est point une vision, ni un attouchement, ni une imagination, et 25 ne l'a jamais été, quoiqu'il le semblât ainsi auparavant, mais seulement une inspection de l'esprit, laquelle peut être imparfaite et confuse, comme elle était auparavant, ou bien claire et distincte, comme elle est à présent, selon que mon attention se porte plus ou moins aux choses qui sont en elle, et dont elle est composée.

Cependant je ne me saurais trop étonner, quand je considère combien mon esprit est de faiblesse, et de pente qui le porte insensiblement dans l'erreur. Car encore que sans parler je considère

cire qui fond elle augmente, elle augmente quand elle bout, et elle augmente plus encore si la chaleur s'accroît ; et je ne jugerais pas correctement ce qu'est la cire si je n'estimais que cette cire admet aussi plus de variétés selon l'étendue que je n'en ai jamais embrassé par l'imagination. Il me reste donc à accorder que je n'imagine même pas ce qu'est cette cire, et que je le perçois par le seul esprit. Je dis cette cire en particulier, car s'il s'agit de la cire en général, c'est assez clair. Mais quelle est donc cette cire qui n'est perçue que par l'esprit ? La même, bien sûr, que je vois, que je touche, que j'imagine, la même enfin que, depuis le début, je jugeais être là. Or ce qu'il faut remarquer, c'est que sa perception n'est pas une vision, ni un toucher, ni une imagination, et ne l'a jamais été, bien qu'il l'ait semblé auparavant, mais une inspection du seul esprit, qui peut être soit imparfaite et confuse, comme elle était auparavant, soit claire et distincte, comme elle est maintenant, selon que je prête plus ou moins attention à ce dont elle est constituée.

Mais je m'étonne alors de voir combien mon esprit est enclin aux erreurs ; car bien que je fasse ces réflexions à part moi, silen-

decipior ab ipso usu loquendi. Dicimus enim nos videre ceram ipsammet, si adsit, non ex colore vel figura[1] eam adesse judicare. Unde concluderem statim, ceram ergo visione oculi, non solius mentis inspectione, cognosci ; nisi jam forte respexissem ex fenestra homines in platea transeuntes, quos etiam ipsos non minus usitate quam ceram dico me videre. Quid autem video praeter pileos et vestes, sub quibus latere possent automata ? Sed judico homines esse. Atque ita id quod putabam me videre oculis, sola judicandi facultate, quae in mente mea est, comprehendo. Sed pudeat supra vulgus sapere cupientem ex formis loquendi quas vulgus invenit dubitationem quaesivisse ; pergamusque deinceps, attendendo utrum ego perfectius evidentiusque percipiebam quid esset cera, cum primum aspexi, credidique me illam ipso sensu externo, vel saltem

---

1. 1ʳᵉ édition : *vel ex figura.*

---

tout cela en moi-même, les paroles toutefois m'arrêtent, et je suis presque trompé par les termes du langage ordinaire ; car nous disons que nous voyons la même cire, si on nous la présente, et non pas que nous jugeons que c'est la même, de ce qu'elle a même couleur et même figure : d'où je voudrais presque conclure, que l'on connaît la cire par la vision des yeux, et non par la seule inspection de l'esprit, si par hasard je ne regardais d'une fenêtre des hommes qui passent dans la rue, à la vue desquels je ne manque pas de dire que je vois des hommes, tout de même que je dis que je vois de la cire ; et cependant que vois-je de cette fenêtre, sinon des chapeaux et des manteaux, qui peuvent couvrir des spectres ou des hommes feints qui ne se remuent que par ressorts ? Mais je juge que ce sont de vrais hommes, et ainsi je comprends, par la seule puissance de juger qui réside en mon esprit, ce que je croyais voir de mes yeux.

Un homme qui tâche d'élever sa connaissance au-delà du commun doit avoir honte de tirer des occasions de douter des formes et des termes de parler du vulgaire ; j'aime mieux passer outre, et considérer si je concevais avec plus d'évidence et de perfection ce qu'était la cire, lorsque je l'ai d'abord aperçue, et que j'ai cru la connaître

cieusement et sans parler, je reste pris pourtant dans le piège des mots, et suis presque trompé par le langage courant. Nous disons en effet que nous voyons la cire elle-même, si elle est là, et non que nous jugeons, à partir de la couleur et de la figure, qu'elle est là ; d'où j'irais aussitôt conclure que c'est donc par la vision de l'œil, et non par une inspection du seul esprit, que l'on connaît la cire, si je ne venais par hasard de regarder par la fenêtre des hommes qui passent dans la rue, et là aussi, l'usage le veut autant que pour la cire, je dis que je vois les hommes mêmes. Or que vois-je sinon des chapeaux et des vêtements, sous lesquels pourraient se cacher des automates ? Mais je juge que ce sont des hommes ; et ainsi, ce que je croyais voir par l'œil, c'est par la seule faculté de juger, qui est en mon esprit, que je le comprends.

Mais qui désire élever son savoir au-dessus du commun doit avoir honte de trouver occasion de douter dans les inventions du langage commun. Poursuivons donc, en examinant avec attention si, moi, je percevais avec plus de perfection et d'évidence ce qu'était la cire, quand je l'ai aperçue pour la première fois et que j'ai cru la connaître par

sensu communi, ut vocant, id est potentia imaginatrice, cognoscere, an vero potius nunc, postquam diligentius investigavi tum quid ea sit, tum quomodo cognoscatur. Certe hac de re dubitare esset ineptum ; nam quid fuit in prima perceptione distinctum ? Quid quod non a quovis animali haberi posse videretur ? At vero cum ceram ab externis formis distinguo, et tanquam vestibus detractis nudam considero, sic illam revera, quamvis adhuc error in judicio meo esse possit, non possum tamen sine humana mente percipere.

33 Quid autem dicam de hac ipsa mente, sive de me ipso, nihildum enim aliud admitto in me esse praeter mentem, quid, inquam, ego qui ceram videor tam distincte percipere, nunquid me ipsum non tantum multo verius, multo certius, sed etiam multo distinctius evidentiusque, cognosco ? Nam, si judico ceram existere, ex eo quod

---

par le moyen des sens extérieurs, ou à tout le moins du sens commun, ainsi qu'ils appellent, c'est-à-dire de la puissance imaginative, que je ne la conçois à présent, après avoir plus exactement examiné ce qu'elle est, et de quelle façon elle peut être connue. Certes il serait ridicule de mettre cela en doute. Car qu'y avait-il dans cette première perception qui fût distinct et évident, et qui ne pourrait pas tomber en même sorte dans le sens du moindre des animaux ? Mais quand je distingue la cire d'avec ses formes extérieures, et que, tout de même que si je lui avais ôté ses vêtements, je la considère toute nue, certes, quoiqu'il se puisse encore rencontrer quelque erreur dans mon jugement, je ne la puis concevoir de cette sorte sans un esprit humain.

Mais enfin que dirai-je de cet esprit, c'est-à-dire de moi-même ? Car jusques ici je n'admets en moi autre chose qu'un esprit. Que prononcerai-je, dis-je, de moi qui semble concevoir avec tant de
26 netteté et de distinction ce morceau de cire ? Ne me connais-je pas moi-même, non seulement avec bien plus de vérité et de certitude, mais encore avec beaucoup plus de distinction et de netteté ? Car si je juge que la cire est, ou existe, de ce que je la vois, certes il suit

le sens externe lui-même ou du moins par le sens commun, comme on l'appelle, c'est-à-dire par la puissance imaginative, ou si c'est plutôt maintenant, après avoir recherché plus scrupuleusement et ce qu'elle est et de quelle manière elle est connue. Vraiment, il serait absurde d'en douter. Qu'y avait-il en effet de distinct dans la première perception ? Qu'y avait-il que ne pût avoir, apparemment, n'importe quel animal ? En revanche, quand je distingue la cire d'avec les formes extérieures et que, comme si ses vêtements avaient été enlevés, je la considère nue, effectivement, bien qu'il puisse encore y avoir une erreur dans mon jugement, je ne peux pourtant pas la percevoir ainsi sans un esprit humain.

Or que dirai-je de cet esprit lui-même, c'est-à-dire de moi-même ? Car je n'admets pas encore qu'il y ait rien d'autre en moi qu'un esprit. Que dirai-je de moi-même, je le répète, moi qui ai l'impression de percevoir cette cire avec tant de distinction ? Est-ce que je ne me connais pas moi-même non seulement avec beaucoup plus de vérité, beaucoup plus de certitude, mais encore avec beaucoup plus de distinction et d'évidence ? Car si je juge que la cire existe, de ce que je

hanc videam, certe multo evidentius efficitur me ipsum etiam existere ex eo ipso quod hanc videam. Fieri enim potest ut hoc quod video non vere sit cera, fieri potest ut ne quidem oculos habeam, quibus quidquam videatur ; sed fieri plane non potest, cum videam, sive (quod jam non distinguo) cum cogitem me videre, ut ego ipse cogitans non aliquid sim. Simili ratione, si judico ceram esse ex eo quod hanc tangam, idem rursus efficietur, videlicet me esse. Si ex eo quod imaginer, vel quavis alia ex causa, idem plane. Sed et hoc ipsum quod de cera animadverto, ad reliqua omnia quae sunt extra me posita, licet applicare. Porro autem, si magis distincta[1] visa sit cerae perceptio, postquam mihi, non ex solo visu vel tactu, sed pluribus ex causis innotuit, quanto distinctius me ipsum a me nunc cognosci fatendum est, quandoquidem nullae rationes vel ad cerae, vel ad cujuspiam alterius corporis perceptionem possint juvare, quin eaedem omnes mentis meae naturam melius probent.

1. 1re édition : *distincte*.

---

bien plus évidemment que je suis, ou que j'existe moi-même, de ce que je la vois. Car il se peut faire que ce que je vois ne soit pas en effet de la cire ; il peut aussi arriver que je n'aie pas même des yeux pour voir aucune chose ; mais il ne se peut pas faire que lorsque je vois, ou (ce que je ne distingue plus) lorsque je pense voir, que moi qui pense ne sois quelque chose. De même, si je juge que la cire existe, de ce que je la touche, il s'ensuivra encore la même chose, à savoir que je suis ; et si je le juge de ce que mon imagination me le persuade, ou de quelque autre cause que ce soit, je conclurai toujours la même chose. Et ce que j'ai remarqué ici de la cire, se peut appliquer à toutes les autres choses qui me sont extérieures, et qui se rencontrent hors de moi.

Or si la notion et la connaissance de la cire semble être plus nette et plus distincte, après qu'elle a été découverte non seulement par la vue ou par l'attouchement, mais encore par beaucoup d'autres causes, avec combien plus d'évidence, de distinction et de netteté, me dois-je connaître moi-même, puisque toutes les raisons qui servent à connaître et concevoir la nature de la cire, ou de quelque autre corps, prouvent beaucoup plus facilement et plus évidemment

la vois, il résulte en tout cas avec beaucoup plus d'évidence que j'existe aussi moi-même, du seul fait que je la vois. Il est possible en effet que ce que je vois ne soit pas vraiment de la cire, il est possible que je n'aie même pas d'yeux avec lesquels voir quoi que ce soit ; mais il est absolument impossible, quand je vois, ou (ce que je ne distingue plus) quand je pense voir, que moi-même, qui pense, je ne sois pas quelque chose. Semblablement, si je juge que la cire existe, de ce que je la touche, il en résultera de nouveau la même chose, à savoir que je suis ; si je le juge de ce que je l'imagine, ou de n'importe quelle autre cause, même chose exactement. Et cette remarque que je fais à propos de la cire, il est permis de l'appliquer telle quelle à toutes les autres choses qui sont situées hors de moi. Allons plus loin : si la perception de la cire est apparue plus distincte après qu'elle s'est fait connaître à moi, non par la seule vision ou par le toucher, mais par un plus grand nombre de causes, combien plus de distinction dois-je accorder à la connaissance que j'ai à présent de moi-même, puisque toutes les raisons qui servent à la perception soit de la cire soit de quelque autre corps prouvent en même temps,

Seconde Méditation

Sed et alia insuper tam multa sunt in ipsa mente, ex quibus ejus notitia distinctior reddi potest, ut ea quae ex corpore ad illam emanant, vix numeranda videantur. Atque ecce tandem sponte sum
34 reversus eo quo volebam ; nam cum mihi nunc notum sit ipsamet corpora, non proprie a sensibus, vel ab imaginandi facultate, sed a solo intellectu percipi, nec ex eo percipi quod tangantur aut videantur, sed tantum ex eo quod intelligantur, aperte cognosco nihil facilius aut evidentius mea mente posse a me percipi. Sed quia tam cito deponi veteris opinionis consuetudo non potest, placet hic consistere, ut altius haec nova cognitio memoriae meae diuturnitate meditationis infigatur.

la nature de mon esprit ? Et il se rencontre encore tant d'autres choses en l'esprit même, qui peuvent contribuer à l'éclaircissement de sa nature, que celles qui dépendent du corps, comme celles-ci, ne méritent quasi pas d'être nombrées.

Mais enfin me voici insensiblement revenu où je voulais ; car, puisque c'est une chose qui m'est à présent connue, qu'à proprement parler nous ne concevons les corps que par la faculté d'entendre qui est en nous, et non point par l'imagination ni par les sens, et que nous ne les connaissons pas de ce que nous les voyons, ou que nous les touchons, mais seulement de ce que nous les concevons par la pensée, je connais évidemment qu'il n'y a rien qui me soit plus facile à connaître que mon esprit. Mais, parce qu'il est presque impossible de se défaire si promptement d'une ancienne opinion, il sera bon que je m'arrête un peu en cet endroit, afin que, par la longueur de ma méditation, j'imprime plus profondément en ma mémoire cette nouvelle connaissance.

et mieux, la nature de mon esprit. Mais il y
a aussi, de surcroît, tant d'autres choses dans
l'esprit même qui peuvent rendre sa connaissance plus distincte, qu'il semble à peine
besoin de prendre en compte celles qui
émanent du corps vers l'esprit.

Et me voici enfin tout naturellement revenu
où je voulais ; car, puisque j'ai maintenant
reconnu que les corps mêmes sont perçus
non pas à proprement parler par les sens ou
par la faculté d'imaginer, mais par le seul
entendement, et qu'ils ne sont pas perçus en
ce qu'ils sont touchés ou vus, mais seulement
en ce qu'ils sont objets d'intellection, je
connais manifestement que rien ne peut être
perçu par moi plus facilement ou plus évidemment que mon esprit. Mais parce qu'on
ne peut se défaire si vite de l'accoutumance
à une vieille opinion, il convient de m'arrêter
ici pour fixer plus profondément dans ma
mémoire, par la durée de ma méditation,
cette nouvelle connaissance.

Meditatio Tertia
De Deo, quod existat.

Claudam nunc oculos, aures obturabo, avocabo omnes sensus, imagines etiam rerum corporalium omnes vel ex cogitatione mea delebo, vel certe, quia hoc fieri vix potest, illas ut inanes et falsas nihili pendam, meque solum alloquendo et penitius inspiciendo, meipsum paulatim mihi magis notum et familiarem reddere conabor. Ego sum res cogitans, id est dubitans, affirmans, negans, pauca intelligens, multa ignorans, volens, nolens, imaginans etiam et sentiens ; ut enim ante animadverti, quamvis illa quae sentio vel imaginor extra me fortasse nihil sint, illos tamen cogitandi modos
35 quos sensus et imaginationes appello, quatenus cogitandi quidam modi tantum sunt, in me esse sum certus. Atque his paucis omnia recensui quae vere scio, vel saltem quae me scire hactenus animad-

---

Méditation Troisième
De Dieu ; qu'il existe.

Je fermerai maintenant les yeux, je boucherai mes oreilles, je détournerai tous mes sens, j'effacerai même de ma pensée toutes les images des choses corporelles, ou du moins, parce qu'à peine cela se peut-il faire, je les réputerai comme vaines et comme fausses ; et ainsi m'entretenant seulement moi-même, et considérant mon intérieur, je tâcherai de me rendre peu à peu plus connu et plus familier à moi-même. Je suis une chose qui pense, c'est-à-dire qui doute, qui affirme, qui nie, qui connaît peu de choses, qui en ignore beaucoup, qui aime, qui hait, qui veut, qui ne veut pas, qui imagine aussi, et qui sent. Car, ainsi que j'ai remarqué ci-devant, quoique les choses que je sens et que j'imagine ne soient peut-être rien du tout hors de moi et en elles-mêmes, je suis néanmoins assuré que ces façons de penser, que j'appelle sentiments et imaginations, en tant seulement qu'elles sont des façons de penser, résident et se rencontrent certainement en moi. Et dans ce peu que je viens de dire, je crois avoir rapporté tout ce que je sais véritablement, ou du

Troisième Méditation
De Dieu.
Affirmation de son existence.

Je fermerai maintenant mes yeux, je boucherai mes oreilles, je détournerai tous mes sens; même les images des choses corporelles, toutes, ou bien je les effacerai de ma pensée, ou du moins, parce que cela est presque impossible, je les compterai pour rien, comme vaines et fausses; m'entretenant seulement moi-même et m'examinant plus à fond, je tâcherai de me rendre moi-même peu à peu plus connu et plus familier à moi-même. Je suis, moi, une chose qui pense, c'est-à-dire qui doute, qui affirme, qui nie, qui connaît peu de choses, qui en ignore beaucoup, qui veut, qui ne veut pas, qui imagine aussi et qui sent; en effet, comme je l'ai remarqué avant, quoique les choses que je sens ou que j'imagine ne soient peut-être rien hors de moi, je suis pourtant certain que ces modalités du penser que j'appelle sensations et imaginations, en tant qu'elles sont seulement de certains modes du penser, sont en moi. Et dans ce peu de choses j'ai recensé tout ce que je sais véritablement, ou

verti. Nunc circumspiciam diligentius an forte adhuc apud me alia
sint ad quae nondum respexi. Sum certus me esse rem cogitantem,
nunquid ergo etiam scio quid requiratur ut de aliqua re sim certus ?
Nempe in hac prima cognitione nihil aliud est, quam clara quaedam
et distincta perceptio ejus quod affirmo ; quae sane non sufficeret ad
me certum de rei veritate reddendum, si posset unquam contingere
ut aliquid quod ita clare et distincte perciperem falsum esset ; ac
proinde jam videor pro regula generali posse statuere, illud omne
esse verum quod valde clare et distincte percipio. Verumtamen
multa prius ut omnino certa et manifesta admisi, quae tamen postea
dubia esse deprehendi. Qualia ergo ista fuere ? Nempe terra, coelum,
sydera et caetera omnia quae sensibus usurpabam. Quid autem de
illis clare percipiebam ? Nempe ipsas talium rerum ideas, sive

_____

moins tout ce que jusques ici j'ai remarqué que je savais.

Maintenant je considérerai plus exactement si peut-être il ne se
retrouve point en moi d'autres connaissances que je n'aie pas encore
aperçues. Je suis certain que je suis une chose qui pense ; mais ne
sais-je donc pas aussi ce qui est requis pour me rendre certain de
quelque chose ? Dans cette première connaissance, il ne se rencontre
rien qu'une claire et distincte perception de ce que je connais ;
laquelle de vrai ne serait pas suffisante pour m'assurer qu'elle est
vraie, s'il pouvait jamais arriver qu'une chose que je concevrais
ainsi clairement et distinctement se trouvât fausse. Et partant il me
semble que déjà je puis établir pour règle générale, que toutes les
choses que nous concevons fort clairement et fort distinctement sont
toutes vraies.

Toutefois j'ai reçu et admis ci-devant plusieurs choses comme
très certaines et très manifestes, lesquelles néanmoins j'ai reconnu
par après être douteuses et incertaines. Quelles étaient donc ces
28 choses-là ? C'était la terre, le ciel, les astres, et toutes les autres
choses que j'apercevais par l'entremise de mes sens. Or qu'est-ce
que je concevais clairement et distinctement en elles ? Certes rien

du moins tout ce que jusqu'ici j'ai remarqué que je savais.

Je vais maintenant regarder par une exploration plus scrupuleuse s'il n'y a pas peut-être encore en moi d'autres choses vers lesquelles je n'ai pas jusqu'à présent retourné mon regard. Je suis certain que je suis une chose qui pense ; ne sais-je donc pas aussi ce qui est requis pour être certain de quelque chose ? De fait, dans cette première connaissance, il n'y a rien d'autre qu'une perception claire et distincte de ce que j'affirme ; laquelle, assurément, ne suffirait pas pour me rendre certain de la vérité de la chose, s'il pouvait jamais arriver que quelque chose que je percevrais ainsi clairement et distinctement fût faux ; et par conséquent il me semble déjà que je puis poser pour règle générale qu'est vrai tout ce que je perçois fort clairement et distinctement.

Mais pourtant j'ai admis auparavant comme entièrement certaines et manifestes bien des choses dont cependant, ensuite, je me suis rendu compte qu'elles étaient douteuses. Quel genre de choses était-ce donc ? C'était la terre, le ciel, les astres et toutes les autres choses que j'appréhendais par le moyen des sens. Or qu'est-ce que je percevais clai-

cogitationes, menti meae obversari ; sed ne nunc quidem illas ideas in me esse inficior. Aliud autem quiddam erat quod affirmabam, quodque etiam ob consuetudinem credendi clare me percipere arbitrabar, quod tamen revera non percipiebam, nempe res quasdam extra me esse, a quibus ideae istae procedebant, et quibus omnino similes erant. Atque hoc erat, in quo vel fallebar, vel certe, si verum judicabam, id non ex vi meae perceptionis contingebat. Quid vero
36 cum circa res Arithmeticas vel Geometricas aliquid valde simplex et facile considerabam, ut quod duo et tria simul juncta sint quinque, vel similia, nunquid saltem illa satis perspicue intuebar ut vera esse affirmarem ? Equidem non aliam ob causam de iis dubitandum esse postea judicavi, quam quia veniebat in mentem forte aliquem Deum talem mihi naturam indere potuisse, ut etiam circa illa deciperer

autre chose sinon que les idées ou les pensées de ces choses se présentaient à mon esprit. Et encore à présent je ne nie pas que ces idées ne se rencontrent en moi. Mais il y avait encore une autre chose que j'assurais, et qu'à cause de l'habitude que j'avais à la croire, je pensais apercevoir très clairement, quoique véritablement je ne l'aperçusse point, à savoir qu'il y avait des choses hors de moi, d'où procédaient ces idées, et auxquelles elles étaient tout à fait semblables. Et c'était en cela que je me trompais ; ou, si peut-être je jugeais selon la vérité, ce n'était aucune connaissance que j'eusse, qui fût cause de la vérité de mon jugement.

Mais lorsque je considérais quelque chose de fort simple et de fort facile touchant l'arithmétique et la géométrie, par exemple que deux et trois joints ensemble produisent le nombre de cinq, et autres choses semblables, ne les concevais-je pas au moins assez clairement pour assurer qu'elles étaient vraies ? Certes si j'ai jugé depuis qu'on pouvait douter de ces choses, ce n'a point été pour autre raison, que parce qu'il me venait en l'esprit, que peut-être quelque Dieu avait pu me donner une telle nature, que je me trompasse même touchant

rement à leur propos ? C'était que les idées mêmes, c'est-à-dire les seules pensées de telles choses, s'offraient à mon esprit ; et encore à présent je ne conteste pas que ces idées soient en moi. Mais il y avait une autre chose que j'affirmais, et même que j'estimais percevoir clairement à cause de l'habitude que j'avais de la croire, et que cependant, en réalité, je ne percevais pas : c'était qu'il y avait de certaines choses hors de moi, desquelles ces idées procédaient et auxquelles elles étaient entièrement semblables. Et en cela, ou bien je me trompais, ou du moins, si mon jugement était vrai, cela n'arrivait pas par la vertu de ma perception.

Mais quoi ! En arithmétique et en géométrie, quand je considérais une chose fort simple et facile, par exemple que l'addition de deux et de trois fait cinq, ou choses semblables, n'avais-je pas, de celles-là au moins, une intuition assez transparente pour affirmer qu'elles étaient vraies ? Certes, si j'ai jugé ensuite qu'il fallait en douter, c'est pour cette seule raison qu'il me venait en l'esprit que peut-être quelque Dieu avait pu me donner une nature telle que je fusse trompé même sur ce qui me semblerait le

quae manifestissima viderentur; sed quoties haec praeconcepta de summa Dei potentia opinio mihi occurrit, non possum non fateri, siquidem velit, facile illi esse efficere ut errem, etiam in iis quae me puto mentis oculis quam evidentissime intueri; quoties vero ad ipsas res quas valde clare percipere arbitror me converto, tam plane ab illis persuadeor, ut sponte erumpam in has voces, fallat me quisquis potest, nunquam tamen efficiet ut nihil sim, quandiu me aliquid esse cogitabo, vel ut aliquando verum sìt me nunquam fuisse, cum jam verum sit me esse; vel forte etiam ut duo et tria simul juncta plura vel pauciora sint quam quinque, vel similia, in quibus scilicet repugnantiam agnosco manifestam. Et certe cum nullam occasionem habeam existimandi aliquem Deum esse deceptorem, nec quidem adhuc satis sciam utrum sit aliquis Deus, valde tenuis et, ut ita loquar, Metaphysica dubitandi ratio est quae tantum ex ea opinione dependet. Ut autem etiam illa tollatur quamprimum

_____

les choses qui me semblent les plus manifestes. Mais toutes les fois que cette opinion ci-devant conçue de la souveraine puissance d'un Dieu se présente à ma pensée, je suis contraint d'avouer qu'il lui est facile, s'il le veut, de faire en sorte que je m'abuse, même dans les choses que je crois connaître avec une évidence très grande. Et au contraire toutes les fois que je me tourne vers les choses que je pense concevoir fort clairement, je suis tellement persuadé par elles, que de moi-même je me laisse emporter à ces paroles : Me trompe qui pourra, si est-ce qu'il ne saurait jamais faire que je ne sois rien, tandis que je penserai être quelque chose; ou que quelque jour il soit vrai que je n'aie jamais été, étant vrai maintenant que je suis; ou bien que deux et trois joints ensemble fassent plus ni moins que cinq, ou choses semblables, que je vois clairement ne pouvoir être d'autre façon que je les conçois.

Et certes, puisque je n'ai aucune raison de croire qu'il y ait quelque Dieu qui soit trompeur, et même que je n'ai pas encore considéré celles qui prouvent qu'il y a un Dieu, la raison de douter qui dépend seulement de cette opinion, est bien légère, et pour ainsi dire métaphysique. Mais afin de la pouvoir tout à fait ôter, je dois

plus manifeste. Mais toutes les fois que cette opinion préalablement conçue sur la toute puissance de Dieu se présente à moi, je ne peux pas ne pas avouer qu'il lui est facile, si du moins il le veut, de faire en sorte que je m'égare même dans ce dont je crois avoir avec les yeux de l'esprit l'intuition la plus évidente possible ; et au contraire toutes les fois que je me tourne vers les choses mêmes que j'estime percevoir fort clairement, je suis si pleinement persuadé par elles que de moi-même je me laisse emporter à ces paroles : me trompe quiconque le peut, jamais cependant il ne fera que je ne sois rien, tant que je penserai que je suis quelque chose, ou qu'un jour il soit vrai que je n'ai jamais été, alors qu'il est vrai maintenant que je suis, ou peut-être même que l'addition de deux et de trois fasse plus ou moins que cinq, ou choses semblables, dans lesquelles je reconnais une contradiction manifeste.

Et sans doute, puisque je n'ai aucune occasion de croire qu'il y ait quelque Dieu qui soit trompeur, et que je ne sais même pas encore suffisamment s'il y a un Dieu, la raison de douter qui dépend seulement de cette opinion est bien légère, et pour ainsi dire métaphysique. Mais pour la supprimer

occurret occasio, examinare debeo an sit Deus, et, si sit, an possit esse deceptor ; hac enim re ignorata, non videor de ulla alia plane certus esse unquam posse. Nunc autem ordo videtur exigere, ut
37 prius omnes meas cogitationes in certa genera distribuam, et in quibusnam ex illis veritas aut falsitas proprie consistat, inquiram. Quaedam ex his tanquam rerum imagines sunt, quibus solis proprie convenit ideae nomen, ut cum hominem, vel Chimaeram, vel Coelum, vel Angelum, vel Deum cogito. Aliae vero alias quasdam praeterea formas habent, ut, cum volo, cum timeo, cum affirmo, cum nego, semper quidem aliquam rem ut subjectum meae cogitationis apprehendo, sed aliquid etiam amplius quam istius rei similitudinem cogitatione complector ; et ex his aliae voluntates, sive affectus, aliae autem judicia appellantur. Jam quod ad ideas attinet, si solae in se spectentur, nec ad aliud quid illas referam,

examiner s'il y a un Dieu, sitôt que l'occasion s'en présentera ; et si je trouve qu'il y en ait un, je dois aussi examiner s'il peut être
29 trompeur : car sans la connaissance de ces deux vérités, je ne vois pas que je puisse jamais être certain d'aucune chose. Et afin que je puisse avoir occasion d'examiner cela sans interrompre l'ordre de méditer que je me suis proposé, qui est de passer par degrés des notions que je trouverai les premières en mon esprit à celles que j'y pourrai trouver par après, il faut ici que je divise toutes mes pensées en certains genres, et que je considère dans lesquels de ces genres il y a proprement de la vérité ou de l'erreur.

Entre mes pensées, quelques-unes sont comme les images des choses, et c'est à celles-là seules que convient proprement le nom d'idée : comme lorsque je me représente un homme, ou une chimère, ou le ciel, ou un ange, ou Dieu même. D'autres, outre cela, ont quelques autres formes : comme, lorsque je veux, que je crains, que j'affirme ou que je nie, je conçois bien alors quelque chose comme le sujet de l'action de mon esprit, mais j'ajoute aussi quelque chose par cette action à l'idée que j'ai de cette chose-là ; et de ce genre de pensées, les unes sont appelées volontés ou affections, et les autres jugements.

Maintenant, pour ce qui concerne les idées, si on les considère seulement en elles-mêmes, et qu'on ne les rapporte point à quelque

elle aussi, dès que l'occasion se présentera, je dois examiner s'il y a un Dieu et, s'il existe, s'il peut être trompeur : en effet, tant que cela n'est pas connu, il ne semble pas que je puisse jamais être pleinement certain de rien d'autre.

Or à présent l'ordre semble exiger que je commence par distribuer toutes mes pensées en genres déterminés et que je cherche dans lesquels d'entre eux se situent à proprement parler vérité ou fausseté.

Certaines de ces pensées sont comme des images de choses, et c'est à elles seules que convient proprement le nom d'idée : comme lorsque je pense un homme, ou une chimère, ou le ciel, ou un ange, ou Dieu. D'autres ont, en plus, certaines autres formes : comme lorsque je veux, que je crains, que j'affirme, que je nie, je saisis bien toujours une chose comme le sujet de ma pensée, mais il y a aussi, que j'embrasse par la pensée, quelque chose de plus que la ressemblance de cette chose ; et de ces pensées-là, les unes sont appelées volontés ou affections, les autres jugements.

Maintenant, pour ce qui touche les idées, si elles sont considérées seules en elles-mêmes, sans que je les rapporte à rien

falsae proprie esse non possunt ; nam sive capram, sive chimaeram imaginer, non minus verum est me unam imaginari quam alteram. Nulla etiam in ipsa voluntate, vel affectibus, falsitas est timenda ; nam, quamvis prava, quamvis etiam ea quae nusquam sunt, possim optare, non tamen ideo non verum est illa me optare. Ac proinde sola supersunt judicia in quibus mihi cavendum est ne fallar. Praecipuus autem error et frequentissimus qui possit in illis reperiri consistit in eo quod ideas, quae in me sunt, judicem rebus quibusdam extra me positis similes esse sive conformes ; nam profecto, si tantum ideas ipsas ut cogitationis meae quosdam modos considerarem, nec ad quidquam aliud referrem, vix mihi ullam errandi materiam dare possent. Ex his autem ideis aliae innatae, aliae adventitiae, aliae a me ipso factae mihi videntur. Nam quod intelligam quid sit res, quid sit veritas, quid sit cogitatio, haec non aliunde habere videor quam ab ipsamet mea natura ; quod autem

38

autre chose, elles ne peuvent, à proprement parler, être fausses ; car soit que j'imagine une chèvre ou une chimère, il n'est pas moins vrai que j'imagine l'une que l'autre.

Il ne faut pas craindre aussi qu'il se puisse rencontrer de la fausseté dans les affections ou volontés ; car encore que je puisse désirer des choses mauvaises, ou même qui ne furent jamais, toutefois il n'est pas pour cela moins vrai que je les désire.

Ainsi il ne reste plus que les seuls jugements, dans lesquels je dois prendre garde soigneusement de ne me point tromper. Or la principale erreur et la plus ordinaire qui s'y puisse rencontrer consiste en ce que je juge que les idées qui sont en moi sont semblables ou conformes à des choses qui sont hors de moi ; car certainement, si je considérais seulement les idées comme de certains modes ou façons de ma pensée, sans les vouloir rapporter à quelque autre chose d'extérieur, à peine me pourraient-elles donner occasion de faillir.

Or de ces idées les unes me semblent être nées avec moi, les autres être étrangères et venir de dehors, et les autres être faites et inventées par moi-même. Car, que j'aie la faculté de concevoir ce que c'est qu'on nomme en général une chose, ou une vérité, ou une pensée, il me semble que je ne tiens point cela d'ailleurs que de ma

d'autre, elles ne peuvent être à proprement parler fausses ; en effet, que j'imagine une chèvre ou une chimère, il n'est pas moins vrai que j'imagine l'une que l'autre. Il n'y a non plus nulle fausseté à craindre dans la volonté comme telle ou dans les affections ; en effet, bien que je puisse souhaiter des choses mauvaises, bien que je puisse souhaiter même ce qui n'existe nulle part, ce n'est pourtant pas pour cela qu'il n'est pas vrai que je les souhaite. Restent donc les seuls jugements dans lesquels il me faut prendre garde de ne pas me tromper. Or la principale erreur et la plus fréquente qui puisse s'y rencontrer consiste en ce que je juge que les idées qui sont en moi sont semblables ou conformes à de certaines choses situées hors de moi ; car, assurément, si je considérais seulement les idées elles-mêmes comme de certains modes de ma pensée, sans les rapporter à rien d'autre, à peine pourraient-elles me donner matière à erreur.

Or, parmi ces idées, les unes me semblent innées, d'autres adventices, d'autres fabriquées par moi-même. En effet, que j'aie l'intellection de ce qu'est une chose, de ce qu'est la vérité, de ce qu'est la pensée, cela, il ne me semble pas le tenir d'ailleurs que

nunc strepitum audiam, solem videam, ignem sentiam, a rebus quibusdam extra me positis procedere hactenus judicavi ; ac denique Syrenes, Hippogryphes, et similia, a me ipso finguntur. Vel forte etiam omnes esse adventitias possum putare, vel omnes innatas, vel omnes factas, nondum enim veram illarum originem clare perspexi. Sed hic praecipue de iis est quaerendum quas tanquam a rebus extra me existentibus desumptas considero, quaenam me moveat ratio ut illas istis rebus similes esse existimem. Nempe ita videor doctus a natura. Et praeterea experior illas non a mea voluntate nec proinde a me ipso pendere ; saepe enim vel invito obversantur, ut jam, sive velim, sive nolim, sentio calorem, et ideo puto sensum illum, sive ideam caloris, a re a me diversa, nempe ab ignis cui assideo calore, mihi advenire. Nihilque magis obvium est quam ut judicem istam

30 nature propre ; mais si j'ouïs maintenant quelque bruit, si je vois le soleil, si je sens de la chaleur, jusqu'à cette heure j'ai jugé que ces sentiments procédaient de quelques choses qui existent hors de moi ; et enfin il me semble que les sirènes, les hippogriffes et toutes les autres semblables chimères sont des fictions et inventions de mon esprit. Mais aussi peut-être me puis-je persuader que toutes ces idées sont du genre de celles que j'appelle étrangères, et qui viennent de dehors, ou bien qu'elles sont toutes nées avec moi, ou bien qu'elles ont toutes été faites par moi ; car je n'ai point encore clairement découvert leur véritable origine. Et ce que j'ai principalement à faire en cet endroit, est de considérer, touchant celles qui me semblent venir de quelques objets qui sont hors de moi, quelles sont les raisons qui m'obligent à les croire semblables à ces objets.

La première de ces raisons est qu'il me semble que cela m'est enseigné par la nature ; et la seconde, que j'expérimente en moi-même que ces idées ne dépendent point de ma volonté ; car souvent elles se présentent à moi malgré moi, comme maintenant, soit que je le veuille, soit que je ne le veuille pas, je sens de la chaleur, et pour cette cause je me persuade que ce sentiment ou bien cette idée de la chaleur est produite en moi par une chose différente de moi, à savoir par la chaleur du feu auprès duquel je me rencontre. Et je ne vois rien qui me semble plus raisonnable, que de juger que cette

de ma propre nature elle-même ; que maintenant j'entende un son, que je voie le soleil, que je sente le feu, jusqu'ici j'ai jugé que cela procédait de certaines choses situées hors de moi ; et enfin les sirènes, les hippogriffes et choses semblables sont forgées par moi-même. Ou peut-être aussi puis-je admettre qu'elles sont toutes adventices, ou bien toutes innées, ou bien toutes fabriquées, car je n'ai pas encore tiré au clair leur véritable origine. Mais ici la principale question concerne celles que je considère comme tirées de choses existant hors de moi : quel genre de raison me pousse à estimer qu'elles sont semblables à ces choses ?

De fait, il me semble que c'est là un enseignement de la nature. En outre, j'expérimente que ces idées ne dépendent pas de ma volonté ni par conséquent de moi-même ; car elles s'offrent souvent même malgré moi, comme maintenant, que je le veuille ou non, je sens de la chaleur, ce qui me conduit à admettre que cette sensation ou idée de chaleur survient en moi du fait d'une chose différente de moi, à savoir de la chaleur du feu près duquel je suis assis. Et rien ne m'est plus naturel que de juger que cette chose envoie

rem suam similitudinem potius quam aliud quid in me immittere. Quae rationes, an satis firmae sint, jam videbo. Cum hic dico me ita doctum esse a natura, intelligo tantum spontaneo quodam impetu me ferri ad hoc credendum, non lumine aliquo naturali mihi ostendi esse verum. Quae duo multum discrepant ; nam quaecumque lumine naturali mihi ostenduntur, ut quod ex eo quod dubitem sequatur me esse, et similia, nullo modo dubia esse possunt, quia nulla alia
39 facultas esse potest, cui aeque fidam ac lumini isti, quaeque illa non vera esse possit docere ; sed quantum ad impetus naturales, jam saepe olim judicavi me ab illis in deteriorem partem fuisse impulsum, cum de bono eligendo ageretur, nec video cur iisdem in ulla alia re magis fidam. Deinde, quamvis ideae illae a voluntate mea non pendeant, non ideo constat ipsas a rebus extra me positis necessario procedere. Ut enim impetus illi, de quibus mox loquebar,

chose étrangère envoie et imprime en moi sa ressemblance plutôt qu'aucune autre chose.

Maintenant il faut que je voie si ces raisons sont assez fortes et convaincantes. Quand je dis qu'il me semble que cela m'est enseigné par la nature, j'entends seulement par ce mot de nature une certaine inclination qui me porte à croire cette chose, et non pas une lumière naturelle qui me fasse connaître qu'elle est vraie. Or ces deux choses diffèrent beaucoup entre elles ; car je ne saurais rien révoquer en doute de ce que la lumière naturelle me fait voir être vrai, ainsi qu'elle m'a tantôt fait voir que, de ce que je doutais, je pouvais conclure que j'étais. Et je n'ai en moi aucune autre faculté, ou puissance, pour distinguer le vrai du faux, qui me puisse enseigner que ce que cette lumière me montre comme vrai ne l'est pas, et à qui je me puisse tant fier qu'à elle. Mais, pour ce qui est des inclinations qui me semblent aussi m'être naturelles, j'ai souvent remarqué, lorsqu'il a été question de faire choix entre les vertus et les vices, qu'elles ne m'ont pas moins porté au mal qu'au bien ; c'est pourquoi je n'ai pas sujet de les suivre non plus en ce qui regarde le vrai et le faux.

31 Et pour l'autre raison, qui est que ces idées doivent venir d'ailleurs, puisqu'elles ne dépendent pas de ma volonté, je ne la trouve non plus convaincante. Car tout de même que ces inclinations, dont je

en moi sa ressemblance plutôt que n'importe quoi d'autre. Ces raisons sont-elles suffisamment fermes ? C'est ce que je vais voir maintenant.

Quand je dis ici que c'est un enseignement de la nature, j'entends seulement que je suis porté par une certaine impulsion spontanée à le croire, et non point que quelque lumière naturelle m'en montre la vérité. Et il y a entre les deux une grande différence. Car tout ce qui m'est montré par la lumière naturelle, par exemple que, de ce que je doute, il s'ensuit que j'existe, et choses semblables, ne saurait être d'aucune façon douteux, parce qu'il ne peut y avoir aucune autre faculté à laquelle me fier autant qu'à cette lumière et qui puisse enseigner que cela n'est pas vrai ; mais pour ce qui est des impulsions naturelles, il m'est déjà arrivé souvent dans le passé de juger qu'elles m'avaient poussé vers le mauvais parti, quand il s'agissait de choisir le bien, et je ne vois pas pourquoi m'y fier davantage en aucun autre domaine.

Ensuite, quoique ces idées ne dépendent pas de ma volonté, il n'est pas pour autant établi qu'elles procèdent nécessairement de choses situées hors de moi. En effet, de

Troisième Méditation

quamvis in me sint, a voluntate tamen mea diversi esse videntur, ita forte etiam aliqua alia est in me facultas, nondum mihi satis cognita, istarum idearum effectrix, ut hactenus semper visum est illas, dum somnio, absque ulla rerum externarum ope, in me formari. Ac denique, quamvis a rebus a me diversis procederent, non inde sequitur illas rebus istis similes esse debere. Quinimo in multis saepe magnum discrimen videor deprehendisse ; ut, exempli causa, duas diversas solis ideas apud me invenio, unam tanquam a sensibus haustam, et quae maxime inter illas quas adventitias existimo est recensenda, per quam mihi valde parvus apparet, aliam vero ex rationibus Astronomiae desumptam, hoc est ex notionibus quibusdam mihi innatis elicitam, vel quocumque alio modo a me factam, per quam aliquoties major quam terra exhibetur ; utraque profecto similis eidem soli extra me existenti esse non potest, et ratio

---

parlais tout maintenant, se trouvent en moi, nonobstant qu'elles ne s'accordent pas toujours avec ma volonté, ainsi peut-être qu'il y a en moi quelque faculté ou puissance propre à produire ces idées sans l'aide d'aucunes choses extérieures, bien qu'elle ne me soit pas encore connue ; comme en effet il m'a toujours semblé jusques ici que, lorsque je dors, elles se forment ainsi en moi sans l'aide des objets qu'elles représentent. Et enfin, encore que je demeurasse d'accord qu'elles sont causées par ces objets, ce n'est pas une conséquence nécessaire qu'elles doivent leur être semblables. Au contraire, j'ai souvent remarqué, en beaucoup d'exemples, qu'il y avait une grande différence entre l'objet et son idée. Comme, par exemple, je trouve dans mon esprit deux idées du soleil toutes diverses : l'une tire son origine des sens, et doit être placée dans le genre de celles que j'ai dit ci-dessus venir de dehors, par laquelle il me paraît extrêmement petit ; l'autre est prise des raisons de l'astronomie, c'est-à-dire de certaines notions nées avec moi, ou enfin est formée par moi-même de quelque sorte que ce puisse être, par laquelle il me paraît plusieurs fois plus grand que toute la terre. Certes, ces deux idées que je conçois du soleil ne peuvent pas être toutes deux semblables au même soleil ; et la raison me fait croire

même que les impulsions dont je parlais à l'instant, quoiqu'elles soient en moi, semblent pourtant être différentes de ma volonté, de même peut-être aussi y a-t-il en moi quelque autre faculté, qui ne m'est pas encore assez connue, productrice de ces idées, comme il m'a toujours semblé jusqu'ici qu'elles se forment en moi, lorsque je rêve, sans aucune aide des choses extérieures.

Et enfin, quand bien même elles procéderaient de choses différentes de moi, il ne s'ensuit pas qu'elles doivent être semblables à ces choses. Au contraire, dans bien des cas, il me semble avoir décelé un écart souvent considérable. Ainsi, par exemple, je trouve en moi deux idées du soleil différentes : l'une comme puisée des sens, et qui doit au premier chef être recensée parmi celles que j'estime adventices, idée par laquelle il m'apparaît tout petit ; l'autre tirée des raisons de l'astronomie, c'est-à-dire formée à partir de certaines notions qui me sont innées, ou faite par moi de quelque autre façon, idée par laquelle le soleil est présenté comme plusieurs fois plus grand que la terre. Ces deux idées, à coup sûr, ne peuvent pas être l'une et l'autre semblables au même soleil existant hors de moi, et la raison

persuadet illam ei maxime esse dissimilem quae quam proxime ab
ipso videtur emanasse. Quae omnia satis demonstrant me non
40 hactenus ex certo judicio[1], sed tantum ex caeco aliquo impulsu,
credidisse res quasdam a me diversas existere, quae ideas sive
imagines suas per organa sensuum, vel quolibet alio pacto, mihi
immittant. Sed alia quaedam adhuc via mihi occurrit ad inquirendum an res aliquae, ex iis quarum ideae in me sunt, extra me
existant. Nempe quatenus ideae istae cogitandi quidam modi tantum
sunt, non agnosco ullam inter ipsas inaequalitatem, et omnes a me
eodem modo procedere videntur; sed quatenus una unam rem, alia
aliam repraesentat, patet easdem esse ab invicem valde diversas.
Nam proculdubio illae quae substantias mihi exhibent, majus aliquid
sunt, atque, ut ita loquar, plus realitatis objectivae in se continent,
quam illae quae tantum modos, sive accidentia, repraesentant; et
rursus illa per quam summum aliquem Deum, aeternum, infinitum,

---

1. 1ʳᵉ édition : *ex certo aliquo judicio.*

---

que celle qui vient immédiatement de son apparence est celle qui
lui est le plus dissemblable.

Tout cela me fait assez connaître que jusques à cette heure ce n'a
point été par un jugement certain et prémédité, mais seulement par
une aveugle et téméraire impulsion, que j'ai cru qu'il y avait des
choses hors de moi, et différentes de mon être, qui, par les organes
de mes sens, ou par quelque autre moyen que ce puisse être,
envoyaient en moi leurs idées ou images, et y imprimaient leurs
ressemblances.

Mais il se présente encore une autre voie pour rechercher si, entre
les choses dont j'ai en moi les idées, il y en a quelques-unes qui
existent hors de moi. A savoir, si ces idées sont prises en tant
seulement que ce sont de certaines façons de penser, je ne reconnais
entre elles aucune différence ou inégalité, et toutes semblent procéder
de moi d'une même sorte ; mais, les considérant comme des images,
dont les unes représentent une chose et les autres une autre, il est
évident qu'elles sont fort différentes les unes des autres. Car en effet
32 celles qui me représentent des substances sont sans doute quelque
chose de plus, et contiennent en soi (pour ainsi parler) plus de
réalité objective, c'est-à-dire participent par représentation à plus de
degrés d'être ou de perfection, que celles qui me représentent
seulement des modes ou accidents. De plus, celle par laquelle je
conçois un Dieu souverain, éternel, infini, immuable, tout connais-

persuade que celle qui semble en avoir émané le plus immédiatement lui est le plus dissemblable.

Tout cela démontre assez que jusqu'ici ce n'est pas par un jugement certain, mais seulement par quelque aveugle impulsion, que j'ai cru qu'il existait des choses différentes de moi qui, par les organes des sens ou par n'importe quel autre moyen, envoyaient en moi leurs idées ou images.

Mais une autre voie s'offre encore à moi pour rechercher si, parmi les choses dont les idées sont en moi, il y en a qui existent hors de moi. C'est que, en tant que ces idées sont seulement de certains modes du penser, je ne reconnais entre elles aucune inégalité, et elles semblent toutes procéder de moi de la même manière ; mais en tant qu'elles représentent l'une une chose, l'autre une autre, il est évident que ces mêmes idées sont fort différentes les unes des autres. Car sans aucun doute celles qui me donnent à voir des substances sont quelque chose de plus et contiennent en elles, pour ainsi dire, plus de réalité objective que celles qui représentent seulement des modes ou accidents ; et à son tour celle par laquelle j'ai l'intellection d'un Dieu souverain, éternel, infini, omniscient,

omniscium, omnipotentem, rerumque omnium, quae praeter ipsum sunt, creatorem intelligo, plus profecto realitatis objectivae in se habet, quam illae per quas finitae substantiae exhibentur. Jam vero lumine naturali manifestum est tantumdem ad minimum esse debere in causa efficiente et totali, quantum in ejusdem causae effectu. Nam, quaeso, undenam, posset assumere realitatem suam effectus, nisi a causa ? et quomodo illam ei causa dare posset, nisi etiam haberet ? Hinc autem sequitur, nec posse aliquid a nihilo fieri, nec etiam id quod magis perfectum est, hoc est quod plus realitatis in 41 se continet, ab eo quod minus. Atque hoc non modo perspicue verum est de iis effectibus quorum realitas est actualis sive formalis, sed etiam de ideis, in quibus consideratur tantum realitas objectiva. Hoc est non modo non potest, exempli causa, aliquis lapis qui prius non fuit, nunc incipere esse, nisi producatur ab aliqua re in qua totum illud sit vel formaliter vel eminenter quod ponitur in lapide ; nec potest calor in subjectum quod prius non calebat induci, nisi a

_____

sant, tout puissant, et Créateur universel de toutes les choses qui sont hors de lui ; celle-là, dis-je, a certainement en soi plus de réalité objective, que celles par qui les substances finies me sont représentées.

Maintenant, c'est une chose manifeste par la lumière naturelle, qu'il doit y avoir pour le moins autant de réalité dans la cause efficiente et totale que dans son effet : car d'où est-ce que l'effet peut tirer sa réalité, sinon de sa cause ? et comment cette cause la lui pourrait-elle communiquer, si elle ne l'avait en elle-même ?

Et de là il suit, non seulement que le néant ne saurait produire aucune chose, mais aussi que ce qui est plus parfait, c'est-à-dire qui contient en soi plus de réalité, ne peut être une suite et une dépendance du moins parfait. Et cette vérité n'est pas seulement claire et évidente dans les effets qui ont cette réalité que les philosophes appellent actuelle ou formelle, mais aussi dans les idées où l'on considère seulement la réalité qu'ils nomment objective. Par exemple, la pierre qui n'a point encore été, non seulement ne peut pas maintenant commencer d'être, si elle n'est produite par une chose qui possède en soi formellement, ou éminemment, tout ce qui entre en la composition de la pierre, c'est-à-dire qui contienne en soi les mêmes choses ou d'autres plus excellentes que celles qui sont dans la pierre ; et la chaleur ne peut être produite dans un sujet qui

tout puissant et créateur de toutes les choses qui sont en dehors de lui, possède à coup sûr en elle plus de réalité objective que celles par lesquelles des substances finies sont données à voir.

Maintenant, il est manifeste par la lumière naturelle qu'il doit y avoir pour le moins autant dans la cause efficiente et totale que dans l'effet de cette cause. Car, je le demande, d'où l'effet pourrait-il donc tirer sa réalité sinon de la cause ? et comment la cause pourrait-elle la lui donner, sans l'avoir aussi ? Il suit de là qu'il est impossible que quelque chose provienne du néant, et aussi que ce qui est plus parfait, c'est-à-dire qui contient en soi plus de réalité, provienne de ce qui l'est moins. Et cette vérité n'est pas seulement transparente concernant les effets dont la réalité est actuelle ou formelle, mais aussi concernant les idées, où est considérée seulement la réalité objective. Autrement dit, non seulement il est impossible, par exemple, qu'une pierre qui n'existait pas avant commence maintenant à exister, si elle n'est produite par une chose où se trouve, soit formellement, soit éminemment, tout ce qui est mis dans la pierre ; et il est impossible que de la chaleur soit introduite dans un

re quae sit ordinis saltem aeque perfecti atque est calor, et sic de caeteris ; sed praeterea etiam non potest in me esse idea caloris, vel lapidis, nisi in me posita sit ab aliqua causa, in qua tantumdem ad minimum sit realitatis quantum esse in calore vel lapide concipio. Nam quamvis ista causa nihil de sua realitate actuali sive formali in meam ideam transfundat, non ideo putandum est illam minus realem esse debere, sed talem esse naturam ipsius ideae ut nullam aliam ex se realitatem formalem exigat praeter illam quam mutuatur a cogitatione mea, cujus est modus ; quod autem haec idea realitatem objectivam hanc vel illam contineat potius quam aliam, hoc profecto habere debet ab aliqua causa in qua tantumdem sit ad minimum realitatis formalis quantum ipsa continet objectivae. Si enim ponamus aliquid in idea reperiri quod non fuerit in ejus causa, hoc igitur habet a nihilo ; atqui quantumvis imperfectus sit iste essendi modus quo res est objective in intellectu per ideam, non tamen profecto

en était auparavant privé, si ce n'est par une chose qui soit d'un ordre, d'un degré ou d'un genre au moins aussi parfait que la chaleur, et ainsi des autres ; mais encore, outre cela, l'idée de la chaleur, ou de la pierre, ne peut pas être en moi, si elle n'y a été mise par quelque cause, qui contienne en soi pour le moins autant de réalité, que j'en conçois dans la chaleur ou dans la pierre. Car encore que cette cause-là ne transmette en mon idée aucune chose de sa réalité actuelle ou formelle, on ne doit pas pour cela s'imaginer que cette cause doive être moins réelle ; mais on doit savoir que toute idée étant un ouvrage de l'esprit, sa nature est telle qu'elle ne demande de soi aucune autre réalité formelle, que celle qu'elle reçoit et emprunte de la pensée ou de l'esprit, dont elle est seulement un mode, c'est-à-dire une manière ou façon de penser. Or, afin qu'une 33 idée contienne une telle réalité objective plutôt qu'une autre, elle doit sans doute avoir cela de quelque cause, dans laquelle il se rencontre pour le moins autant de réalité formelle que cette idée contient de réalité objective. Car si nous supposons qu'il se trouve quelque chose dans l'idée, qui ne se rencontre pas dans sa cause, il faut donc qu'elle tienne cela du néant ; mais, pour imparfaite que soit cette façon d'être, par laquelle une chose est objectivement ou par représentation dans l'entendement par son idée, certes on ne

sujet qui n'était pas chaud avant, sinon par une chose qui soit d'un ordre au moins aussi parfait que la chaleur, et ainsi de tout le reste ; mais aussi, en outre, il est impossible que l'idée de chaleur ou de pierre soit en moi, si elle n'a été mise en moi par quelque cause dans laquelle il y ait pour le moins autant de réalité que je conçois qu'il y en a dans la chaleur ou la pierre. Car, bien que cette cause-là ne fasse rien passer dans mon idée de sa réalité actuelle ou formelle, il ne faut pas croire pour autant qu'elle doive être moins réelle. Telle est la nature de l'idée qu'elle n'exige par elle-même aucune autre réalité formelle que celle qu'elle emprunte à ma pensée, dont elle est un mode ; mais que telle idée contienne telle ou telle réalité objective plutôt qu'une autre, cela, assurément, elle doit le tenir de quelque cause dans laquelle il y ait pour le moins autant de réalité formelle qu'elle en contient elle-même d'objective. En effet, si nous posons qu'il se rencontre dans l'idée quelque chose qui n'a pas été dans sa cause, elle le tient donc du néant ; or, pour imparfait que soit ce mode d'être par lequel une chose est à titre d'objet dans l'entendement par l'entremise d'une idée, il est pourtant sûr que ce

plane nihil est, nec proinde a nihilo esse potest. Nec etiam debeo suspicari, cum realitas quam considero in meis ideis sit tantum
42 objectiva, non opus esse ut eadem realitas sit formaliter in causis istarum idearum, sed sufficere si sit in iis etiam objective. Nam quemadmodum iste modus essendi objectivus competit ideis ex ipsarum natura, ita modus essendi formalis competit idearum causis, saltem primis et praecipuis, ex earum natura. Et quamvis forte una idea ex alia nasci possit, non tamen hic datur progressus in infinitum, sed tandem ad aliquam primam debet deveniri, cujus causa sit instar archetypi, in quo omnis realitas formaliter contineatur quae est in idea tantum objective ; adeo ut lumine naturali mihi sit perspicuum ideas in me esse veluti quasdam imagines, quae possunt quidem facile deficere a perfectione rerum a quibus sunt desumptae, non autem quicquam majus aut perfectius continere. Atque haec omnia, quo diutius et curiosius examino, tanto clarius et distinctius

peut pas néanmoins dire que cette façon et manière-là ne soit rien, ni par conséquent que cette idée tire son origine du néant. Je ne dois pas aussi douter qu'il ne soit nécessaire que la réalité soit formellement dans les causes de mes idées, quoique la réalité que je considère dans ces idées soit seulement objective, ni penser qu'il suffit que cette réalité se rencontre objectivement dans leurs causes ; car, tout ainsi que cette manière d'être objectivement appartient aux idées, de leur propre nature, de même aussi la manière ou la façon d'être formellement appartient aux causes de ces idées (à tout le moins aux premières et principales) de leur propre nature. Et encore qu'il puisse arriver qu'une idée donne la naissance à une autre idée, cela ne peut pas toutefois être à l'infini, mais il faut à la fin parvenir à une première idée, dont la cause soit comme un patron ou un original, dans lequel toute la réalité ou perfection soit contenue formellement et en effet, qui se rencontre seulement objectivement ou par représentation dans ces idées. En sorte que la lumière naturelle me fait connaître évidemment que les idées sont en moi comme des tableaux, ou des images, qui peuvent à la vérité facilement déchoir de la perfection des choses dont elles ont été tirées, mais qui ne peuvent jamais rien contenir de plus grand ou de plus parfait.

Et d'autant plus longuement et soigneusement j'examine toutes ces choses, d'autant plus clairement et distinctement je connais

n'est pas rien du tout, et par conséquent cela ne saurait provenir du néant. Je ne dois pas non plus nourrir le soupçon que, puisque la réalité que je considère dans mes idées est seulement objective, il n'est pas besoin que la même réalité soit formellement dans les causes de ces idées, et qu'il suffit qu'elle y soit, là aussi, objectivement. Car, de même que ce mode d'être objectif revient aux idées de par leur propre nature, de même le mode d'être formel revient aux causes de ces idées, du moins aux premières et principales, de par leur nature. Et bien que peut-être une idée puisse naître d'une autre, il n'y a pourtant pas ici de progrès à l'infini, mais on doit finalement en arriver à une première, dont la cause soit comme un original dans lequel est contenue, formellement, toute la réalité qui, dans l'idée, est seulement objectivement ; si bien que la lumière naturelle me montre en toute transparence que les idées sont en moi comme des sortes d'images, qui peuvent, certes, facilement déchoir de la perfection des choses dont elles ont été tirées, mais non pas contenir quelque chose de plus grand ou de plus parfait.

Et plus je mets de temps et de soin à examiner toutes ces choses, plus je trouve

vera esse cognosco. Sed quid tandem ex his concludam ? Nempe si realitas objectiva alicujus ex meis ideis sit tanta ut certus sim eandem nec formaliter nec eminenter in me esse, nec proinde me ipsum ejus ideae causam esse posse, hinc necessario sequi non me solum esse in mundo, sed aliquam aliam rem, quae istius ideae est causa, etiam existere. Si vero nulla talis in me idea reperiatur, nullum plane habebo argumentum quod me de alicujus rei a me diversae existentia certum reddat ; omnia enim diligentissime circumspexi, et nullum aliud potui hactenus reperire. Ex his autem meis ideis, praeter illam quae me ipsum mihi exhibet, de qua hic
43 nulla difficultas esse potest, alia est quae Deum, aliae quae res corporeas et inanimes, aliae quae Angelos, aliae quae animalia, ac denique aliae quae alios homines mei similes repraesentant. Et quantum ad ideas quae alios homines, vel animalia, vel Angelos exhibent, facile intelligo illas ex iis quas habeo mei ipsius et rerum

qu'elles sont vraies. Mais enfin que conclurai-je de tout cela ? C'est à savoir que, si la réalité objective de quelqu'une de mes idées est telle, que je connaisse clairement qu'elle n'est point en moi, ni formellement, ni éminemment, et que par conséquent je ne puis pas moi-même en être la cause, il suit de là nécessairement que je ne suis pas seul dans le monde, mais qu'il y a encore quelque autre chose qui existe, et qui est la cause de cette idée ; au lieu que, s'il ne se rencontre point en moi de telle idée, je n'aurai aucun argument qui me puisse convaincre et rendre certain de l'existence d'aucune
34 autre chose que de moi-même ; car je les ai tous soigneusement recherchés, et je n'en ai pu trouver aucun autre jusqu'à présent.

Or entre ces idées, outre celle qui me représente à moi-même, de laquelle il ne peut y avoir ici aucune difficulté, il y en a une autre qui me représente un Dieu, d'autres des choses corporelles et inanimées, d'autres des anges, d'autres des animaux, et d'autres enfin qui me représentent des hommes semblables à moi. Mais pour ce qui regarde les idées qui me représentent d'autres hommes, ou des animaux, ou des anges, je conçois facilement qu'elles peuvent

de clarté et de distinction dans la connaissance de leur vérité. Mais qu'en conclure enfin ? C'est que si la réalité objective de quelqu'une de mes idées est si grande que je sois certain qu'elle n'est en moi ni formellement ni éminemment, et que par conséquent je ne peux pas être moi-même la cause de cette idée, il suit de là nécessairement que je ne suis pas seul dans le monde, mais qu'il existe quelque autre chose, qui est la cause de cette idée. Si au contraire il ne se rencontre en moi aucune idée qui soit telle, je n'aurai absolument aucun argument qui me rende certain de l'existence d'aucune chose différente de moi. J'ai en effet tout exploré très scrupuleusement, et je n'ai pu en rencontrer jusqu'ici aucun autre.

Or, parmi ces idées qui sont en moi, outre celle qui me donne à voir moi-même à moi-même, pour laquelle il ne peut y avoir ici aucune difficulté, il y en a une autre qui représente un Dieu, d'autres des choses corporelles et inanimées, d'autres des anges, d'autres des animaux, et d'autres enfin d'autres hommes semblables à moi.

Pour ce qui est des idées qui donnent à voir d'autres hommes, ou des animaux, ou des anges, je reconnais sans peine qu'elles

corporalium et Dei posse componi, quamvis nulli praeter me homines, nec animalia, nec Angeli, in mundo essent. Quantum autem ad ideas rerum corporalium, nihil in illis occurrit quod sit tantum ut non videatur a me ipso potuisse proficisci ; nam si penitius inspiciam, et singulas examinem eo modo quo heri examinavi ideam cerae, animadverto perpauca tantum esse quae in illis clare et distincte percipio, nempe magnitudinem sive extensionem in longum, latum, et profundum ; figuram, quae ex terminatione istius extensionis exurgit ; situm, quem diversa figurata inter se obtinent ; et motum, sive mutationem istius situs ; quibus addi possunt substantia, duratio, et numerus. Caetera autem, ut lumen, et colores, soni, odores, sapores, calor, et frigus, aliaeque tactiles qualitates, nonnisi valde confuse et obscure a me cogitantur, adeo ut etiam ignorem an sint verae, vel falsae, hoc est an ideae quas de

---

être formées par le mélange et la composition des autres idées que j'ai des choses corporelles et de Dieu, encore que hors de moi il n'y eût point d'autres hommes dans le monde, ni aucuns animaux, ni aucuns anges. Et pour ce qui regarde les idées des choses corporelles, je n'y reconnais rien de si grand ni de si excellent, qui ne me semble pouvoir venir de moi-même ; car, si je les considère de plus près, et si je les examine de la même façon que j'examinais hier l'idée de la cire, je trouve qu'il ne s'y rencontre que fort peu de chose que je conçoive clairement et distinctement : à savoir, la grandeur ou bien l'extension en longueur, largeur et profondeur ; la figure qui est formée par les termes et les bornes de cette extension ; la situation que les corps diversement figurés gardent entre eux ; et le mouvement ou le changement de cette situation ; auxquelles on peut ajouter la substance, la durée, et le nombre. Quant aux autres choses, comme la lumière, les couleurs, les sons, les odeurs, les saveurs, la chaleur, le froid, et les autres qualités qui tombent sous l'attouchement, elles se rencontrent dans ma pensée avec tant d'obscurité et de confusion, que j'ignore même si elles sont véritables, ou fausses et seulement apparentes, c'est-à-dire si les idées que je conçois de

peuvent être formées par composition à partir de celles que j'ai de moi-même, des choses corporelles et de Dieu, quand bien même il n'existerait dans le monde aucun homme sauf moi, ni animaux, ni anges.

Pour ce qui est des idées de choses corporelles, il ne se présente en elles rien de si grand qui ne semble avoir pu venir de moi-même. Car si je les inspecte plus à fond et si je les examine chacune de la même façon que j'ai hier examiné l'idée de la cire, je remarque qu'il y a seulement fort peu de choses que je perçoive en elles clairement et distinctement : la grandeur ou étendue en longueur, largeur et profondeur, la figure qui surgit de la délimitation de cette étendue, la situation que les diverses choses figurées ont les unes par rapport aux autres, et le mouvement ou changement de cette situation ; à quoi l'on peut ajouter la substance, la durée et le nombre.

Pour tout le reste, comme la lumière et les couleurs, les sons, les odeurs, les saveurs, le chaud et le froid, et les autres qualités tactiles, elles ne sont pensées par moi que fort confusément et obscurément, au point que je ne sais même pas si elles sont vraies ou fausses, c'est-à-dire si les idées que j'en

illis habeo sint rerum quarundam ideae, an non rerum. Quamvis enim falsitatem proprie dictam, sive formalem, nonnisi in judiciis posse reperiri paulo ante notaverim, est tamen profecto quaedam alia falsitas materialis in ideis, cum non rem tanquam rem repraesentant. Ita, exempli causa, ideae quas habeo caloris et frigoris, tam 44 parum clarae et distinctae sunt, ut ab iis discere non possim an frigus sit tantum privatio caloris, vel calor privatio frigoris, vel utrumque sit realis qualitas, vel neutrum ; et quia nullae ideae nisi tanquam rerum esse possunt, siquidem verum sit frigus nihil aliud esse quam privationem caloris, idea quae mihi illud tanquam reale quid et positivum repraesentat, non immerito falsa dicetur, et sic de caeteris. Quibus profecto non est necesse ut aliquem authorem a me diversum assignem ; nam, si quidem sint falsae, hoc est nullas res repraesentent, lumine naturali notum mihi est illas a nihilo

___

ces qualités, sont en effet les idées de quelques choses réelles, ou bien si elles ne me représentent que des êtres chimériques, qui ne peuvent exister. Car, encore que j'aie remarqué ci-devant, qu'il n'y a que dans les jugements que se puisse rencontrer la vraie et formelle fausseté, il se peut néanmoins trouver dans les idées une certaine fausseté matérielle, à savoir, lorsqu'elles représentent ce qui n'est rien comme si c'était quelque chose. Par exemple, les idées que j'ai du froid et de la chaleur sont si peu claires et si peu distinctes que par leur moyen je ne puis pas discerner si le froid est seulement une privation de la chaleur, ou la chaleur une privation du froid, ou bien si l'une et l'autre sont des qualités réelles, ou si elles ne le sont pas ; et d'autant que, les idées étant comme des images, il n'y en 35 peut avoir aucune qui ne nous semble représenter quelque chose, s'il est vrai de dire que le froid ne soit autre chose qu'une privation de la chaleur, l'idée qui me le représente comme quelque chose de réel et de positif ne sera pas mal à propos appelée fausse, et ainsi des autres semblables idées ; auxquelles certes il n'est pas nécessaire que j'attribue d'autre auteur que moi-même. Car, si elles sont fausses, c'est-à-dire si elles représentent des choses qui ne sont point, la lumière naturelle me fait connaître qu'elles procèdent du néant,

ai sont les idées de certaines choses, ou de
ce qui n'est pas une chose. En effet, bien
que la fausseté proprement dite, la fausseté
formelle, ne puisse se rencontrer que dans
les jugements, comme je l'ai noté un peu
plus haut, il y en a pourtant sûrement une
autre dans les idées, la fausseté matérielle,
quand elles représentent comme une chose
ce qui n'est pas une chose. Ainsi, par exemple,
les idées que j'ai de la chaleur et du froid
sont si peu claires et distinctes que je ne
peux pas apprendre d'elles si c'est le froid
qui est seulement une privation de chaleur,
ou la chaleur une privation de froid, ou si
les deux sont des qualités réelles, ou si aucun
des deux ne l'est ; et puisque toute idée se
donne nécessairement comme une idée de
chose, s'il se trouve vrai que le froid n'est
rien d'autre qu'une privation de chaleur,
l'idée qui me le représente comme quelque
chose de réel et de positif sera dite à juste
titre fausse, et ainsi du reste. A ces idées-là
il n'est assurément pas nécessaire que j'assigne quelque auteur différent de moi. Car
s'il se trouve qu'elles sont fausses, c'est-à-
dire si elles ne représentent pas de choses du
tout, la lumière naturelle me fait connaître
qu'elles procèdent du néant, c'est-à-dire qu'il

procedere, hoc est non aliam ob causam in me esse quam quia deest
aliquid naturae meae, nec est plane perfecta ; si autem sint verae,
quia tamen tam parum realitatis mihi exhibent ut ne quidem illud
a non re possim distinguere, non video cur a me ipso esse non
possim. Ex iis vero quae in ideis rerum corporalium clara et distincta
sunt, quaedam ab idea mei ipsius videor mutuari potuisse, nempe
substantiam, durationem, numerum, et si quae alia sint ejusmodi ;
nam cum cogito lapidem esse substantiam, sive esse rem quae per
se apta est existere, itemque me esse substantiam, quamvis conci-
piam me esse rem cogitantem, et non extensam, lapidem vero esse
rem extensam, et non cogitantem, ac proinde maxima inter utrumque
conceptum sit diversitas, in ratione tamen substantiae videntur
convenire ; itemque cum percipio me nunc esse, et prius etiam
aliquamdiu fuisse recordor, cumque varias habeo cogitationes qua-
45 rum numerum intelligo, acquiro ideas durationis et numeri, quas

c'est-à-dire qu'elles ne sont en moi, que parce qu'il manque quelque
chose à ma nature, et qu'elle n'est pas toute parfaite. Et si ces idées
sont vraies, néanmoins, parce qu'elles me font paraître si peu de
réalité, que même je ne puis pas nettement discerner la chose
représentée d'avec le non-être, je ne vois point de raison pourquoi
elles ne puissent être produites par moi-même, et que je n'en puisse
être l'auteur.

Quant aux idées claires et distinctes que j'ai des choses corporelles,
il y en a quelques-unes qu'il semble que j'aie pu tirer de l'idée que
j'ai de moi-même, comme celle que j'ai de la substance, de la durée,
du nombre, et d'autres choses semblables. Car, lorsque je pense que
la pierre est une substance, ou bien une chose qui de soi est capable
d'exister, puis que je suis une substance, quoique je conçoive bien
que je suis une chose qui pense et non étendue, et que la pierre au
contraire est une chose étendue et qui ne pense point, et qu'ainsi
entre ces deux conceptions il se rencontre une notable différence,
toutefois elles semblent convenir en ce qu'elles représentent des
substances. De même, quand je pense que je suis maintenant, et
que je me ressouviens outre cela d'avoir été autrefois, et que je
conçois plusieurs diverses pensées dont je connais le nombre, alors

n'y a pas d'autre cause à leur présence en moi que le défaut de ma nature, qui n'est pas absolument parfaite ; si au contraire elles sont vraies, puisque cependant elles me donnent à voir si peu de réalité que je ne peux même pas distinguer ce peu-là d'une absence de chose, je ne vois pas pourquoi elles ne pourraient pas tirer leur être de moi-même.

Quant à ce qui, dans les idées des choses corporelles, est clair et distinct, il semble que pour une part j'aurais pu l'emprunter à l'idée de moi-même, à savoir pour substance, durée, nombre, et pour les autres idées de ce genre. Car lorsque je pense qu'une pierre est une substance, c'est-à-dire est une chose capable par elle-même d'exister, et que pareillement je suis une substance, bien que je conçoive que je suis une chose pensante et non point étendue, tandis que la pierre est une chose étendue et non point pensante, et qu'il y ait par conséquent entre les deux conceptions une très grande différence, elles semblent pourtant, sous le rapport de la substance, avoir de la convenance ; pareillement, lorsque je perçois que j'existe à présent et que je me rappelle avoir été aussi auparavant pendant un certain temps, et lorsque j'ai des pensées variées dont je connais le nombre, j'acquiers

deinde ad quascunque alias res possum transferre. Caetera autem omnia ex quibus rerum corporearum ideae conflantur, nempe extensio, figura, situs, et motus, in me quidem, cum nihil aliud sim quam res cogitans, formaliter non continentur; sed quia sunt tantum modi quidam substantiae, ego autem substantia, videntur in me contineri posse eminenter. Itaque sola restat idea Dei, in qua considerandum est an aliquid sit quod a me ipso non potuerit proficisci. Dei nomine intelligo substantiam quandam infinitam, independentem, summe intelligentem, summe potentem, et a qua tum ego ipse, tum aliud omne, si quid aliud extat, quodcumque extat, est creatum. Quae sane omnia talia sunt ut, quo diligentius attendo, tanto minus a me solo profecta esse posse videantur. Ideoque ex antedictis Deum necessario existere est concludendum. Nam quamvis substantiae quidem idea in me sit ex hoc ipso quod

j'acquiers en moi les idées de la durée et du nombre, lesquelles, par après, je puis transférer à toutes les autres choses que je voudrai.

Pour ce qui est des autres qualités dont les idées des choses corporelles sont composées, à savoir l'étendue, la figure, la situation, et le mouvement de lieu, il est vrai qu'elles ne sont point formellement en moi, puisque je ne suis qu'une chose qui pense ; mais parce que ce sont seulement de certains modes de la substance, et comme les vêtements sous lesquels la substance corporelle nous paraît, et que je suis aussi moi-même une substance, il semble qu'elles puissent être contenues en moi éminemment.

Partant il ne reste que la seule idée de Dieu, dans laquelle il faut considérer s'il y a quelque chose qui n'ait pu venir de moi-même. Par le nom de Dieu j'entends une substance infinie, éternelle, immuable, indépendante, toute connaissante, toute puissante, et par laquelle moi-même, et toutes les autres choses qui sont (s'il est vrai qu'il y en ait qui existent) ont été créées et produites. Or ces avantages sont si grands et si éminents, que plus attentivement je les considère, et moins je me persuade que l'idée que j'en ai puisse tirer son origine de moi seul. Et par conséquent il faut nécessairement conclure de tout ce que j'ai dit auparavant, que Dieu existe ; car, encore que l'idée de la substance soit en moi, de cela même

les idées de durée et de nombre, que je peux ensuite transférer à n'importe quelles autres choses. Pour tout le reste de ce qui concourt à former les idées des choses corporelles, à savoir étendue, figure, situation et mouvement, je ne les contiens pas, il est vrai, formellement en moi, puisque je ne suis rien d'autre qu'une chose qui pense, mais parce que ce sont seulement de certains modes de substance, et que moi je suis une substance, il semble qu'ils puissent être contenus en moi éminemment.

C'est pourquoi l'idée de Dieu reste la seule dans laquelle il faut considérer s'il y a quelque chose qui n'ait pu venir de moi-même. Par Dieu, j'entends une substance infinie, indépendante, souverainement connaissante, souverainement puissante, et par laquelle j'ai été créé moi-même, et aussi tout autre existant, s'il y a quelque autre existant. Toutes perfections qui, assurément, sont telles que, plus j'y applique mon attention, moins il semble qu'elles puissent être venues de moi seul. Et ainsi, d'après ce qui a été dit auparavant, il faut conclure que Dieu nécessairement existe.

Car, bien que l'idée de substance, il est vrai, soit en moi du fait même que je suis

sim substantia, non tamen idcirco esset idea substantiae infinitae, cum sim finitus, nisi ab aliqua substantia quae revera esset infinita procederet. Nec putare debeo me non percipere infinitum per veram ideam, sed tantum per negationem finiti, ut percipio quietem et tenebras per negationem motus et lucis; nam contra manifeste intelligo plus realitatis esse in substantia infinita quam in finita, ac proinde priorem quodammodo in me esse perceptionem infiniti quam finiti, hoc est Dei quam mei ipsius. Qua enim ratione 46 intelligerem me dubitare, me cupere, hoc est, aliquid mihi deesse, et me non esse omnino perfectum, si nulla idea entis perfectioris in me esset, ex cujus comparatione defectus meos agnoscerem ? Nec dici potest hanc forte ideam Dei materialiter falsam esse, ideoque a nihilo esse posse, ut paulo ante de ideis caloris et frigoris, et similium, animadverti; nam contra, cum maxime clara et distincta

---

que je suis une substance, je n'aurais pas néanmoins l'idée d'une substance infinie, moi qui suis un être fini, si elle n'avait été mise en moi par quelque substance qui fût véritablement infinie.

Et je ne me dois pas imaginer que je ne conçois pas l'infini par une véritable idée, mais seulement par la négation de ce qui est fini, de même que je comprends le repos et les ténèbres par la négation du mouvement et de la lumière : puisque au contraire je vois manifestement qu'il se rencontre plus de réalité dans la substance infinie que dans la substance finie, et partant que j'ai en quelque façon premièrement en moi la notion de l'infini, que du fini, c'est-à-dire de Dieu, que de moi-même. Car comment serait-il possible que je pusse connaître que je doute et que je désire, c'est-à-dire qu'il me manque quelque chose et que je ne suis pas tout parfait, si je n'avais en moi aucune idée d'un être plus parfait que le mien, par la comparaison duquel je connaîtrais les défauts de ma nature ?

Et l'on ne peut pas dire que peut-être cette idée de Dieu est matériellement fausse, et que par conséquent je la puis tenir du néant, c'est-à-dire qu'elle peut être en moi pour ce que j'ai du défaut, comme j'ai dit ci-devant des idées de la chaleur et du froid, et d'autres choses semblables : car au contraire cette idée étant fort

une substance, ce ne serait pas toutefois pour autant l'idée de substance infinie, puisque je suis fini, si elle ne procédait de quelque substance qui fût effectivement infinie.

Et je ne dois pas croire que je ne perçois pas l'infini par une véritable idée, mais seulement par la négation du fini, de même que je perçois le repos et les ténèbres par la négation du mouvement et de la lumière ; car au contraire je vois par une intellection manifeste qu'il y a plus de réalité dans la substance infinie que dans la substance finie, et que par conséquent la perception de l'infini est en quelque façon antérieure en moi à celle du fini, c'est-à-dire celle de Dieu à celle de moi-même. Comment, en effet, connaîtrais-je que je doute, que je désire, c'est-à-dire qu'il me manque quelque chose et que je ne suis pas entièrement parfait, s'il n'y avait en moi aucune idée d'un être plus parfait par rapport à quoi je reconnaîtrais mes défauts ?

On ne peut pas non plus dire que peut-être cette idée de Dieu est matériellement fausse et qu'elle peut donc venir du néant, comme je l'ai remarqué un peu plus haut à propos des idées de la chaleur et du froid et d'autres semblables ; car au contraire, comme

sit, et plus realitatis objectivae quam ulla alia contineat, nulla est per se magis vera, nec in qua minor falsitatis suspicio reperiatur. Est, inquam, haec idea entis summe perfecti et infiniti maxime vera ; nam quamvis forte fingi possit tale ens non existere, non tamen fingi potest ejus ideam nihil reale mihi exhibere, ut de idea frigoris ante dixi. Est etiam maxime clara et distincta ; nam quidquid clare et distincte percipio quod est reale et verum, et quod perfectionem aliquam importat, totum in ea continetur. Nec obstat quod non comprehendam infinitum, vel quod alia innumera in Deo sint, quae nec comprehendere, nec forte etiam attingere cogitatione ullo modo possum ; est enim de ratione infiniti, ut a me, qui sum finitus, non comprehendatur ; et sufficit me hoc ipsum intelligere, ac judicare illa omnia quae clare percipio et perfectionem aliquam importare scio, atque etiam forte alia innumera quae ignoro, vel formaliter vel

claire et fort distincte, et contenant en soi plus de réalité objective qu'aucune autre, il n'y en a point qui soit de soi plus vraie, ni qui puisse être moins soupçonnée d'erreur et de fausseté.

L'idée, dis-je, de cet être souverainement parfait et infini est entièrement vraie ; car, encore que peut-être l'on puisse feindre qu'un tel être n'existe point, on ne peut pas feindre néanmoins que son idée ne me représente rien de réel, comme j'ai tantôt dit de l'idée du froid.

Cette même idée est aussi fort claire et fort distincte, puisque tout ce que mon esprit conçoit clairement et distinctement de réel et de vrai, et qui contient en soi quelque perfection, est contenu et renfermé tout entier dans cette idée.

37 Et ceci ne laisse pas d'être vrai, encore que je ne comprenne pas l'infini, ou même qu'il se rencontre en Dieu une infinité de choses que je ne puis comprendre, ni peut-être aussi atteindre aucunement par la pensée : car il est de la nature de l'infini, que ma nature, qui est finie et bornée, ne le puisse comprendre ; et il suffit que je conçoive bien cela, et que je juge que toutes les choses que je conçois clairement, et dans lesquelles je sais qu'il y a quelque perfection, et peut-être aussi une infinité d'autres que j'ignore, sont

elle a le plus haut degré de clarté et de distinction, et qu'elle contient plus de réalité objective qu'aucune autre, il n'y en a aucune qui soit par elle-même plus vraie, ni dans laquelle on trouve moins à soupçonner de fausseté. Elle a bien, dis-je, cette idée d'un être souverainement parfait et infini, le plus haut degré de vérité ; car, bien que peut-être on puisse feindre qu'un tel être n'existe pas, on ne peut pourtant pas feindre que son idée ne me donne rien de réel à voir, comme je l'ai dit auparavant à propos de l'idée du froid. Elle a aussi le plus haut degré de clarté et de distinction ; car tout ce que je perçois clairement et distinctement de réel et de vrai, et qui comporte quelque perfection, est contenu tout entier en elle.

Et peu importe que je ne comprenne pas l'infini, ou qu'il y ait en Dieu d'innombrables autres choses que je ne puis ni comprendre ni peut-être même atteindre d'aucune manière par la pensée. Il est en effet de la nature de l'infini de n'être pas compris par moi, qui suis fini ; et il suffit que j'aie, de cela même, l'intellection, et que je juge que toutes les choses que je perçois clairement et dont je sais qu'elles comportent quelque perfection, et peut-être aussi d'innombrables

eminenter in Deo esse, ut idea quam de illo habeo sit omnium quae in me sunt maxime vera, et maxime clara et distincta. Sed forte majus aliquid sum quam ipse intelligam, omnesque illae perfectiones quas Deo tribuo, potentia quodammodo in me sunt, etiamsi nondum sese exerant, neque ad actum reducantur. Experior enim jam cognitionem meam paulatim augeri ; nec video quid obstet quominus ita magis et magis augeatur in infinitum, nec etiam cur, cognitione sic aucta, non possim ejus ope reliquas omnes Dei perfectiones adipisci ; nec denique cur potentia ad istas perfectiones, si jam in me est, non sufficiat ad illarum[1] ideam producendam. Imo nihil horum esse potest. Nam primo, ut verum sit cognitionem meam gradatim augeri, et multa in me esse potentia quae actu nondum sunt, nihil tamen horum ad ideam Dei pertinet, in qua

---

1. *illorum* dans les deux éditions originales : erreur corrigée dans certaines éditions postérieures.

---

en Dieu formellement ou éminemment, afin que l'idée que j'en ai soit la plus vraie, la plus claire et la plus distincte de toutes celles qui sont en mon esprit.

Mais peut-être aussi que je suis quelque chose de plus que je ne m'imagine, et que toutes les perfections que j'attribue à la nature d'un Dieu, sont en quelque façon en moi en puissance, quoiqu'elles ne se produisent pas encore, et ne se fassent point paraître par leurs actions. En effet j'expérimente déjà que ma connaissance s'augmente et se perfectionne peu à peu, et je ne vois rien qui la puisse empêcher de s'augmenter de plus en plus jusques à l'infini ; puis, étant ainsi accrue et perfectionnée, je ne vois rien qui empêche que je ne puisse m'acquérir par son moyen toutes les autres perfections de la nature divine ; et enfin il semble que la puissance que j'ai pour l'acquisition de ces perfections, si elle est en moi, peut être capable d'y imprimer et d'y introduire leurs idées. Toutefois, en y regardant un peu de près, je reconnais que cela ne peut être ; car, premièrement, encore qu'il fût vrai que ma connaissance acquît tous les jours de nouveaux degrés de perfection, et qu'il y eût en ma nature beaucoup de choses en puissance, qui n'y sont pas encore actuellement, toutefois tous ces avantages n'appartiennent et n'approchent en aucune sorte de l'idée que j'ai de la Divinité, dans laquelle rien ne se rencontre

autres que j'ignore, sont en Dieu ou formellement ou éminemment, pour que l'idée que j'en ai soit, de toutes celles qui sont en moi, celle qui a le plus haut degré de vérité, de clarté et de distinction.

Mais peut-être suis-je quelque chose de plus grand que je n'en ai moi-même l'intellection, peut-être toutes ces perfections que j'attribue à Dieu sont-elles en quelque façon en moi en puissance, même si elles ne se déploient pas encore et ne sont pas actualisées. En effet, j'expérimente déjà que ma connaissance s'accroît peu à peu, et je ne vois pas ce qui empêcherait qu'elle s'accroisse ainsi de plus en plus jusqu'à l'infini, ni non plus pourquoi, une fois la connaissance accrue de la sorte, je ne pourrais pas grâce à elle obtenir toutes les autres perfections de Dieu, ni enfin pourquoi l'aptitude potentielle à ces perfections, si elle est déjà en moi, ne suffirait pas pour produire l'idée de ces perfections. Mais non ! Rien de tout cela n'est possible. Car, premièrement, à supposer qu'il soit vrai que ma connaissance s'accroisse par degrés et qu'il y ait en moi en puissance bien des choses qui ne sont pas encore en acte, rien de cela pourtant n'appartient à l'idée de Dieu, dans laquelle, bien

nempe nihil omnino est potentiale ; namque hoc ipsum, gradatim augeri, certissimum est imperfectionis argumentum. Praeterea, etiamsi cognitio mea semper magis et magis augeatur, nihilominus intelligo nunquam illam idcirco fore actu infinitam, quia nunquam eo devenietur, ut majoris adhuc incrementi non sit capax ; Deum autem ita judico esse actu infinitum ut nihil ejus perfectioni addi possit. Ac denique percipio esse objectivum ideae non a solo esse potentiali, quod proprie loquendo nihil est, sed tantummodo ab actuali sive formali posse produci. Neque profecto quicquam est in his omnibus quod diligenter attendenti non sit lumine naturali manifestum. Sed quia, cum minus attendo, et rerum sensibilium imagines mentis aciem excaecant, non ita facile recordor cur idea entis me perfectioris necessario ab ente aliquo procedat quod sit 48 revera perfectius, ulterius quaerere libet an ego ipse habens illam ideam esse possem, si tale ens nullum existeret. Nempe a quo

---

seulement en puissance, mais tout y est actuellement et en effet. Et même n'est-ce pas un argument infaillible et très certain d'imperfection en ma connaissance, de ce qu'elle s'accroît peu à peu, et qu'elle s'augmente par degrés ? Davantage, encore que ma connaissance s'augmentât de plus en plus, néanmoins je ne laisse pas de concevoir qu'elle ne saurait être actuellement infinie, puisqu'elle n'arrivera jamais à un si haut point de perfection, qu'elle ne soit encore capable d'acquérir quelque plus grand accroissement. Mais je conçois Dieu actuellement infini en un si haut degré, qu'il ne se peut rien ajouter à la souveraine perfection qu'il possède. Et enfin je comprends fort bien que l'être objectif d'une idée ne peut être produit par un 38 être qui existe seulement en puissance, lequel à proprement parler n'est rien, mais seulement par un être formel ou actuel.

Et certes je ne vois rien en tout ce que je viens de dire, qui ne soit très aisé à connaître par la lumière naturelle à tous ceux qui voudront y penser soigneusement ; mais lorsque je relâche quelque chose de mon attention, mon esprit se trouvant obscurci et comme aveuglé par les images des choses sensibles, ne se ressouvient pas facilement de la raison pourquoi l'idée que j'ai d'un être plus parfait que le mien, doit nécessairement avoir été mise en moi par un être qui soit en effet plus parfait.

C'est pourquoi je veux ici passer outre, et considérer si moi-même, qui ai cette idée de Dieu, je pourrais être, en cas qu'il n'y eût point de Dieu. Et je demande, de qui aurais-je mon existence ?

sûr, il n'y a absolument rien de potentiel ; et le fait même de s'accroître par degrés est en effet une preuve très certaine d'imperfection. En outre, même si ma connaissance s'accroît toujours de plus en plus, je reconnais néanmoins que jamais elle ne sera infinie en acte, puisque jamais elle n'en arrivera au point de n'être plus capable d'un accroissement encore plus grand ; de Dieu au contraire je juge qu'il est infini en acte, si bien que rien ne saurait s'ajouter à sa perfection. Et enfin je perçois que l'être objectif d'une idée ne peut pas être produit par un être simplement potentiel, lequel à proprement parler n'est rien, mais seulement par un être actuel ou formel.

Il n'est assurément rien en tout cela qui ne soit manifeste par la lumière naturelle si l'on y prête une attention scrupuleuse. Mais quand je suis moins attentif et que les images des choses sensibles aveuglent le regard de l'esprit, il ne m'est pas si facile de me rappeler pourquoi l'idée d'un être plus parfait que moi procède nécessairement d'un être qui soit effectivement plus parfait ; je veux donc continuer à chercher pour voir si moi-même, qui ai cette idée, je pourrais être, s'il n'existait aucun être qui fût tel.

Troisième Méditation

essem ? A me scilicet, vel a parentibus, vel ab aliis quibuslibet Deo minus perfectis ; nihil enim ipso perfectius, nec etiam aeque perfectum, cogitari aut fingi potest. Atqui, si a me essem, nec dubitarem, nec optarem, nec omnino quicquam mihi deesset ; omnes enim perfectiones quarum[1] idea aliqua in me est, mihi dedissem, atque ita ipsemet Deus essem. Nec putare debeo illa forsan quae mihi desunt difficilius acquiri posse, quam illa quae jam in me sunt ; nam contra, manifestum est longe difficilius fuisse me, hoc est rem sive substantiam cogitantem, ex nihilo emergere, quam multarum rerum quas ignoro cognitiones[2], quae tantum istius substantiae accidentia sunt, acquirere. Ac certe si majus illud a me haberem, non mihi illa saltem quae facilius haberi possunt denegassem, sed neque etiam ulla alia ex iis, quae in idea Dei contineri percipio ; quia nempe nulla difficiliora factu mihi videntur ; si quae autem difficiliora factu

1. *quorum* dans les deux éditions originales : erreur corrigée dans certaines éditions postérieures.
2. 1re édition : *cogitationes*.

Peut-être de moi-même, ou de mes parents, ou bien de quelques autres causes moins parfaites que Dieu ; car on ne se peut rien imaginer de plus parfait, ni même d'égal à lui.

Or, si j'étais indépendant de tout autre, et que je fusse moi-même l'auteur de mon être, certes je ne douterais d'aucune chose, je ne concevrais plus de désirs, et enfin il ne me manquerait aucune perfection ; car je me serais donné à moi-même toutes celles dont j'ai en moi quelque idée, et ainsi je serais Dieu.

Et je ne me dois point imaginer que les choses qui me manquent sont peut-être plus difficiles à acquérir, que celles dont je suis déjà en possession ; car au contraire il est très certain qu'il a été beaucoup plus difficile, que moi, c'est-à-dire une chose ou une substance qui pense, sois sorti du néant, qu'il ne me serait d'acquérir les lumières et les connaissances de plusieurs choses que j'ignore, et qui ne sont que des accidents de cette substance. Et ainsi sans difficulté, si je m'étais moi-même donné ce plus que je viens de dire, c'est-à-dire si j'étais l'auteur de ma naissance et de mon existence, je ne me serais pas privé au moins des choses qui sont de plus facile acquisition, à savoir, de beaucoup de connaissances dont ma nature est dénuée ; je ne me serais pas privé non plus d'aucune des choses qui sont contenues dans l'idée que je conçois de Dieu, parce qu'il n'y en a aucune qui me semble de plus difficile acquisition ; et s'il y

126

De qui donc tiendrais-je mon être ? De moi sans doute, ou bien de parents, ou bien d'autres êtres, ceux qu'on voudra, moins parfaits que Dieu ; on ne peut en effet rien penser ou feindre de plus parfait que lui, ni même d'aussi parfait.

Or, si je tenais de moi mon être, je n'aurais ni doute ni désir, et absolument rien ne manquerait à mon être : je me serais en effet donné toutes les perfections dont il y a en moi quelque idée, et ainsi je serais précisément Dieu.

Et je ne dois pas croire que peut-être les choses qui me manquent sont plus difficiles à acquérir que celles qui sont déjà en moi. Car, au contraire, que j'émerge du néant, moi, c'est-à-dire une chose ou une substance qui pense, a été manifestement beaucoup plus difficile que d'acquérir les connaissances d'une multitude de choses que j'ignore, connaissances qui ne sont que des accidents de cette substance. Et à coup sûr, si je tenais de moi cela, qui est plus, je ne me serais pas refusé au moins ces choses qu'il est plus facile d'avoir, mais non plus aucune autre de celles dont je perçois qu'elles sont contenues dans l'idée de Dieu, puisqu'il n'y en a aucune qui m'apparaisse plus difficile à faire ;

essent, certe etiam mihi difficiliora viderentur, siquidem reliqua quae habeo, a me haberem, quoniam in illis potentiam meam terminari experirer. Neque vim harum rationum effugio si suppo-nam me forte semper fuisse ut nunc sum, tanquam si inde sequeretur nullum existentiae meae authorem esse quaerendum. Quoniam enim
49 omne tempus vitae in partes innumeras dividi potest quarum singulae a reliquis nullo modo dependent, ex eo quod paulo ante fuerim non sequitur me nunc debere esse, nisi aliqua causa me quasi rursus creet ad hoc momentum, hoc est me conservet. Perspicuum enim est attendenti ad temporis naturam eadam plane vi et actione opus esse ad rem quamlibet singulis momentis quibus durat conser-vandam, qua opus esset ad eandem de novo creandam si nondum existeret ; adeo ut conservationem sola ratione a creatione differre, sit etiam unum ex iis quae lumine naturali manifesta sunt. Itaque

en avait quelqu'une, certes elle me paraîtrait telle (supposé que j'eusse de moi toutes les autres choses que je possède), puisque j'expérimenterais que ma puissance s'y terminerait, et ne serait pas capable d'y arriver.

Et encore que je puisse supposer que peut-être j'ai toujours été comme je suis maintenant, je ne saurais pas pour cela éviter la force
39 de ce raisonnement, et ne laisse pas de connaître qu'il est nécessaire que Dieu soit l'auteur de mon existence. Car tout le temps de ma vie peut être divisé en une infinité de parties, chacune desquelles ne dépend en aucune façon des autres ; et ainsi, de ce qu'un peu auparavant j'ai été, il ne s'ensuit pas que je doive maintenant être, si ce n'est qu'en ce moment quelque cause me produise et me crée, pour ainsi dire, derechef, c'est-à-dire me conserve.

En effet c'est une chose bien claire et bien évidente (à tous ceux qui considéreront avec attention la nature du temps), qu'une substance, pour être conservée dans tous les moments qu'elle dure, a besoin du même pouvoir et de la même action, qui serait nécessaire pour la produire et la créer tout de nouveau, si elle n'était point encore. En sorte que la lumière naturelle nous fait voir clairement, que la conservation et la création ne diffèrent qu'au regard de notre façon de penser, et non point en effet. Il faut donc seulement ici que

et s'il y en avait qui fût plus difficile à faire, à coup sûr aussi elle m'apparaîtrait plus difficile, si du moins je tenais de moi le reste de ce que j'ai, puisque j'expérimenterais que ma puissance y rencontrerait ses bornes.

Je n'échappe pas à la force de ces raisons en supposant que j'ai peut-être toujours été tel que je suis à présent, comme s'il s'ensuivait qu'il n'y a à chercher aucun auteur pour mon existence. En effet, tout le temps de la vie peut être divisé en d'innombrables parties, dont chacune ne dépend en aucune façon des autres, et de ce qu'un peu auparavant j'ai été, il ne s'ensuit pas qu'à présent je doive être, à moins que quelque cause me crée pour ainsi dire pour ce moment-ci, autrement dit me conserve. Il est en effet manifeste, si l'on prête attention à la nature du temps, qu'il est besoin exactement de la même force et de la même action pour conserver n'importe quelle chose à chacun des moments pendant lesquels elle dure, qu'il en serait besoin pour la créer à neuf si elle n'existait pas encore ; si bien que la différence entre conservation et création n'est que de raison, voilà encore une des évidences de la lumière naturelle.

C'est pourquoi je dois maintenant m'in-

debeo nunc interrogare me ipsum, an habeam aliquam vim per quam possim efficere ut ego ille, qui jam sum, paulo post etiam sim futurus ; nam, cum nihil aliud sim quam res cogitans, vel saltem cum de ea tantum mei parte praecise nunc agam quae est res cogitans, si quae talis vis in me esset, ejus proculdubio conscius essem. Sed et nullam esse experior, et ex hoc ipso evidentissime cognosco me ab aliquo ente a me diverso pendere. Forte vero illud ens non est Deus, sumque vel a parentibus productus, vel a quibuslibet aliis causis Deo minus perfectis. Imo, ut jam ante dixi, perspicuum est tantumdem ad minimum esse debere in causa quantum est in effectu ; et idcirco, cum sim res cogitans, ideamque quandam Dei in me habens, qualiscunque tandem mei causa assignetur, illam etiam esse rem cogitantem, et omnium perfectionum, quas Deo tribuo, ideam habere fatendum est. Potestque de illa rursus quaeri, an sit a se, vel ab alia. Nam si a se, patet ex dictis

je m'interroge moi-même, pour savoir si je possède quelque pouvoir et quelque vertu, qui soit capable de faire en sorte que moi, qui suis maintenant, sois encore à l'avenir : car, puisque je ne suis qu'une chose qui pense (ou du moins puisqu'il ne s'agit encore jusques ici précisément que de cette partie-là de moi-même), si une telle puissance résidait en moi, certes je devrais à tout le moins le penser, et en avoir connaissance ; mais je n'en ressens aucune dans moi, et par là je connais évidemment que je dépends de quelque être différent de moi.

Peut-être aussi que cet être-là, duquel je dépends, n'est pas ce que j'appelle Dieu, et que je suis produit, ou par mes parents, ou par quelques autres causes moins parfaites que lui ? Tant s'en faut, cela ne peut être ainsi. Car, comme j'ai déjà dit auparavant, c'est une chose très évidente qu'il doit y avoir au moins autant de réalité dans la cause que dans son effet. Et partant, puisque je suis une chose qui pense, et qui ai en moi quelque idée de Dieu, quelle que soit enfin la cause que l'on attribue à ma nature, il faut nécessairement avouer qu'elle doit pareillement être une chose qui pense, et posséder en soi l'idée de toutes les perfections que j'attribue à la nature Divine. Puis l'on peut derechef rechercher si cette cause tient

terroger sur moi-même, pour savoir si j'ai
quelque force par laquelle je puisse faire que
moi, ce moi, moi qui suis à présent, je sois
encore un peu après ; car, puisque je ne suis
rien d'autre qu'une chose qui pense, ou du
moins qu'il ne s'agit maintenant que de cette
partie de moi-même, précisément délimitée,
qui est une chose qui pense, s'il y avait en
moi une telle force, sans aucun doute j'en
serais conscient. Mais j'expérimente qu'il n'y
en a aucune, et par là même je connais très
évidemment que je dépends de quelque être
différent de moi.

Peut-être aussi cet être-là n'est-il pas Dieu,
et peut-être ai-je été produit ou bien par des
parents ou bien par d'autres causes, celles
qu'on voudra, moins parfaites que Dieu.
Mais non ! Comme je l'ai dit déjà auparavant, il est manifeste qu'il doit y avoir pour
le moins autant dans la cause que dans
l'effet ; et pour cette raison, puisque je suis
une chose qui pense, ayant en moi une
certaine idée de Dieu, quelle que soit finalement la cause assignée à mon être, il faut
avouer qu'elle aussi est une chose qui pense
et qu'elle a l'idée de toutes les perfections
que j'attribue à Dieu. Et de celle-ci à son
tour on peut demander si elle tient son être

50 illam ipsam Deum esse, quia nempe, cum vim habeat per se existendi, habet proculdubio etiam vim possidendi actu omnes perfectiones quarum ideam in se habet, hoc est omnes quas in Deo esse concipio. Si autem sit ab alia, rursus eodem modo de hac altera quaeretur an sit a se, vel ab alia, donec tandem ad causam ultimam deveniatur, quae erit Deus. Satis enim apertum est nullum hic dari posse progressum in infinitum, praesertim cum non tantum de causa, quae me olim produxit, hic agam, sed maxime etiam de illa quae me tempore praesenti conservat. Nec fingi potest plures forte causas partiales ad me efficiendum concurrisse, et ab una ideam unius ex perfectionibus quas Deo tribuo, ab alia ideam alterius me accepisse, adeo ut omnes quidem illae perfectiones alicubi in universo reperiantur, sed non omnes simul junctae in uno aliquo, qui sit Deus. Nam contra, unitas, simplicitas, sive inseparabilitas

son origine et son existence de soi-même, ou de quelque autre chose. Car si elle la tient de soi-même, il s'ensuit, par les raisons que j'ai ci-devant alléguées, qu'elle-même doit être Dieu ; puisque ayant la vertu d'être et d'exister par soi, elle doit aussi avoir sans doute la puissance de posséder actuellement toutes les perfections dont elle
40 conçoit les idées, c'est-à-dire toutes celles que je conçois être en Dieu. Que si elle tient son existence de quelque autre cause que de soi, on demandera derechef, par la même raison, de cette seconde cause, si elle est par soi, ou par autrui, jusques à ce que de degrés en degrés on parvienne enfin à une dernière cause qui se trouvera être Dieu. Et il est très manifeste qu'en cela il ne peut y avoir de progrès à l'infini, vu qu'il ne s'agit pas tant ici de la cause qui m'a produit autrefois, comme de celle qui me conserve présentement. On ne peut pas feindre aussi que peut-être plusieurs causes ont ensemble concouru en partie à ma production, et que de l'une j'ai reçu l'idée d'une des perfections que j'attribue à Dieu, et d'une autre l'idée de quelque autre, en sorte que toutes ces perfections se trouvent bien à la vérité quelque part dans l'Univers, mais ne se rencontrent pas toutes jointes et assemblées dans une seule qui soit

de soi-même ou d'une autre chose. Si elle le tient de soi-même, il ressort de ce qui précède qu'elle est précisément Dieu, car, de fait, puisqu'elle a la force d'exister par soi, elle a aussi sans aucun doute la force de posséder en acte toutes les perfections dont elle a en soi l'idée, c'est-à-dire toutes celles que je conçois être en Dieu ; si elle le tient d'une autre chose, de cette autre-là à son tour on demandera de la même façon si elle tient son être de soi-même ou d'une autre chose, jusqu'à ce que finalement on en arrive à une cause ultime, qui sera Dieu. Il est en effet assez évident qu'il ne peut y avoir ici aucun progrès à l'infini, vu principalement qu'il ne s'agit pas ici seulement de la cause qui m'a produit autrefois, mais aussi et surtout de celle qui dans le temps présent me conserve.

On ne saurait non plus feindre que peut-être une pluralité de causes partielles ont concouru à ma production, et que de l'une j'ai reçu l'idée d'une des perfections que j'attribue à Dieu, d'une autre l'idée d'une seconde, en sorte que toutes ces perfections se trouvent bien quelque part dans l'univers, mais non point toutes jointes ensemble en un être unique, qui serait Dieu. Car au

eorum omnium quae in Deo sunt, una est ex praecipuis perfectionibus quas in eo esse intelligo. Nec certe istius omnium ejus
perfectionum unitatis idea in me potuit poni ab ulla causa, a qua
etiam aliarum perfectionum ideas non habuerim ; neque enim
efficere potuit ut illas simul junctas et inseparabiles intelligerem, nisi
simul effecerit ut quaenam illae essent agnoscerem. Quantum denique
ad parentes attinet, ut omnia vera sint quae de illis unquam putavi,
non tamen profecto illi me conservant, nec etiam ullo modo me,
quatenus sum res cogitans, effecerunt ; sed tantum dispositiones
quasdam in ea materia posuerunt, cui me, hoc est mentem, quam
51 solam nunc pro me accipio, inesse judicavi, ac proinde hic nulla de
iis difficultas esse potest ; sed omnino est concludendum, ex hoc
solo quod existam, quaedamque idea entis perfectissimi, hoc est
Dei, in me sit, evidentissime demonstrari Deum etiam existere.
Superest tantum ut examinem qua ratione ideam istam a Deo

Dieu. Car au contraire l'unité, la simplicité, ou l'inséparabilité de
toutes les choses qui sont en Dieu, est une des principales perfections
que je conçois être en lui ; et certes l'idée de cette unité et assemblage
de toutes les perfections de Dieu, n'a pu être mise en moi par
aucune cause, de qui je n'aie point aussi reçu les idées de toutes les
autres perfections. Car elle ne peut pas me les avoir fait comprendre
ensemblement jointes et inséparables, sans avoir fait en sorte en
même temps que je susse ce qu'elles étaient, et que je les connusse
toutes en quelque façon.

Pour ce qui regarde mes parents, desquels il semble que je tire
ma naissance, encore que tout ce que j'en ai jamais pu croire soit
véritable, cela ne fait pas toutefois que ce soit eux qui me conservent,
ni qui m'aient fait et produit en tant que je suis une chose qui
pense, puisqu'ils ont seulement mis quelques dispositions dans cette
matière, en laquelle je juge que moi, c'est-à-dire mon esprit, lequel
seul je prends maintenant pour moi-même, se trouve renfermé ; et
partant il ne peut y avoir ici à leur égard aucune difficulté, mais il
faut nécessairement conclure que, de cela seul que j'existe, et que
l'idée d'un être souverainement parfait (c'est-à-dire de Dieu) est en
moi, l'existence de Dieu est très évidemment démontrée.

Il me reste seulement à examiner de quelle façon j'ai acquis cette

contraire l'unité, la simplicité, c'est-à-dire l'inséparabilité de tout ce qui est en Dieu est une des principales perfections que je connais être en lui. Et ce qu'il y a de sûr, c'est que l'idée de cette unité de toutes ses perfections n'a pu être mise en moi par aucune cause dont je n'aie aussi reçu les idées des autres perfections ; elle ne saurait en effet me les avoir fait connaître jointes ensemble et inséparables sans m'avoir fait en même temps savoir ce qu'elles sont.

Enfin, pour ce qui touche les parents, à supposer que soit vrai tout ce que j'en ai jamais cru, ce n'est pourtant pas eux, assurément, qui me conservent ni même qui ont été d'aucune façon la cause efficiente de moi en tant que je suis une chose qui pense ; ils ont seulement mis de certaines dispositions dans cette matière en laquelle j'ai jugé que moi, c'est-à-dire l'esprit, que seul à présent je prends pour moi-même, je me trouve ; par conséquent il ne peut y avoir ici à leur égard aucune difficulté, et il faut conclure sans réserve que, de cela seul que j'existe et qu'il y a en moi une certaine idée d'un être tout parfait, c'est-à-dire de Dieu, il est très évidemment démontré que Dieu aussi existe.

Il me reste seulement à examiner comment

accepi, neque enim illam sensibus hausi, nec unquam non expectanti mihi advenit, ut solent rerum sensibilium ideae, cum istae res externis sensuum organis occurrunt, vel occurrere videntur ; nec etiam a me efficta est, nam nihil ab illa detrahere, nihil illi superaddere plane possum ; ac proinde superest ut mihi sit innata, quemadmodum etiam mihi est innata idea mei ipsius. Et sane non mirum est Deum me creando ideam illam mihi indidisse, ut esset tanquam nota artificis operi suo impressa ; nec etiam opus est ut nota illa sit aliqua res ab opere ipso diversa, sed ex hoc uno quod Deus me creavit, valde credibile est me quodammodo ad imaginem et similitudinem ejus factum esse, illamque similitudinem, in qua Dei idea continetur, a me percipi per eandem facultatem, per quam ego ipse a me percipior, hoc est, dum in meipsum mentis aciem converto, non modo intelligo me esse rem incompletam et ab alio dependentem, remque ad majora et majora sive meliora indefinite

---

idée. Car je ne l'ai pas reçue par les sens, et jamais elle ne s'est offerte à moi contre mon attente, ainsi que font les idées des choses sensibles, lorsque ces choses se présentent ou semblent se présenter aux organes extérieurs de mes sens. Elle n'est pas aussi une pure production ou fiction de mon esprit ; car il n'est pas en mon pouvoir d'y diminuer ni d'y ajouter aucune chose. Et par conséquent il ne reste plus autre chose à dire, sinon que, comme l'idée de moi-même, elle est née et produite avec moi dès lors que j'ai été créé.

Et certes on ne doit pas trouver étrange que Dieu, en me créant, ait mis en moi cette idée pour être comme la marque de l'ouvrier empreinte sur son ouvrage ; et il n'est pas aussi nécessaire que cette marque soit quelque chose de différent de ce même ouvrage. Mais de cela seul que Dieu m'a créé, il est fort croyable qu'il m'a en quelque façon produit à son image et semblance, et que je conçois cette ressemblance (dans laquelle l'idée de Dieu se trouve contenue) par la même faculté par laquelle je me conçois moi-même ; c'est-à-dire que, lorsque je fais réflexion sur moi, non seulement je connais que je suis une chose imparfaite, incomplète, et dépendante d'autrui, qui tend et qui aspire sans cesse à quelque chose de meilleur et de

j'ai reçu de Dieu cette idée. En effet, je ne l'ai pas puisée des sens, et jamais elle n'est survenue en moi de manière inattendue, comme font d'ordinaire les idées des choses sensibles, quand ces choses se présentent ou semblent se présenter aux organes externes des sens ; elle n'a pas non plus été forgée par moi, car je ne puis absolument rien en soustraire, rien y ajouter ; et par conséquent il reste qu'elle me soit innée, tout comme aussi m'est innée l'idée de moi-même.

Et il n'est certes pas étonnant que Dieu, en me créant, ait mis en moi cette idée, pour qu'elle fût comme la marque de l'artisan empreinte sur son ouvrage ; et il n'est pas non plus nécessaire que cette marque soit quelque chose de différent de l'ouvrage même, mais de cela seul que Dieu m'a créé, il est fort croyable que j'ai été fait en quelque façon à son image et à sa ressemblance, et que je perçois cette ressemblance, dans laquelle est contenue l'idée de Dieu, par la même faculté par laquelle je me perçois moi-même, c'est-à-dire que, lorsque je retourne sur moi-même le regard de l'esprit, non seulement je connais que je suis une chose incomplète et dépendante d'autrui, une chose qui aspire indéfiniment à toujours

aspirantem, sed simul etiam intelligo illum, a quo pendeo, majora ista omnia non indefinite et potentia tantum, sed reipsa infinite in se habere, atque ita Deum esse. Totaque vis argumenti in eo est 52 quod agnoscam fieri non posse ut existam talis naturae qualis sum, nempe ideam Dei in me habens, nisi revera Deus etiam existeret, Deus, inquam, ille idem cujus idea in me est, hoc est, habens omnes illas perfectiones, quas ego non comprehendere, sed quocunque modo attingere cogitatione possum[1], et nullis plane defectibus obnoxius. Ex quibus satis patet illum fallacem esse non posse ; omnem enim fraudem et deceptionem a defectu aliquo pendere lumine naturali manifestum est. Sed priusquam hoc diligentius examinem, simulque in alias veritates quae inde colligi possunt inquiram, placet hic aliquandiu in ipsius Dei contemplatione immorari, ejus attributa apud me expendere, et immensi hujus luminis

---

1. 1ʳᵉ édition : *(quas... possum)* entre parenthèses.

---

plus grand que je ne suis, mais je connais aussi, en même temps, que celui duquel je dépends possède en soi toutes ces grandes choses auxquelles j'aspire, et dont je trouve en moi les idées, non pas indéfiniment et seulement en puissance, mais qu'il en jouit en effet, actuellement et infiniment, et ainsi qu'il est Dieu. Et toute la force de l'argument dont j'ai ici usé pour prouver l'existence de Dieu, consiste en ce que je reconnais qu'il ne serait pas possible que ma nature fût telle qu'elle est, c'est-à-dire que j'eusse en moi l'idée d'un Dieu, si Dieu n'existait véritablement ; ce même Dieu, dis-je, duquel l'idée est en moi, c'est-à-dire qui possède toutes ces hautes perfections, dont notre esprit peut bien avoir quelque idée sans pourtant les comprendre toutes, qui n'est sujet à aucuns défauts, et qui n'a rien de toutes les choses qui marquent quelque imperfection.

D'où il est assez évident qu'il ne peut être trompeur, puisque la lumière naturelle nous enseigne que la tromperie dépend nécessairement de quelque défaut.

Mais auparavant que j'examine cela plus soigneusement, et que je passe à la considération des autres vérités que l'on en peut recueillir, il me semble très à propos de m'arrêter quelque temps à la contemplation de ce Dieu tout parfait, de peser tout à loisir ses merveilleux attributs, de considérer, d'admirer et d'adorer l'incomparable beauté de cette immense lumière, au moins autant que la

plus et à toujours mieux, mais en même
temps je connais aussi que celui dont je
dépends possède en soi tout ce plus, non pas
indéfiniment et en puissance seulement, mais
en effet infiniment, et ainsi qu'il est Dieu. Et
toute la force de l'argument consiste en ce
que je reconnais qu'il ne serait pas possible
que j'existe avec une nature telle que je suis,
à savoir en ayant l'idée de Dieu, si effectivement Dieu n'existait aussi, Dieu, dis-je, ce
même Dieu dont l'idée est en moi, c'est-à-
dire qui possède toutes ces perfections que
pour ma part je puis par la pensée non pas
comprendre, mais atteindre d'une manière
ou d'une autre, et que n'affecte absolument
aucun défaut.

D'où il est assez évident qu'il ne saurait
être trompeur : toute fraude en effet et toute
tromperie dépendent de quelque défaut, la
lumière naturelle le fait voir manifestement.

Mais avant d'examiner plus scrupuleusement ce point et de poursuivre en même
temps mon enquête en direction des autres
vérités qu'on peut en recueillir, je voudrais
m'arrêter ici quelque temps à la contemplation de Dieu comme tel, approfondir à part
moi les attributs de ce Dieu et, de la beauté
de cette immense lumière, autant que le

pulchritudinem, quantum caligantis ingenii mei acies ferre poterit, intueri, admirari, adorare. Ut enim in hac sola divinae majestatis contemplatione summam alterius vitae foelicitatem consistere fide credimus, ita etiam jam ex eadem, licet multo minus perfecta, maximam, cujus in hac vita capaces simus, voluptatem percipi posse experimur.

---

force de mon esprit, qui en demeure en quelque sorte ébloui, me le pourra permettre.

42   Car, comme la foi nous apprend que la souveraine félicité de l'autre vie ne consiste que dans cette contemplation de la Majesté divine, ainsi expérimenterons-nous dès maintenant, qu'une semblable méditation, quoique incomparablement moins parfaite, nous fait jouir du plus grand contentement que nous soyons capables de ressentir en cette vie.

regard de mon esprit, ébloui, pourra le supporter, faire l'objet de mon intuition, de mon admiration, de mon adoration. De même en effet que la foi nous fait croire que la souveraine félicité de l'autre vie consiste en cette seule contemplation de la majesté divine, de même aussi, dès à présent, nous expérimentons qu'une telle contemplation, quoique beaucoup moins parfaite, peut donner le plus grand plaisir dont nous soyons capables en cette vie.

Meditatio Quarta
De vero et falso.

Ita me his diebus assuefeci in mente a sensibus abducenda,
53 tamque accurate animadverti perpauca esse quae de rebus corporeis
vere percipiantur, multoque plura de mente humana, multo adhuc
plura de Deo cognosci, ut jam absque ulla difficultate cogitationem
a rebus imaginabilibus ad intelligibiles tantum, atque ab omni
materia secretas, convertam. Et sane multo magis distinctam habeo
ideam mentis humanae, quatenus est res cogitans, non extensa in
longum, latum, et profundum, nec aliud quid a corpore habens,
quam ideam ullius rei corporeae. Cumque attêndo me dubitare, sive
esse rem incompletam et dependentem, adeo clara et distincta idea
entis independentis et completi, hoc est Dei, mihi occurrit ; et ex
hoc uno quod talis idea in me sit, sive quod ego ideam illam habens
existam, adeo manifeste concludo Deum etiam existere, atque ab
illo singulis momentis totam existentiam meam dependere, ut nihil

---

Méditation Quatrième
Du vrai et du faux.

Je me suis tellement accoutumé ces jours passés à détacher mon
esprit des sens, et j'ai si exactement remarqué qu'il y a fort peu de
choses que l'on connaisse avec certitude touchant les choses corporelles, qu'il y en a beaucoup plus qui nous sont connues touchant
l'esprit humain, et beaucoup plus encore de Dieu même, que
maintenant je détournerai sans aucune difficulté ma pensée de la
considération des choses sensibles ou imaginables, pour la porter à
celles qui, étant dégagées de toute matière, sont purement intelligibles.

Et certes l'idée que j'ai de l'esprit humain, en tant qu'il est une
chose qui pense, et non étendue en longueur, largeur et profondeur,
et qui ne participe à rien de ce qui appartient au corps, est
incomparablement plus distincte que l'idée d'aucune chose corporelle. Et lorsque je considère que je doute, c'est-à-dire que je suis
une chose incomplète et dépendante, l'idée d'un être complet et
indépendant, c'est-à-dire de Dieu, se présente à mon esprit avec
tant de distinction et de clarté ; et de cela seul que cette idée se
retrouve en moi, ou bien que je suis ou existe, moi qui possède
cette idée, je conclus si évidemment l'existence de Dieu, et que la
mienne dépend entièrement de lui en tous les moments de ma vie,

Quatrième Méditation
Du vrai et du faux.

Je me suis tellement accoutumé ces jours-ci à détacher l'esprit des sens, et j'ai mis tant de soin à remarquer qu'il y a fort peu de perceptions vraies concernant les choses corporelles, et beaucoup plus de connaissances concernant l'esprit humain, beaucoup plus encore concernant Dieu, que maintenant je n'ai aucune peine à détourner la pensée des choses imaginables pour la porter sur celles qui sont purement intelligibles et séparées de toute matière. Il est sûr que j'ai de l'esprit humain, en tant qu'il est une chose pensante, et non pas étendue en longueur, largeur et profondeur, sans rien d'autre de corporel, une idée beaucoup plus distincte que celle d'aucune chose corporelle. Et quand je considère que je doute, c'est-à-dire que je suis une chose incomplète et dépendante, l'idée d'un être indépendant et complet, autrement dit de Dieu, se présente à moi, si claire et distincte, et du seul fait qu'une telle idée est en moi, ou bien que moi qui ai cette idée j'existe, je conclus que Dieu aussi existe, et que toute mon existence dépend de lui en

evidentius, nihil certius ab humano ingenio cognosci posse confidam. Jamque videre videor aliquam viam per quam ab ista contemplatione veri Dei, in quo nempe sunt omnes thesauri scientiarum et sapientiae absconditi, ad caeterarum rerum cognitionem deveniatur.

In primis enim agnosco fieri non posse ut ille me unquam fallat ; in omni enim fallacia vel deceptione aliquid imperfectionis reperitur ; et quamvis posse fallere nonnullum esse videatur acuminis aut potentiae argumentum, proculdubio velle fallere, vel malitiam vel imbecillitatem testatur, nec proinde in Deum cadit. Deinde experior quandam in me esse judicandi facultatem, quam certe, ut et reliqua 54 omnia quae in me sunt, a Deo accepi ; cumque ille nolit me fallere, talem profecto non dedit, ut, dum ea recte utor, possim unquam errare. Nec ullum de hac re dubium superesset, nisi inde sequi videretur me igitur errare nunquam posse ; nam si quodcunque in

que je ne pense pas que l'esprit humain puisse rien connaître avec plus d'évidence et de certitude. Et déjà il me semble que je découvre un chemin qui nous conduira de cette contemplation du vrai Dieu (dans laquelle tous les trésors de la science et de la sagesse sont renfermés) à la connaissance des autres choses de l'Univers.

Car, premièrement, je reconnais qu'il est impossible que jamais il 43 me trompe, puisqu'en toute fraude et tromperie il se rencontre quelque sorte d'imperfection. Et quoiqu'il semble que pouvoir tromper soit une marque de subtilité, ou de puissance, toutefois vouloir tromper témoigne sans doute de la faiblesse ou de la malice. Et, partant, cela ne peut se rencontrer en Dieu.

En après j'expérimente en moi-même une certaine puissance de juger, laquelle sans doute j'ai reçue de Dieu, de même que tout le reste des choses que je possède ; et comme il ne voudrait pas m'abuser, il est certain qu'il ne me l'a pas donnée telle que je puisse jamais faillir, lorsque j'en userai comme il faut. Et il ne resterait aucun doute de cette vérité, si l'on n'en pouvait, ce semble, tirer

chacun de ses moments, si manifestement que j'ai la conviction que rien de plus évident, rien de plus certain ne peut être connu par l'intelligence humaine. Et à présent il me semble voir un chemin conduisant de cette contemplation du vrai Dieu, en qui sont cachés tous les trésors des sciences et de la sagesse, à la connaissance de toutes les autres choses.

Premièrement, en effet, je reconnais qu'il est impossible que jamais ce Dieu me trompe ; en toute tromperie ou fraude, en effet, on rencontre de l'imperfection. Et bien que pouvoir tromper semble être un indice de subtilité ou de puissance, vouloir tromper témoigne sans aucun doute ou de malice ou de faiblesse ; ce n'est donc pas le cas de Dieu.

Ensuite, j'expérimente qu'il y a en moi une certaine faculté de juger, que j'ai bien, comme aussi tout le reste qui est en moi, reçue de Dieu ; et puisqu'il ne veut pas me tromper, il ne l'a sûrement pas donnée telle que, lorsque j'en use correctement, je puisse jamais me tromper.

Il ne resterait aucun doute à ce sujet, s'il ne semblait en résulter que je ne peux donc

me est, a Deo habeo, nec ullam ille mihi dederit errandi facultatem, non videor posse unquam errare. Atque ita prorsus quamdiu de Deo tantum cogito, totusque in eum me converto, nullam erroris aut falsitatis causam deprehendo ; sed postmodum ad me reversus experior me tamen innumeris erroribus esse obnoxium, quorum causam inquirens animadverto non tantum Dei, sive entis summe perfecti, realem et positivam, sed etiam, ut ita loquar, nihili, sive ejus quod ab omni perfectione summe abest, negativam quandam ideam mihi obversari, et me tanquam medium quid inter Deum et nihil, sive inter summum ens et non ens ita esse constitutum, ut, quatenus a summo ente sum creatus, nihil quidem in me sit, per quod fallar aut in errorem inducar, sed quatenus etiam quodammodo de nihilo, sive de non ente, participo, hoc est quatenus non sum ipse summum ens, desuntque mihi quamplurima, non adeo mirum

cette conséquence, qu'ainsi donc je ne me puis jamais tromper ; car, si je tiens de Dieu tout ce que je possède, et s'il ne m'a point donné de puissance pour faillir, il semble que je ne me doive jamais abuser. Et de vrai, lorsque je ne pense qu'à Dieu, je ne découvre en moi aucune cause d'erreur ou de fausseté ; mais puis après, revenant à moi, l'expérience me fait connaître que je suis néanmoins sujet à une infinité d'erreurs, desquelles recherchant la cause de plus près, je remarque qu'il ne se présente pas seulement à ma pensée une réelle et positive idée de Dieu, ou bien d'un être souverainement parfait, mais aussi, pour ainsi parler, une certaine idée négative du néant, c'est-à-dire de ce qui est infiniment éloigné de toute sorte de perfection ; et que je suis comme un milieu entre Dieu et le néant, c'est-à-dire placé de telle sorte entre le souverain être et le non-être, qu'il ne se rencontre, de vrai, rien en moi qui me puisse conduire dans l'erreur, en tant qu'un souverain être m'a produit ; mais que, si je me considère comme participant en quelque façon du néant ou du non-être, c'est-à-dire en tant que je ne suis pas moi-même le souverain être, je me trouve exposé à une infinité de manquements, de façon que je ne me dois pas étonner si je me trompe.

jamais me tromper ; car si je tiens de Dieu
tout ce qui est en moi, et s'il ne m'a donné
aucune faculté de me tromper, il ne me
semble pas que je puisse jamais me tromper.
Et tant que je continue sur cette lancée à ne
penser qu'à Dieu et à me tourner tout
entier vers lui, je ne décèle aucune cause
d'erreur ou de fausseté. Mais quand je fais
peu après retour sur moi, j'expérimente que
je suis pourtant exposé à d'innombrables
erreurs, et lorsque j'en cherche la cause, je
remarque que s'offrent à moi non seulement
l'idée, réelle et positive, de Dieu, c'est-à-dire
d'un être suprêmement parfait, mais aussi,
si l'on peut dire, une sorte d'idée négative
du néant, c'est-à-dire de ce qui est suprêmement éloigné de toute perfection, et que
moi, je suis comme quelque chose d'intermédiaire entre Dieu et le néant, c'est-à-dire
entre le souverain être et le non-être, consti
tué de telle sorte que, en tant que j'ai été
créé par l'être souverain, il n'y a sans doute
rien en moi qui me fasse me tromper ou
m'induise en erreur, mais que, en tant que
je participe aussi en quelque manière du
néant ou du non-être, autrement dit en tant
que je ne suis pas moi-même le souverain
être et que presque tout me fait défaut, il

esse quod fallar. Atque ita certe intelligo errorem, quatenus error est, non esse quid reale quod a Deo dependeat, sed tantummodo esse defectum ; nec proinde ad errandum mihi opus esse aliqua facultate in hunc finem a Deo tributa, sed contingere ut errem ex eo quod facultas verum judicandi quam ab illo habeo non sit in me
55 infinita. Verumtamen hoc nondum omnino satisfacit ; non enim error est pura negatio, sed privatio, sive carentia cujusdam cognitionis, quae in me quodammodo esse deberet ; atque attendenti ad Dei naturam non videtur fieri posse ut ille aliquam in me posuerit facultatem quae non sit in suo genere perfecta, sive quae aliqua sibi debita perfectione sit privata. Nam si, quo peritior est artifex, eo perfectiora opera ab illo proficiscantur, quid potest a summo illo rerum omnium conditore factum esse quod non sit omnibus numeris absolutum ? Nec dubium est quin potuerit Deus me talem creare ut nunquam fallerer ; nec etiam dubium est quin velit semper id quod

---

Ainsi je connais que l'erreur, en tant que telle, n'est pas quelque chose de réel qui dépende de Dieu, mais que c'est seulement un défaut ; et partant que je n'ai pas besoin pour faillir de quelque puissance qui m'ait été donnée de Dieu particulièrement pour cet effet, mais qu'il arrive que je me trompe, de ce que la puissance que Dieu m'a donnée pour discerner le vrai d'avec le faux n'est pas en moi infinie.

Toutefois cela ne me satisfait pas encore tout à fait ; car l'erreur n'est pas une pure négation, c'est-à-dire, n'est pas le simple défaut
44 ou manquement de quelque perfection qui ne m'est point due, mais plutôt est une privation de quelque connaissance qu'il semble que je devrais posséder. Et considérant la nature de Dieu, il ne me semble pas possible qu'il m'ait donné quelque faculté qui soit imparfaite en son genre, c'est-à-dire qui manque de quelque perfection qui lui soit due ; car s'il est vrai que plus l'artisan est expert, plus les ouvrages qui sortent de ses mains sont parfaits et accomplis, quel être nous imaginerons-nous avoir été produit par ce souverain Créateur de toutes choses, qui ne soit parfait et entièrement achevé en toutes ses parties ? Et certes il n'y a point de doute que Dieu n'ait pu me créer tel que je ne me pusse jamais tromper ; il est certain

n'est pas tellement étonnant que je me trompe.

Ainsi je reconnais bien que l'erreur, en tant qu'elle est erreur, n'est pas quelque chose de réel qui dépend de Dieu, elle est seulement un défaut. Je n'ai donc pas besoin pour me tromper de quelque faculté accordée par Dieu à cette fin ; quand il m'arrive de me tromper, c'est que la faculté de juger vrai que je tiens de lui n'est pas en moi infinie.

Mais pourtant cela ne me satisfait pas encore entièrement : l'erreur en effet n'est pas pure négation, mais privation, c'est-à-dire manque d'une certaine connaissance qui d'une certaine façon devrait être en moi. Et si l'on considère la nature de Dieu, il ne semble pas possible qu'il ait mis en moi quelque faculté qui ne soit pas parfaite en son genre, c'est-à-dire qui soit privée de quelque perfection qui lui serait due. Car s'il est vrai que plus l'artisan est habile, plus les ouvrages qui viennent de lui sont parfaits, ce souverain fondateur de tous les êtres peut-il avoir fait quelque chose qui ne soit pas achevé sous tous les aspects ? Il n'est pas douteux que Dieu aurait pu me créer tel que je ne fisse jamais d'erreur ; il n'est pas non

est optimum ; anne ergo melius est me falli quam non falli ? Dum haec perpendo attentius, occurrit primo non mihi esse mirandum si quaedam a Deo fiant quorum rationes non intelligam ; nec de ejus existentia ideo esse dubitandum quod forte quaedam alia esse experiar quae quare vel quomodo ab illo facta sint non comprehendo. Cum enim jam sciam naturam meam esse valde infirmam et limitatam, Dei autem naturam esse immensam, incomprehensibilem, infinitam, ex hoc satis etiam scio innumerabilia illum posse quorum causas ignorem ; atque ob hanc unicam rationem totum illud causarum genus quod a fine peti solet in rebus Physicis nullum usum habere existimo ; non enim absque temeritate me puto posse investigare fines Dei. Occurrit etiam non unam aliquam creaturam separatim, sed omnem rerum universitatem esse spectandam, quoties an opera Dei perfecta sint inquirimus ; quod enim forte non

aussi qu'il veut toujours ce qui est le meilleur : m'est-il donc plus avantageux de faillir, que de ne point faillir ?

Considérant cela avec plus d'attention, il me vient d'abord en la pensée que je ne me dois point étonner, si mon intelligence n'est pas capable de comprendre pourquoi Dieu fait ce qu'il fait, et qu'ainsi je n'ai aucune raison de douter de son existence, de ce que peut-être je vois par expérience beaucoup d'autres choses, sans pouvoir comprendre pour quelle raison ni comment Dieu les a produites. Car, sachant déjà que ma nature est extrêmement faible et limitée, et au contraire que celle de Dieu est immense, incompréhensible, et infinie, je n'ai plus de peine à reconnaître qu'il y a une infinité de choses en sa puissance, desquelles les causes surpassent la portée de mon esprit. Et cette seule raison est suffisante pour me persuader que tout ce genre de causes qu'on a coutume de tirer de la fin, n'est d'aucun usage dans les choses physiques, ou naturelles ; car il ne me semble pas que je puisse sans témérité rechercher et entreprendre de découvrir les fins impénétrables de Dieu.

De plus il me tombe encore en l'esprit, qu'on ne doit pas considérer une seule créature séparément, lorsqu'on recherche si les ouvrages de Dieu sont parfaits, mais généralement toutes les créatures ensemble. Car la même chose qui pourrait peut-être avec

plus douteux qu'il veut toujours ce qui est le meilleur. Vaut-il donc mieux que je me trompe, plutôt que de ne pas me tromper ?

En appréciant cela avec plus d'attention, il me vient d'abord à l'esprit que je ne dois pas m'étonner s'il y a certaines choses faites par Dieu dont les raisons échappent à mon entendement, et que ce n'est pas parce que l'expérience me montre peut-être certaines autres choses dont je ne comprends pas pourquoi ni comment elles ont été produites par lui que je dois douter de son existence. Puisque je sais déjà, en effet, que ma nature est tout à fait bornée et faible, et la nature de Dieu, au contraire, immense, incompréhensible, infinie, je sais donc bien aussi qu'il peut d'innombrables choses dont j'ignore les causes ; et cette raison à elle seule me suffit pour estimer que tout ce genre de causes qu'on tire ordinairement de la fin n'a aucun usage dans les choses physiques, car je ne crois pas pouvoir sans témérité rechercher les fins de Dieu.

Il me vient aussi à l'esprit qu'il ne faut pas envisager une seule créature quelle qu'elle soit isolément, mais l'ensemble de l'univers, chaque fois que nous nous demandons si les ouvrages de Dieu sont parfaits. Celle qui

56 immerito, si solum esset, valde imperfectum videretur, ut habens in mundo rationem partis est perfectissimum ; et quamvis, ex quo de omnibus volui dubitare, nihil adhuc praeter me et Deum existere certo cognovi, non possum tamen, ex quo immensam Dei potentiam animadverti, negare quin multa alia ab illo facta sint, vel saltem fieri possint, adeo ut ego rationem partis in rerum universitate obtineam. Deinde, ad me propius accedens, et qualesnam sint errores mei (qui soli imperfectionem aliquam in me arguunt) investigans, adverto illos a duabus causis simul concurrentibus dependere, nempe a facultate cognoscendi quae in me est, et a facultate eligendi[1], sive ab arbitrii libertate, hoc est ab intellectu et simul a voluntate. Nam per solum intellectum percipio tantum ideas de quibus judicium ferre possum, nec ullus error proprie dictus in eo[2] praecise sic spectato reperitur ; quamvis enim innumerae fortasse

---

1. 1re édition : *intelligendi* (ce qui est manifestement une erreur).
2. *eo* manque dans la 1re édition.

---

quelque sorte de raison sembler fort imparfaite, si elle était toute seule, se rencontre très parfaite en sa nature, si elle est regardée comme partie de tout cet Univers. Et quoique, depuis que j'ai fait dessein de douter de toutes choses, je n'ai connu certainement que mon existence et celle de Dieu, toutefois aussi, depuis que j'ai reconnu l'infinie puissance de Dieu, je ne saurais nier qu'il n'ait produit beaucoup d'autres choses, ou du moins qu'il n'en puisse produire, en sorte que j'existe et sois placé dans le monde, comme faisant partie de l'université de tous les êtres.

45 En suite de quoi, me regardant de plus près, et considérant quelles sont mes erreurs (lesquelles seules témoignent qu'il y a en moi de l'imperfection), je trouve qu'elles dépendent du concours de deux causes, à savoir, de la puissance de connaître qui est en moi, et de la puissance d'élire, ou bien de mon libre arbitre : c'est-à-dire de mon entendement, et ensemble de ma volonté. Car par l'entendement seul je n'assure ni ne nie aucune chose, mais je conçois seulement les idées des choses, que je puis assurer ou nier. Or, en le considérant ainsi précisément, on peut dire qu'il ne se trouve jamais en lui aucune erreur, pourvu qu'on prenne le mot d'erreur en sa propre signification. Et encore qu'il y ait peut-être une infinité

semblerait peut-être à juste titre, si elle était seule, fort imparfaite, est en effet, dans la mesure où elle a dans le monde le statut de partie, très parfaite ; et bien que, depuis que j'ai voulu douter de tout, je n'aie encore acquis la connaissance certaine que de mon existence et de celle de Dieu, je ne peux pourtant pas nier, depuis que j'ai remarqué l'immense puissance de Dieu, que beaucoup d'autres choses aient été faites ou du moins puissent être faites par lui, de sorte que je détienne, moi, dans l'univers, le statut de partie.

Venant ensuite à me considérer moi-même de plus près, et recherchant de quelle nature sont mes erreurs (qui suffisent à révéler quelque imperfection en moi), je remarque qu'elles dépendent du concours de deux causes conjointes, à savoir de la faculté de connaître qui est en moi et de la faculté de choisir ou liberté de décision, c'est-à-dire de l'entendement et conjointement de la volonté.

Car par l'entendement seul, je ne fais que percevoir les idées sur lesquelles je puis porter un jugement, et l'on ne rencontre en lui, envisagé dans ces limites précises, aucune erreur proprement dite. Bien qu'en effet il existe peut-être d'innombrables choses dont

res existant, quarum ideae nullae in me sunt, non tamen proprie illis privatus, sed negative tantum destitutus, sum dicendus, quia nempe rationem nullam possum afferre, qua probem Deum mihi majorem quam dederit cognoscendi facultatem dare debuisse ; atque quantumvis peritum artificem esse intelligam, non tamen ideo puto illum in singulis ex suis operibus omnes perfectiones ponere debuisse, quas in aliquibus ponere potest. Nec vero etiam queri possum quod non satis amplam et perfectam voluntatem, sive arbitrii libertatem, a Deo acceperim ; nam sane nullis illam limitibus circumscribi experior. Et quod valde notandum mihi videtur, nulla alia in me sunt tam perfecta aut tanta, quin intelligam perfectiora sive majora adhuc esse posse. Nam si, exempli causa, facultatem intelligendi considero, statim agnosco perexiguam illam et valde finitam in me esse, simulque alterius cujusdam multo majoris, imo maximae atque infinitae, ideam formo, illamque ex hoc ipso quod ejus ideam formare possim, ad Dei naturam pertinere percipio. Eadem ratione

57

de choses dans le monde, dont je n'ai aucune idée en mon entendement, on ne peut pas dire pour cela qu'il soit privé de ces idées, comme de quelque chose qui soit due à sa nature, mais seulement qu'il ne les a pas ; parce qu'en effet il n'y a aucune raison qui puisse prouver que Dieu ait dû me donner une plus grande et plus ample faculté de connaître, que celle qu'il m'a donnée ; et, quelque adroit et savant ouvrier que je me le représente, je ne dois pas pour cela penser qu'il ait dû mettre dans chacun de ses ouvrages toutes les perfections qu'il peut mettre dans quelques-uns. Je ne puis pas aussi me plaindre que Dieu ne m'a pas donné un libre arbitre, ou une volonté assez ample et parfaite, puisqu'en effet je l'expérimente si vague et si étendue, qu'elle n'est renfermée dans aucunes bornes. Et ce qui me semble bien remarquable en cet endroit, est que, de toutes les autres choses qui sont en moi, il n'y en a aucune si parfaite et si étendue, que je ne reconnaisse bien qu'elle pourrait être encore plus grande et plus parfaite. Car, par exemple, si je considère la faculté de concevoir qui est en moi, je trouve qu'elle est d'une fort petite étendue, et grandement limitée, et tout ensemble je me représente l'idée d'une autre faculté beaucoup plus ample, et même infinie ; et de cela seul que je puis me représenter son idée, je connais sans difficulté qu'elle appartient à la

il n'y a en moi aucune idée, on ne doit pourtant pas dire que j'en suis à proprement parler privé, mais que, de manière seulement négative, je n'en suis pas pourvu ; car c'est un fait que je ne peux apporter aucune raison qui prouve que Dieu aurait dû me donner une faculté de connaître plus grande qu'il ne l'a fait, et quelle que soit l'habileté reconnue à l'artisan, je ne crois pas pour autant qu'il aurait dû mettre en chacun de ses ouvrages toutes les perfections qu'il peut mettre en quelques-uns.

D'autre part, je ne peux pas non plus me plaindre de n'avoir pas reçu de Dieu une volonté, ou liberté de décision, assez ample et parfaite ; car, vraiment, j'expérimente qu'elle n'est circonscrite par aucunes bornes. Et ce qui me semble tout à fait remarquable, c'est qu'il n'y a rien d'autre en moi de si parfait ou de si grand que je ne reconnaisse pouvoir être encore plus parfait ou plus grand. Car si, par exemple, je considère la faculté intellectuelle de connaître, je m'aperçois aussitôt qu'elle est en moi tout à fait étroite et finie, et je forme en même temps l'idée d'une autre beaucoup plus grande, que dis-je ! de la plus grande, infinie ; et du fait même que je puis en former l'idée, je vois

si facultatem recordandi vel imaginandi, vel quaslibet alias examinem, nullam plane invenio quam non in me tenuem et circumscriptam, in Deo immensam esse intelligam. Sola est voluntas, sive arbitrii libertas, quam tantam in me experior ut nullius majoris ideam apprehendam ; adeo ut illa praecipue sit ratione cujus imaginem quandam et similitudinem Dei me referre intelligo. Nam quamvis major absque comparatione in Deo quam in me sit, tum ratione cognitionis et potentiae quae illi adjunctae sunt, redduntque ipsam magis firmam et efficacem, tum ratione objecti, quoniam ad plura se extendit, non tamen, in se formaliter et praecise spectata, major videtur, quia tantum in eo consistit quod idem, vel facere vel non facere (hoc est affirmare vel negare, prosequi vel fugere) possimus, vel potius in eo tantum, quod ad id quod nobis ab intellectu proponitur affirmandum vel negandum, sive prosequendum vel fugiendum, ita feramur, ut a nulla vi externa nos ad id determinari sentiamus. Neque enim opus est me in utramque partem nature de Dieu. En même façon, si j'examine la mémoire, ou l'imagination, ou quelque autre puissance, je n'en trouve aucune qui ne soit en moi très petite et bornée, et qui en Dieu ne soit immense et infinie. Il n'y a que la seule volonté, que j'expérimente en moi être si grande, que je ne conçois point l'idée d'aucune autre plus ample et plus étendue : en sorte que c'est elle principalement qui me fait connaître que je porte l'image et la ressemblance de Dieu. Car, encore qu'elle soit incomparablement plus grande dans Dieu,

46 que dans moi, soit à raison de la connaissance et de la puissance, qui s'y trouvant jointes la rendent plus ferme et plus efficace, soit à raison de l'objet, d'autant qu'elle se porte et s'étend infiniment à plus de choses ; elle ne me semble pas toutefois plus grande, si je la considère formellement et précisément en elle-même. Car elle consiste seulement en ce que nous pouvons faire une chose, ou ne la faire pas (c'est-à-dire affirmer ou nier, poursuivre ou fuir), ou plutôt seulement en ce que, pour affirmer ou nier, poursuivre ou fuir les choses que l'entendement nous propose, nous agissons en telle sorte que nous ne sentons point qu'aucune force extérieure

qu'elle appartient à la nature de Dieu. De la même manière, si j'examine la faculté de se souvenir ou d'imaginer, ou n'importe quelle autre faculté, je n'en trouve absolument aucune que je ne reconnaisse pauvre et circonscrite en moi, immense en Dieu. Il n'y a que la volonté, ou liberté de décision, que j'expérimente si grande en moi que je n'ai idée d'aucune autre plus grande ; si bien que c'est elle principalement qui me fait reconnaître que je porte une sorte d'image et de ressemblance de Dieu. Car, bien qu'elle soit incomparablement plus grande en Dieu qu'en moi, d'abord en raison de la connaissance et de la puissance qui lui sont jointes et la rendent plus ferme et efficace, ensuite en raison de son objet, puisqu'elle s'étend à plus de choses, toutefois, envisagée en elle-même, formellement et dans ses limites précises, elle ne semble pas plus grande, parce qu'elle consiste seulement en ce que nous pouvons ou faire une chose ou ne pas faire cette chose (c'est-à-dire l'affirmer ou la nier, la rechercher ou la fuir), ou plutôt en cela seulement que nous nous portons à affirmer ou à nier, à rechercher ou à fuir ce qui nous est proposé par l'entendement de telle manière que nous ne nous y sentons

ferri posse ut sim liber, sed contra, quo magis in unam propendeo,
58 sive quia rationem veri et boni in ea evidenter intelligo, sive quia
Deus intima cogitationis meae ita disponit, tanto liberius illam
eligo ; nec sane divina gratia, nec naturalis cognitio unquam immi-
nuunt libertatem, sed potius augent et corroborant. Indifferentia
autem illa quam experior, cum nulla me ratio in unam partem
magis quam in alteram impellit, est infimus gradus libertatis, et
nullam in ea perfectionem, sed tantummodo in cognitione defectum
sive negationem quandam testatur ; nam si semper quid verum et
bonum sit clare viderem, nunquam de eo quod esset judicandum
vel eligendum deliberarem ; atque ita, quamvis plane liber, nunquam
tamen indifferens esse possem. Ex his autem percipio nec vim
volendi, quam a Deo habeo, per se spectatam, causam esse errorum
meorum, est enim amplissima, atque in suo genere perfecta ; neque
etiam vim intelligendi, nam quidquid intelligo, cum a Deo habeam

nous y contraigne. Car, afin que je sois libre, il n'est pas nécessaire
que je sois indifférent à choisir l'un ou l'autre des deux contraires ;
mais plutôt, d'autant plus que je penche vers l'un, soit que je
connaisse évidemment que le bien et le vrai s'y rencontrent, soit
que Dieu dispose ainsi l'intérieur de ma pensée, d'autant plus
librement j'en fais choix et je l'embrasse. Et certes la grâce divine
et la connaissance naturelle, bien loin de diminuer ma liberté,
l'augmentent plutôt, et la fortifient. De façon que cette indifférence
que je sens, lorsque je ne suis point emporté vers un côté plutôt que
vers un autre par le poids d'aucune raison, est le plus bas degré de
la liberté, et fait plutôt paraître un défaut dans la connaissance,
qu'une perfection dans la volonté ; car si je connaissais toujours
clairement ce qui est vrai et ce qui est bon, je ne serais jamais en
peine de délibérer quel jugement et quel choix je devrais faire ; et
ainsi je serais entièrement libre, sans jamais être indifférent.

De tout ceci je reconnais que ni la puissance de vouloir, laquelle
j'ai reçue de Dieu, n'est point d'elle-même la cause de mes erreurs,
car elle est très ample et très parfaite en son espèce ; ni aussi la
puissance d'entendre ou de concevoir : car ne concevant rien que

déterminés par aucune force extérieure. Il n'est pas en effet nécessaire, pour que je sois libre, que je puisse me porter vers l'un et l'autre côté, mais au contraire plus j'incline d'un côté, soit que j'y reconnaisse de manière évidente le caractère de vérité et de bonté, soit que Dieu dispose ainsi le plus profond de ma pensée, plus je suis libre en le choisissant ; et jamais la grâce divine ni la connaissance naturelle ne diminuent la liberté, elles l'augmentent plutôt et la fortifient. Quant à cette indifférence que j'expérimente lorsqu'aucune raison ne me pousse vers un côté plutôt que vers l'autre, elle est le plus bas degré de la liberté et ne témoigne d'aucune perfection en celle-ci, mais seulement d'un défaut, c'est-à-dire d'une certaine négation, dans la connaissance ; car si je voyais toujours clairement ce qui est vrai et ce qui est bon, je ne délibérerais jamais sur le jugement et le choix à faire, et ainsi, tout en étant pleinement libre, je pourrais pourtant ne jamais être indifférent.

J'aperçois par là que la cause de mes erreurs n'est ni la puissance de vouloir que je tiens de Dieu, envisagée par elle-même, car elle est très ample et parfaite en son genre, ni non plus la puissance intellectuelle

ut intelligam, procul dubio recte intelligo, nec in eo fieri potest ut
fallar. Unde ergo nascuntur mei errores ? Nempe ex hoc uno quod,
cum latius pateat voluntas quam intellectus, illam non intra eosdem
limites contineo, sed etiam ad illa quae non intelligo extendo ; ad
quae cum sit indifferens, facile a vero et bono deflectit, atque ita et
fallor et pecco. Exempli causa, cum examinarem hisce diebus an
aliquid in mundo existeret, atque adverterem, ex hoc ipso quod
illud examinarem, evidenter sequi me existere, non potui quidem
non judicare illud quod tam clare intelligebam verum esse, non
59 quod ab aliqua vi externa fuerim ad id coactus, sed quia ex magna
luce in intellectu magna consequuta est propensio in voluntate,
atque ita tanto magis sponte et libere illud credidi, quanto minus
fui ad istud ipsum indifferens. Nunc autem, non tantum scio me,
quatenus sum res quaedam cogitans, existere, sed praeterea etiam

---

par le moyen de cette puissance que Dieu m'a donnée pour
concevoir, sans doute que tout ce que je conçois, je le conçois
comme il faut, et il n'est pas possible qu'en cela je me trompe. D'où
est-ce donc que naissent mes erreurs ? C'est à savoir, de cela seul
que, la volonté étant beaucoup plus ample et plus étendue que
l'entendement, je ne la contiens pas dans les mêmes limites, mais
que je l'étends aussi aux choses que je n'entends pas ; auxquelles
étant de soi indifférente, elle s'égare fort aisément, et choisit le mal
pour le bien, ou le faux pour le vrai. Ce qui fait que je me trompe
et que je pèche.

Par exemple, examinant ces jours passés si quelque chose existait
dans le monde, et connaissant que, de cela seul que j'examinais
47 cette question, il suivait très évidemment que j'existais moi-même,
je ne pouvais pas m'empêcher de juger qu'une chose que je concevais
si clairement était vraie, non que je m'y trouvasse forcé par aucune
cause extérieure, mais seulement, parce que d'une grande clarté qui
était en mon entendement, a suivi une grande inclination en ma
volonté ; et je me suis porté à croire avec d'autant plus de liberté,
que je me suis trouvé avec moins d'indifférence. Au contraire, à
présent je ne connais pas seulement que j'existe, en tant que je suis

de connaître, car tout ce que je connais, puisque c'est Dieu qui m'accorde de connaître, sans aucun doute je le connais correctement, et il n'est pas possible qu'en cela je me trompe. D'où naissent donc mes erreurs ? Tout simplement de ceci : la volonté ayant un champ plus large que l'entendement, je ne la contiens pas à l'intérieur des mêmes bornes, je l'étends aussi aux choses dont je n'ai pas l'intellection, et comme elle est à leur égard indifférente, elle se détourne facilement du vrai et du bien. C'est ainsi que je me trompe et que je pèche.

Par exemple, examinant ces jours derniers si quelque chose existait dans le monde et remarquant que, du fait même que je faisais cet examen, il s'ensuivait évidemment que j'existais, je n'ai pas pu, bien sûr, ne pas juger que ce dont j'avais une si claire intellection était vrai, non que j'y aie été contraint par quelque force extérieure, mais parce que d'une grande lumière dans l'entendement a suivi une grande inclination dans la volonté ; et ainsi je l'ai cru d'autant plus spontanément et librement que j'ai été sur ce point précis moins indifférent.

Autre cas : à présent, non seulement je sais que j'existe en tant que je suis une

idea quaedam naturae corporeae mihi obversatur, contingitque ut dubitem an natura cogitans quae in me est, vel potius quae ego ipse sum, alia sit ab ista natura corporea, vel an ambae idem sint ; et suppono nullam adhuc intellectui meo rationem occurrere, quae mihi unum magis quam aliud persuadeat, certe ex hoc ipso sum indifferens ad utrumlibet affirmandum vel negandum, vel etiam ad nihil de ea re judicandum. Quinimo etiam haec indifferentia non ad ea tantum se extendit de quibus intellectus nihil plane cognoscit, sed generaliter ad omnia quae ab illo non satis perspicue cognoscuntur eo ipso tempore, quo de iis a voluntate deliberatur ; quantumvis enim probabiles conjecturae me trahant in unam partem, sola cognitio quod sint tantum conjecturae, non autem certae atque indubitabiles rationes, sufficit ad assensionem meam in contrarium impellendam. Quod satis his diebus sum expertus, cum illa omnia quae prius ut vera quammaxime credideram, propter hoc unum

quelque chose qui pense, mais il se présente aussi à mon esprit une certaine idée de la nature corporelle, ce qui fait que je doute si cette nature qui pense, qui est en moi, ou plutôt par laquelle je suis ce que je suis, est différente de cette nature corporelle, ou bien si toutes deux ne sont qu'une même chose. Et je suppose ici que je ne connais encore aucune raison, qui me persuade plutôt l'un que l'autre : d'où il suit que je suis entièrement indifférent à le nier, ou à l'assurer, ou bien même à m'abstenir d'en donner aucun jugement.

Et cette indifférence ne s'étend pas seulement aux choses dont l'entendement n'a aucune connaissance, mais généralement aussi à toutes celles qu'il ne découvre pas avec une parfaite clarté, au moment que la volonté en délibère ; car, pour probables que soient les conjectures qui me rendent enclin à juger quelque chose, la seule connaissance que j'ai que ce ne sont que des conjectures, et non des raisons certaines et indubitables, suffit pour me donner occasion de juger le contraire. Ce que j'ai suffisamment expérimenté ces jours passés, lorsque j'ai posé pour faux tout ce que j'avais tenu aupara-

certaine chose qui pense, mais en outre il s'offre aussi à moi une certaine idée d'une nature corporelle, ce qui fait que je doute si la nature pensante qui est en moi, ou plutôt que je suis moi-même, est autre que cette nature corporelle ou si elles sont toutes deux une même chose. Et je suppose que mon entendement n'a encore rencontré aucune raison qui me persuade l'un plus que l'autre ; de ce fait même, sûrement, je suis indifférent à affirmer l'un ou l'autre, ou à le nier, ou même à ne porter sur ce sujet aucun jugement.

Bien plus, cette indifférence ne s'étend pas seulement à ce dont l'entendement n'a absolument aucune connaissance, mais généralement à tout ce qu'il ne connaît pas avec assez de transparence dans le temps même où la volonté en délibère. En effet, aussi probables que soient les conjectures qui m'entraînent d'un côté, le seul fait de savoir que ce sont seulement des conjectures, et non des raisons certaines et indubitables, suffit à pousser mon assentiment du côté opposé. Je l'ai suffisamment expérimenté ces jours-ci, quand j'ai supposé qu'était absolument faux tout ce que j'avais auparavant tenu pour vrai et cru avec la plus grande

quod de iis aliquo modo posse dubitari deprehendissem, plane falsa esse supposui. Cum autem quid verum sit non satis clare et distincte percipio, si quidem a judicio ferendo abstineam, clarum est me recte agere, et non falli ; sed si vel affirmem vel negem, tunc libertate
60 arbitrii non recte utor ; atque si in eam partem quae falsa est me convertam, plane fallar ; si vero alteram amplectar, casu quidem incidam in veritatem, sed non ideo culpa carebo, quia lumine naturali manifestum est perceptionem intellectus praecedere semper debere voluntatis determinationem. Atque in hoc liberi arbitrii non recto usu privatio illa inest quae formam erroris constituit, privatio, inquam, inest in ipsa operatione, quatenus a me procedit, sed non in facultate quam a Deo accepi, nec etiam in operatione quatenus ab illo dependet. Neque enim habeo causam ullam conquerendi quod Deus mihi non majorem vim intelligendi, sive non majus

vant pour très véritable, pour cela seul que j'ai remarqué que l'on en pouvait douter en quelque sorte.

Or si je m'abstiens de donner mon jugement sur une chose, lorsque je ne la conçois pas avec assez de clarté et de distinction, il est évident que j'en use fort bien, et que je ne suis point trompé ; mais si je me détermine à la nier, ou assurer, alors je ne me sers plus comme je dois de mon libre arbitre ; et si j'assure ce qui n'est pas vrai, il est évident que je me trompe ; même aussi, encore que je juge selon la vérité, cela n'arrive que par hasard, et je ne laisse pas de faillir, et d'user mal de mon libre arbitre ; car la lumière naturelle nous enseigne que la connaissance de l'entendement doit toujours précéder la détermination de la volonté. Et c'est dans ce mauvais usage du libre arbitre, que se rencontre la privation qui
48 constitue la forme de l'erreur. La privation, dis-je, se rencontre dans l'opération, en tant qu'elle procède de moi ; mais elle ne se trouve pas dans la puissance que j'ai reçue de Dieu, ni même dans l'opération, en tant qu'elle dépend de lui. Car je n'ai certes aucun sujet de me plaindre, de ce que Dieu ne m'a pas donné une

force, pour la seule raison que je m'étais rendu compte qu'on pouvait en quelque façon en douter.

Or, quand je ne perçois pas avec assez de clarté et de distinction ce qui est vrai, si je me garde bien de porter un jugement, il est clair que j'agis correctement et que je ne me trompe pas ; mais si je porte un jugement, qu'il soit affirmatif ou négatif, alors je n'use pas correctement de la liberté de décision. Je précise : si je me tourne du côté du faux, je me tromperai purement et simplement ; si j'adopte l'autre côté, c'est bien sur la vérité que par hasard je tomberai, mais je ne laisserai pas pour autant d'être en faute, car il est manifeste par la lumière naturelle que la perception de l'entendement doit toujours précéder la détermination de la volonté. C'est dans cet usage non correct du libre arbitre que réside la privation qui constitue la forme de l'erreur : la privation, dis-je, réside dans l'opération comme telle en tant qu'elle procède de moi, mais non dans la faculté que j'ai reçue de Dieu, ni même dans l'opération en tant qu'elle dépend de lui.

Je n'ai en effet aucune raison de me plaindre que Dieu ne m'ait pas donné une

lumen naturale dederit quam dedit, quia est de ratione intellectus finiti ut multa non intelligat, et de ratione intellectus creati ut sit finitus ; estque quod agam gratias illi qui mihi nunquam quicquam debuit pro eo quod largitus est, non autem quod putem me ab illo iis esse privatum, sive illum mihi ea abstulisse quae non dedit. Non habeo etiam causam conquerendi quod voluntatem dederit latius patentem quam intellectum ; cum enim voluntas in una tantum re, et tanquam in indivisibili consistat, non videtur ferre ejus natura ut quicquam ab illa demi possit ; et sane quo amplior est, tanto majores debeo gratias ejus datori. Nec denique etiam queri debeo quod Deus mecum concurrat ad eliciendos illos actus voluntatis, sive illa judicia, in quibus fallor ; illi enim actus sunt omnino veri et boni, quatenus a Deo dependent, et major in me quodammodo perfectio est, quod illos possim elicere, quam si non possem. Privatio autem,

intelligence plus capable, ou une lumière naturelle plus grande que celle que je tiens de lui, puisqu'en effet il est du propre de l'entendement fini, de ne pas comprendre une infinité de choses, et du propre d'un entendement créé d'être fini. Mais j'ai tout sujet de lui rendre grâces, de ce que, ne m'ayant jamais rien dû, il m'a néanmoins donné tout le peu de perfections qui est en moi ; bien loin de concevoir des sentiments si injustes que de m'imaginer qu'il m'ait ôté ou retenu injustement les autres perfections qu'il ne m'a point données. Je n'ai pas aussi sujet de me plaindre, de ce qu'il m'a donné une volonté plus étendue que l'entendement, puisque, la volonté ne consistant qu'en une seule chose, et son sujet étant comme indivisible, il semble que sa nature est telle qu'on ne lui saurait rien ôter sans la détruire ; et certes plus elle se trouve être grande, et plus j'ai à remercier la bonté de celui qui me l'a donnée. Et enfin je ne dois pas aussi me plaindre, de ce que Dieu concourt avec moi pour former les actes de cette volonté, c'est-à-dire les jugements dans lesquels je me trompe, parce que ces actes-là sont entièrement vrais, et absolument bons, en tant qu'ils dépendent de Dieu ; et il y a en quelque sorte plus de perfection en ma nature, de

puissance intellectuelle de connaître plus grande, ou une lumière naturelle plus grande qu'il ne l'a fait, parce qu'il est de l'essence d'un entendement fini que bien des choses échappent à son intellection, et de l'essence d'un entendement créé qu'il soit fini ; et il y a lieu de lui rendre grâces, à lui qui ne m'a jamais rien dû, pour ce qu'il m'a prodigué, et non de croire que j'ai été privé par lui ou qu'il m'a dépouillé de ce qu'il ne m'a pas donné.

Je n'ai pas non plus de raison de me plaindre qu'il m'ait donné une volonté dont le champ est plus large que celui de l'entendement, puisqu'en effet la volonté ne consiste qu'en une seule chose et comme en un indivisible, sa nature ne semble pas souffrir que quelque chose puisse lui être ôté ; et il est sûr que plus elle a d'ampleur, plus j'ai de grâces à rendre à celui qui me la donne.

Enfin je ne dois pas non plus me plaindre que Dieu concoure avec moi à former ces actes de la volonté, c'est-à-dire ces jugements, dans lesquels je me trompe : ces actes sont en effet, en tant qu'ils dépendent de Dieu, absolument vrais et absolument bons, et, en moi, il y a en quelque façon une plus grande perfection à pouvoir les former que

61 in qua sola ratio formalis falsitatis et culpae consistit, nullo Dei concursu indiget, quia non est res, neque ad illum relata ut causam privatio, sed tantummodo negatio dici debet. Nam sane nulla imperfectio in Deo est, quod mihi libertatem dederit assentiendi vel non assentiendi quibusdam, quorum claram et distinctam perceptionem in intellectu meo non posuit, sed proculdubio in me imperfectio est, quod ista libertate non bene utar, et de iis quae non recte intelligo judicium feram. Video tamen fieri a Deo facile potuisse ut, etiamsi manerem liber, et cognitionis finitae, nunquam tamen errarem, nempe si vel intellectui meo claram et distinctam perceptionem omnium de quibus unquam essem deliberaturus indidisset ; vel tantum si adeo firmiter memoriae impressisset de nulla unquam re esse judicandum quam clare et distincte non intelligerem, ut nunquam ejus possem oblivisci. Et facile intelligo me, quatenus rationem habeo totius cujusdam, perfectiorem futurum fuisse quam

ce que je les puis former, que si je ne le pouvais pas. Pour la privation, dans laquelle seule consiste la raison formelle de l'erreur et du péché, elle n'a besoin d'aucun concours de Dieu, puisque ce n'est pas une chose ou un être, et que, si on la rapporte à Dieu comme à sa cause, elle ne doit pas être nommée privation, mais seulement négation, selon la signification qu'on donne à ces mots dans l'Ecole.

Car en effet ce n'est point une imperfection en Dieu, de ce qu'il m'a donné la liberté de donner mon jugement, ou de ne le pas donner, sur certaines choses dont il n'a pas mis une claire et distincte connaissance en mon entendement ; mais sans doute c'est en moi une imperfection, de ce que je n'en use pas bien, et que je donne témérairement mon jugement, sur des choses que je ne conçois qu'avec obscurité et confusion.

Je vois néanmoins qu'il était aisé à Dieu de faire en sorte que je ne me trompasse jamais, quoique je demeurasse libre, et d'une connaissance bornée, à savoir, en donnant à mon entendement une
49 claire et distincte intelligence de toutes les choses dont je devais jamais délibérer, ou bien seulement s'il eût si profondément gravé dans ma mémoire la résolution de ne juger jamais d'aucune chose sans la concevoir clairement et distinctement, que je ne la pusse jamais oublier. Et je remarque bien qu'en tant que je me considère tout seul, comme s'il n'y avait que moi au monde, j'aurais été

si je ne le pouvais pas. Quant à la privation qui seule constitue la raison formelle de la fausseté et de la faute, elle n'a besoin d'aucun concours de Dieu, parce qu'elle n'est pas une chose et que, si on la rapporte à lui comme à sa cause, elle ne doit pas être appelée privation mais seulement négation. Car il n'y a vraiment aucune imperfection en Dieu à m'avoir donné la liberté d'accorder ou non mon assentiment à certaines choses dont il n'a pas mis en mon entendement une perception claire et distincte, mais il y a sans aucun doute en moi de l'imperfection à n'user pas bien de cette liberté et à porter un jugement sur ce dont je n'ai pas une intellection correcte.

Je vois pourtant que Dieu aurait pu faire aisément que, tout en demeurant libre et d'une connaissance finie, je ne fisse jamais d'erreur : s'il avait donné à mon entendement la claire et distincte perception de tout ce dont j'aurais jamais à délibérer, ou seulement s'il avait imprimé en ma mémoire, si fortement que je ne pusse jamais l'oublier, qu'il ne faut jamais juger d'aucune chose sans en avoir une claire et distincte intellection. Je reconnais sans peine que j'aurais été, en tant que j'ai le statut d'un tout, plus

nunc sum, si talis a Deo factus essem. Sed non ideo possum negare quin major quodammodo perfectio sit in tota rerum universitate, quod quaedam ejus partes ab erroribus immunes non sint, aliae vero sint, quam si omnes plane similes essent ; et nullum habeo jus conquerendi quod eam me Deus in mundo personam sustinere voluerit, quae non est omnium praecipua et maxime perfecta. Ac praeterea, etiam ut non possim ab erroribus abstinere priori illo modo qui pendet ab evidenti eorum omnium perceptione de quibus est deliberandum, possum tamen illo altero qui pendet ab eo tantum, quod recorder, quoties de rei veritate non liquet, a judicio ferendo esse abstinendum ; nam, quamvis eam in me infirmitatem esse experiar, ut non possim semper uni et eidem cognitioni defixus inhaerere, possum tamen attenta et saepius iterata meditatione efficere ut ejusdem, quoties usus exiget, recorder, atque ita habitum quemdam non errandi acquiram. Qua in re cum maxima et

---

beaucoup plus parfait que je ne suis, si Dieu m'avait créé tel que je ne faillisse jamais. Mais je ne puis pas pour cela nier, que ce ne soit en quelque façon une plus grande perfection dans tout l'Univers, de ce que quelques-unes de ses parties ne sont pas exemptes de défaut, que si elles étaient toutes semblables. Et je n'ai aucun droit de me plaindre, si Dieu, m'ayant mis au monde, n'a pas voulu me mettre au rang des choses les plus nobles et les plus parfaites ; même j'ai sujet de me contenter de ce que, s'il ne m'a pas donné la vertu de ne point faillir, par le premier moyen que j'ai ci-dessus déclaré, qui dépend d'une claire et évidente connaissance de toutes les choses dont je puis délibérer, il a au moins laissé en ma puissance l'autre moyen, qui est de retenir fermement la résolution de ne jamais donner mon jugement sur les choses dont la vérité ne m'est pas clairement connue. Car quoique je remarque cette faiblesse en ma nature, que je ne puis attacher continuellement mon esprit à une même pensée, je puis toutefois, par une méditation attentive et souvent réitérée, me l'imprimer si fortement en la mémoire, que je ne manque jamais de m'en ressouvenir, toutes les fois que j'en aurai besoin, et acquérir de cette façon l'habitude de ne point faillir. Et, d'autant que c'est en cela que consiste la plus grande et principale

parfait que je ne le suis en réalité, si j'avais été fait tel par Dieu. Mais je ne peux nier pour autant que, dans l'univers en sa totalité, si certaines de ses parties ne sont pas exemptes d'erreurs alors que d'autres le sont, il y a en quelque façon une plus grande perfection que si elles étaient toutes absolument semblables ; et je n'ai aucun droit de me plaindre que Dieu ait voulu que je tienne dans le monde un rôle qui n'est pas le principal et le plus parfait de tous. Et même, en outre, si je ne peux me garder des erreurs par le premier moyen qui dépend de la perception évidente de tout ce dont il faut délibérer, je le peux toutefois par le second, qui dépend d'une seule condition : que je me rappelle, chaque fois que la lumière n'est pas faite sur la vérité, qu'il faut se garder de porter un jugement. Car, bien que j'expérimente en moi cette faiblesse de ne pouvoir être continuellement fixé et attaché à une seule et même connaissance, je peux toutefois, par une méditation attentive et assez souvent réitérée, faire en sorte de me rappeler cette condition, chaque fois qu'il en sera besoin, et d'acquérir ainsi une certaine disposition à ne point me tromper.

Puisqu'en cela consiste la plus grande et

praecipua hominis perfectio consistat, non parum me hodierna meditatione lucratum esse existimo, quod erroris et falsitatis causam investigarim. Et sane nulla alia esse potest ab ea quam explicui ; nam quoties voluntatem in judiciis ferendis ita contineo ut ad ea tantum se extendat quae illi clare et distincte ab intellectu exhibentur, fieri plane non potest ut errem, quia omnis clara et distincta perceptio proculdubio est aliquid, ac proinde a nihilo esse non potest, sed necessario Deum authorem habet, Deum, inquam, illum summe perfectum, quem fallacem esse repugnat ; ideoque proculdubio est vera. Nec hodie tantum didici quid mihi sit cavendum ut nunquam fallar, sed simul etiam quid agendum ut assequar veritatem ; assequar enim illam profecto, si tantum ad omnia quae perfecte intelligo satis attendam, atque illa a reliquis, quae confusius et obscurius apprehendo, secernam. Cui rei diligenter imposterum operam dabo.

perfection de l'homme, j'estime n'avoir pas peu gagné par cette Méditation, que d'avoir découvert la cause des faussetés et des erreurs.

Et certes il n'y en peut avoir d'autre que celle que j'ai expliquée ; car toutes les fois que je retiens tellement ma volonté dans les bornes de ma connaissance, qu'elle ne fait aucun jugement que des choses qui lui sont clairement et distinctement représentées par l'entendement, il ne se peut faire que je me trompe ; parce que toute conception claire et distincte est sans doute quelque chose de réel et de positif, et partant ne peut tirer son origine du néant, mais doit
50 nécessairement avoir Dieu pour son auteur, Dieu, dis-je, qui, étant souverainement parfait, ne peut être cause d'aucune erreur ; et par conséquent il faut conclure qu'une telle conception ou un tel jugement est véritable.

Au reste je n'ai pas seulement appris aujourd'hui ce que je dois éviter pour ne plus faillir, mais aussi ce que je dois faire pour parvenir à la connaissance de la vérité. Car certainement j'y parviendrai, si j'arrête suffisamment mon attention sur toutes les choses que je concevrai parfaitement, et si je les sépare des autres que je ne comprends qu'avec confusion et obscurité. A quoi dorénavant je prendrai soigneusement garde.

principale perfection de l'homme, j'estime que le profit de la méditation d'aujourd'hui n'est pas mince, si j'ai découvert la cause de l'erreur et de la fausseté. Et il est sûr qu'il ne peut y en avoir d'autre que celle que j'ai expliquée. Car chaque fois qu'en portant un jugement je retiens la volonté de telle sorte qu'elle ne s'étende qu'à ce que l'entendement lui donne à voir clairement et distinctement, il est absolument impossible que je me trompe, parce que toute perception claire et distincte est sans aucun doute quelque chose, et par conséquent ne peut pas venir du néant, mais a nécessairement Dieu pour auteur, Dieu, dis-je, cet être souverainement parfait, dont il est contradictoire qu'il soit trompeur ; c'est pourquoi, sans aucun doute, elle est vraie.

Et je n'ai pas seulement appris aujourd'hui ce qu'il me faut éviter pour ne jamais me tromper, mais aussi, en même temps, ce qu'il faut faire pour atteindre la vérité. Je l'atteindrai en effet à coup sûr, pourvu que je concentre assez mon attention sur tout ce dont j'ai une parfaite intellection, et que je le sépare du reste, que je saisis de manière confuse et obscure. C'est à quoi je vais dorénavant consacrer un soin scrupuleux.

Meditatio Quinta
De essentia rerum materialium,
et iterum de Deo quod existat.

Multa mihi supersunt de Dei attributis, multa de mei ipsius sive mentis meae natura investiganda, sed illa forte alias resumam, jamque nihil magis urgere videtur (postquam animadverti quid cavendum atque agendum sit ad assequendam veritatem) quam ut ex dubiis, in quae superioribus diebus incidi, coner emergere, videamque an aliquid certi de rebus materialibus haberi possit. Et quidem, priusquam inquiram an aliquae tales res extra me existant, considerare debeo illarum ideas, quatenus sunt in mea cogitatione, et videre quaenam ex iis sint distinctae, quaenam confusae. Nempe distincte imaginor quantitatem, quam vulgo Philosophi appellant continuam, sive ejus quantitatis aut potius rei quantae extensionem in longum, latum et profundum ; numero in ea varias partes ; quaslibet istis partibus magnitudines, figuras, situs, et motus locales,

---

Méditation Cinquième
De l'essence des choses matérielles ;
et derechef de Dieu, qu'il existe.

Il me reste beaucoup d'autres choses à examiner touchant les attributs de Dieu, et touchant ma propre nature, c'est-à-dire celle de mon esprit ; mais j'en reprendrai peut-être une autre fois la recherche. Maintenant (après avoir remarqué ce qu'il faut faire ou éviter pour parvenir à la connaissance de la vérité), ce que j'ai principalement à faire est d'essayer de sortir et me débarrasser de tous les doutes où je suis tombé ces jours passés, et voir si l'on ne peut rien connaître de certain touchant les choses matérielles.

Mais avant que j'examine s'il y a de telles choses qui existent hors de moi, je dois considérer leurs idées, en tant qu'elles sont en ma pensée, et voir quelles sont celles qui sont distinctes, et quelles sont celles qui sont confuses.

En premier lieu, j'imagine distinctement cette quantité, que les philosophes appellent vulgairement la quantité continue, ou bien l'extension en longueur, largeur et profondeur, qui est en cette quantité, ou plutôt en la chose à qui on l'attribue. De plus, je puis nombrer en elle plusieurs diverses parties, et attribuer à chacune de ces parties toutes sortes de grandeurs, de figures, de situations, et de

Cinquième Méditation

De l'essence des choses matérielles.
Réaffirmation de l'existence de Dieu.

Il me reste beaucoup de choses à rechercher touchant les attributs de Dieu, beaucoup touchant ma propre nature, c'est-à-dire celle de mon esprit ; mais j'y reviendrai peut-être une autre fois. Maintenant rien ne me semble plus urgent (après avoir remarqué ce qu'il faut éviter et ce qu'il faut faire pour atteindre la vérité) que de tâcher d'émerger des doutes où je suis tombé les jours derniers et de voir si l'on peut obtenir quelque chose de certain touchant les choses matérielles. En vérité, avant d'examiner s'il y a de telles choses existant hors de moi, je dois considérer leurs idées, en tant qu'elles sont en ma pensée, et voir lesquelles d'entre elles sont distinctes, lesquelles confuses.

C'est un fait que j'imagine distinctement la quantité que les philosophes appellent couramment continue, ou bien l'étendue en longueur, largeur et profondeur de cette quantité ou plutôt de la chose quantifiée ; je dénombre en elle diverses parties ; j'assigne à ces parties toutes les grandeurs, figures,

motibusque istis quaslibet durationes assigno. Nec tantum illa sic in genere spectata mihi plane nota et perspecta sunt, sed praeterea etiam particularia innumera de figuris, de numero, de motu, et
64 similibus, attendendo percipio, quorum veritas adeo aperta est et naturae meae consentanea, ut, dum illa primum detego, non tam videar aliquid novi addiscere, quam eorum quae jam ante sciebam reminisci, sive ad ea primum advertere quae dudum quidem in me erant, licet non prius in illa obtutum mentis convertissem. Quodque hic maxime considerandum puto, invenio apud me innumeras ideas quarumdam rerum, quae, etiam si extra me fortasse nullíbi existant, non tamen dici possunt nihil esse ; et quamvis a me quodammodo ad arbitrium cogitentur, non tamen a me finguntur, sed suas habent veras et immutabiles naturas. Ut cum, exempli causa, triangulum

---

mouvements ; et enfin, je puis assigner à chacun de ces mouvements toutes sortes de durées.

Et je ne connais pas seulement ces choses avec distinction, lorsque je les considère en général ; mais aussi, pour peu que j'y applique mon attention, je conçois une infinité de particularités touchant les
51 nombres, les figures, les mouvements, et autres choses semblables, dont la vérité se fait paraître avec tant d'évidence et s'accorde si bien avec ma nature, que lorsque je commence à les découvrir, il ne me semble pas que j'apprenne rien de nouveau, mais plutôt que je me ressouviens de ce que je savais déjà auparavant, c'est-à-dire que j'aperçois des choses qui étaient déjà dans mon esprit, quoique je n'eusse pas encore tourné ma pensée vers elles.

Et ce que je trouve ici de plus considérable, est que je trouve en moi une infinité d'idées de certaines choses, qui ne peuvent pas être estimées un pur néant, quoique peut-être elles n'aient aucune existence hors de ma pensée, et qui ne sont pas feintes par moi, bien qu'il soit en ma liberté de les penser ou ne les penser pas ; mais elles ont leurs natures vraies et immuables. Comme, par

situations, tous les mouvements locaux qu'on voudra, et à ces mouvements toutes les durées qu'on voudra.

Et je n'ai pas seulement une connaissance tout à fait limpide de ces choses considérées ainsi en général ; j'ai aussi, en outre, quand j'y prête attention, touchant les figures, le nombre, le mouvement et choses semblables, la perception d'innombrables choses particulières, dont la vérité est si manifeste et si accordée à ma nature que, la première fois que je les découvre, je n'ai pas tant l'impression d'apprendre quelque chose de nouveau que de me ressouvenir de ce que je savais déjà avant, c'est-à-dire de me tourner pour la première fois vers des choses qui étaient bien en moi depuis longtemps, quoique le regard de mon esprit ne se fût pas encore retourné vers elles.

Ce que je crois devoir ici considérer avant tout, c'est que je trouve en moi d'innombrables idées de certaines choses dont, même si elles n'existent peut-être nulle part hors de moi, on ne peut pourtant pas dire qu'elles ne sont rien ; et bien que pensées par moi en quelque façon à mon gré, elles ne sont pourtant pas feintes par moi, mais elles ont leurs propres natures, vraies et immuables.

imaginor, etsi fortasse talis figura nullibi gentium extra cogitationem
meam existat, nec unquam extiterit, est tamen profecto determinata
quaedam ejus natura, sive essentia, sive forma, immutabilis et
aeterna, quae a me non efficta est, nec a mente mea dependet ; ut
patet ex eo quod demonstrari possint variae proprietates de isto
triangulo, nempe quod ejus tres anguli sint aequales duobus rectis,
quod maximo ejus angulo maximum latus subtendatur, et similes,
quas velim nolim clare nunc agnosco, etiamsi de iis nullo modo
antea cogitarim, cum triangulum imaginatus sum, nec proinde a me
fuerint effictae. Neque ad rem attinet, si dicam mihi forte a rebus
externis per organa sensuum istam trianguli ideam advenisse, quia
nempe corpora triangularem figuram habentia interdum vidi ; possum enim alias innumeras figuras excogitare de quibus nulla suspicio
esse potest quod mihi unquam per sensus illapsae sint, et tamen
65 varias de iis, non minus quam de triangulo, proprietates demons-

exemple, lorsque j'imagine un triangle, encore qu'il n'y ait peut-être
en aucun lieu du monde hors de ma pensée une telle figure, et qu'il
n'y en ait jamais eu, il ne laisse pas néanmoins d'y avoir une
certaine nature, ou forme, ou essence déterminée de cette figure,
laquelle est immuable et éternelle, que je n'ai point inventée, et qui
ne dépend en aucune façon de mon esprit ; comme il paraît de ce
que l'on peut démontrer diverses propriétés de ce triangle, à savoir
que les trois angles sont égaux à deux droits, que le plus grand angle
est soutenu par le plus grand côté, et autres semblables, lesquelles
maintenant, soit que je le veuille ou non, je reconnais très clairement
et très évidemment être en lui, encore que je n'y aie pensé
auparavant en aucune façon, lorsque je me suis imaginé la première
fois un triangle ; et partant on ne peut pas dire que je les aie feintes
et inventées.

Et je n'ai que faire ici de m'objecter, que peut-être cette idée du
triangle est venue en mon esprit par l'entremise de mes sens, parce
que j'ai vu quelquefois des corps de figure triangulaire ; car je puis
former en mon esprit une infinité d'autres figures, dont on en peut
avoir le moindre soupçon que jamais elles me soient tombées sous
les sens, et je ne laisse pas toutefois de pouvoir démontrer diverses
propriétés touchant leur nature, aussi bien que touchant celle du

Ainsi, quand j'imagine par exemple un triangle, encore que peut-être une telle figure n'existe et n'ait jamais existé nulle part au monde hors de ma pensée, il y a pourtant à coup sûr une certaine nature ou essence ou forme déterminée de cette figure, immuable et éternelle, qui n'a pas été forgée par moi et qui ne dépend pas de mon esprit ; comme cela ressort de ce qu'on peut démontrer, de ce triangle, diverses propriétés, à savoir que ses trois angles sont égaux à deux droits, qu'au plus grand angle est opposé le plus grand côté, et choses semblables, que maintenant, que je le veuille ou non, je reconnais clairement, même si je n'y ai aucunement pensé auparavant quand j'ai imaginé un triangle ; et par conséquent elles ne sauraient avoir été forgées par moi.

Peu importe si je dis que cette idée du triangle m'est peut être venue de choses extérieures par l'entremise des organes des sens, cela parce que j'ai vu quelquefois des corps de figure triangulaire. Je peux en effet m'imaginer d'innombrables autres figures dont on ne peut aucunement soupçonner qu'elles se soient jamais insinuées en moi par l'entremise des sens, et pourtant démontrer d'elles, non moins que du triangle,

Cinquième Méditation

trare. Quae sane omnes sunt verae, quandoquidem a me clare cognoscuntur, ideoque aliquid sunt, non merum nihil ; patet enim illud omne quod verum est esse aliquid ; et jam fuse demonstravi illa omnia quae clare cognosco esse vera. Atque quamvis id non demonstrassem, ea certe est natura mentis meae ut nihilominus non possem iis non assentiri, saltem quamdiu ea clare percipio ; meminique me semper, etiam ante hoc tempus, cum sensuum objectis quammaxime inhaererem, ejusmodi veritates, quae nempe de figuris, aut numeris, aliisve ad Arithmeticam vel Geometriam vel in genere ad puram atque abstractam Mathesim pertinentibus evidenter agnoscebam, pro omnium certissimis habuisse. Jam vero si ex eo solo, quod alicujus rei ideam possim ex cogitatione mea depromere, sequitur ea omnia quae ad illam rem pertinere clare et distincte percipio, revera ad illam pertinere, nunquid inde haberi etiam potest argumentum quo Dei existentia probetur ? Certe ejus ideam, nempe

triangle : lesquelles certes doivent être toutes vraies, puisque je les conçois clairement. Et partant elles sont quelque chose, et non pas un pur néant ; car il est très évident que tout ce qui est vrai est quelque chose, et j'ai déjà amplement démontré ci-dessus que toutes
52 les choses que je connais clairement et distinctement sont vraies. Et quoique je ne l'eusse pas démontré, toutefois la nature de mon esprit est telle, que je ne me saurais empêcher de les estimer vraies, pendant que je les conçois clairement et distinctement. Et je me ressouviens que, lors même que j'étais encore fortement attaché aux objets des sens, j'avais tenu au nombre des plus constantes vérités celles que je concevais clairement et distinctement touchant les figures, les nombres, et les autres choses qui appartiennent à l'arithmétique et à la géométrie.

Or maintenant, si de cela seul que je puis tirer de ma pensée l'idée de quelque chose, il s'ensuit que tout ce que je reconnais clairement et distinctement appartenir à cette chose, lui appartient en effet, ne puis-je pas tirer de ceci un argument et une preuve démonstrative de l'existence de Dieu ? Il est certain que je ne trouve

diverses propriétés. Et elles sont bien toutes vraies, puisque connues par moi clairement, et par conséquent elles sont quelque chose, non un pur rien ; car il est évident que tout ce qui est vrai est quelque chose, et j'ai déjà amplement démontré que tout ce que je connais clairement est vrai. Et même, quand je ne l'aurais pas démontré, la nature de mon esprit, en tout cas, est telle que je ne pourrais pas néanmoins m'empêcher d'y donner mon assentiment, aussi longtemps du moins que j'en ai une claire perception. Et je me souviens que toujours, même avant, quand j'étais le plus fortement attaché aux objets des sens, j'ai tenu pour plus certaines que toute autre les vérités de ce genre, à savoir ce que je reconnaissais avec évidence touchant les figures, les nombres ou d'autres choses qui appartiennent à l'arithmétique, à la géométrie ou en général à la mathématique pure et abstraite.

Maintenant, si de cela seul que je peux tirer de ma pensée l'idée de quelque chose il s'ensuit que tout ce que je perçois clairement et distinctement appartenir à cette chose lui appartient effectivement, ne peut-on pas aussi, à partir de là, avoir un argument qui prouve l'existence de Dieu ? Ce qui est sûr, c'est que

entis summe perfecti, non minus apud me invenio, quam ideam cujusvis figurae aut numeri ; nec minus clare et distincte intelligo ad ejus naturam pertinere ut semper existat[1], quam id quod de aliqua figura aut numero demonstro ad ejus figurae aut numeri naturam etiam pertinere ; ac proinde, quamvis non omnia quae superioribus hisce diebus meditatus sum vera essent, in eodem ad minimum certitudinis gradu esse deberet apud me Dei existentia in quo fuerunt hactenus Mathematicae veritates. Quanquam sane hoc prima fronte non est omnino perspicuum, sed quandam sophismatis speciem refert. Cum enim assuetus sim in omnibus aliis rebus existentiam ab essentia distinguere, facile mihi persuadeo illam etiam ab essentia Dei sejungi posse, atque ita Deum ut non existentem[2] cogitari. Sed tamen diligentius attendenti fit manifestum non magis posse existentiam ab essentia Dei separari, quam ab essentia trianguli magnitudinem trium ejus angulorum aequalium duobus rectis, sive ab idea

1. 1re édition : *ut existat actu.*
2. 1re édition : *ut non actu existentem.*

pas moins en moi son idée, c'est-à-dire l'idée d'un être souverainement parfait, que celle de quelque figure ou de quelque nombre que ce soit. Et je ne connais pas moins clairement et distinctement qu'une actuelle et éternelle existence appartient à sa nature, que je connais que tout ce que je puis démontrer de quelque figure ou de quelque nombre, appartient véritablement à la nature de cette figure ou de ce nombre. Et partant, encore que tout ce que j'ai conclu dans les méditations précédentes, ne se trouvât point véritable, l'existence de Dieu doit passer en mon esprit au moins pour aussi certaine, que j'ai estimé jusques ici toutes les vérités des mathématiques, qui ne regardent que les nombres et les figures ; bien qu'à la vérité cela ne paraisse pas d'abord entièrement manifeste, mais semble avoir quelque apparence de sophisme. Car, ayant accoutumé dans toutes les autres choses de faire distinction entre l'existence et l'essence, je me persuade aisément que l'existence peut être séparée de l'essence de Dieu, et qu'ainsi on peut concevoir Dieu comme n'étant pas actuellement. Mais néanmoins, lorsque j'y pense avec plus d'attention, je trouve manifestement que l'existence ne peut non plus être séparée de l'essence de Dieu, que de l'essence d'un triangle rectiligne la grandeur de ses trois angles égaux à deux droits, ou bien de l'idée

182

je ne trouve pas moins en moi son idée, à savoir celle d'un être souverainement parfait, que l'idée de n'importe quelle figure ou de n'importe quel nombre ; et je ne connais pas moins clairement et distinctement qu'il appartient à sa nature d'exister toujours, que je connais que ce que je démontre d'une figure ou d'un nombre appartient aussi à la nature de cette figure ou de ce nombre ; et par conséquent, quand bien même tout ce que j'ai médité ces jours derniers ne serait pas vrai, l'existence de Dieu devrait atteindre en moi au moins le même degré de certitude qu'ont eu jusqu'à présent les vérités mathématiques.

Il est vrai qu'au premier abord cela n'est pas tout à fait transparent et présente quelque apparence de sophisme. J'ai en effet pris l'habitude de distinguer en toutes les autres choses l'existence de l'essence, je me persuade donc sans peine qu'elle peut aussi être disjointe de l'essence de Dieu et qu'ainsi Dieu peut être pensé comme n'existant pas. Toutefois une attention plus scrupuleuse rend manifeste que l'existence ne peut pas plus être séparée de l'essence de Dieu que, de l'essence du triangle, la somme des trois angles égale à deux droits, ou, de l'idée de

montis ideam vallis; adeo ut non magis repugnet cogitare Deum (hoc est ens summe perfectum) cui desit existentia (hoc est cui desit aliqua perfectio) quam cogitare montem cui desit vallis. Verumtamen, ne possim quidem cogitare Deum nisi existentem, ut neque montem sine valle, at certe ut neque ex eo quod cogitem montem cum valle, ideo sequitur aliquem montem in mundo esse, ita neque ex eo quod cogitem Deum ut existentem, ideo sequi videtur Deum existere : nullam enim necessitatem cogitatio mea rebus imponit ; et quemadmodum imaginari licet equum alatum, etsi nullus equus habeat alas, ita forte Deo existentiam possum affingere, quamvis nullus Deus existat. Imo sophisma hic latet ; neque enim, ex eo quod non possim cogitare montem nisi cum valle, sequitur alicubi 67 montem et vallem existere, sed tantum montem et vallem, sive

d'une montagne l'idée d'une vallée ; en sorte qu'il n'y a pas moins de répugnance de concevoir un Dieu (c'est-à-dire un être souverainement parfait) auquel manque l'existence (c'est-à-dire auquel manque quelque perfection), que de concevoir une montagne qui n'ait point de vallée.

Mais encore qu'en effet je ne puisse pas concevoir un Dieu sans existence, non plus qu'une montagne sans vallée, toutefois, comme de cela seul que je conçois une montagne avec une vallée, il ne 53 s'ensuit pas qu'il y ait aucune montagne dans le monde, de même aussi, quoique je conçoive Dieu avec l'existence, il semble qu'il ne s'ensuit pas pour cela qu'il y en ait aucun qui existe : car ma pensée n'impose aucune nécessité aux choses. Et comme il ne tient qu'à moi d'imaginer un cheval ailé, encore qu'il n'y en ait aucun qui ait des ailes, ainsi je pourrais peut-être attribuer l'existence à Dieu, encore qu'il n'y eût aucun Dieu qui existât. Tant s'en faut, c'est ici qu'il y a un sophisme caché sous l'apparence de cette objection : car de ce que je ne puis concevoir une montagne sans vallée, il ne s'ensuit pas qu'il y ait au monde aucune montagne, ni aucune vallée, mais seulement que la montagne et la vallée, soit qu'il y en ait, soit

montagne, l'idée de vallée ; si bien qu'il n'est ni plus ni moins contradictoire de penser un Dieu (c'est-à-dire un être souverainement parfait) dépourvu d'existence (c'est-à-dire dépourvu de quelque perfection) que de penser une montagne dépourvue de vallée.

Mais pourtant, bien que, sans doute, je ne puisse pas penser Dieu sinon existant, de même que je ne peux pas penser non plus une montagne sans vallée, il reste que, de même que ce n'est pas parce que je pense la montagne avec la vallée qu'il s'ensuit qu'il y a dans le monde la moindre montagne, de même ce n'est pas, semble-t-il, parce que je pense Dieu comme existant qu'il s'ensuit que Dieu existe. Ma pensée, en effet, n'impose aucune nécessité aux choses ; et comme il est permis d'imaginer un cheval ailé, encore qu'aucun cheval n'ait d'ailes, ainsi peut-être puis-je attribuer par fiction l'existence à Dieu, quoiqu'il n'existe aucun Dieu. Mais non ! C'est ici que se cache un sophisme. En effet, de ce que je ne peux penser une montagne qu'avec une vallée, il s'ensuit, non pas qu'il existe quelque part une montagne et une vallée, mais seulement que montagne et vallée, qu'elles existent ou qu'elles n'exis-

existant, sive non existant, a se mutuo sejungi non posse. Atqui ex eo quod non possim cogitare Deum nisi existentem, sequitur existentiam a Deo esse inseparabilem, ac proinde illum revera existere ; non quod mea cogitatio hoc efficiat, sive aliquam necessitatem ulli rei imponat, sed contra quia ipsius rei, nempe existentiae Dei, necessitas me determinat ad hoc cogitandum : neque enim mihi liberum est Deum absque existentia (hoc est ens summe perfectum absque summa perfectione) cogitare, ut liberum est equum vel cum alis vel sine alis imaginari. Neque etiam hic dici debet necesse quidem esse ut ponam Deum existentem, postquam posui illum habere omnes perfectiones, quandoquidem existentia una est ex illis, sed priorem positionem necessariam non fuisse ; ut neque necesse est me putare figuras omnes quadrilateras circulo inscribi, sed posito quod hoc putem, necesse erit me fateri rhombum circulo inscribi, quod aperte tamen est falsum. Nam, quamvis non necesse sit ut

qu'il n'y en ait point, ne se peuvent en aucune façon séparer l'une d'avec l'autre ; au lieu que, de cela seul que je ne puis concevoir Dieu sans existence, il s'ensuit que l'existence est inséparable de lui, et partant qu'il existe véritablement : non pas que ma pensée puisse faire que cela soit de la sorte, et qu'elle impose aux choses aucune nécessité ; mais, au contraire, parce que la nécessité de la chose même, à savoir de l'existence de Dieu, détermine ma pensée à le concevoir de cette façon. Car il n'est pas en ma liberté de concevoir un Dieu sans existence (c'est-à-dire un être souverainement parfait sans une souveraine perfection), comme il m'est libre d'imaginer un cheval sans ailes ou avec des ailes.

Et on ne doit pas dire ici qu'il est à la vérité nécessaire que j'avoue que Dieu existe, après que j'ai supposé qu'il possède toutes sortes de perfections, puisque l'existence en est une, mais qu'en effet ma première supposition n'était pas nécessaire ; de même qu'il n'est point nécessaire de penser que toutes les figures de quatre côtés se peuvent inscrire dans le cercle, mais que, supposant que j'aie cette pensée, je suis contraint d'avouer que le rhombe se peut inscrire dans le cercle, puisque c'est une figure de quatre côtés ; et ainsi je serai contraint d'avouer une chose fausse. On ne doit point, dis-je, alléguer cela : car encore qu'il ne soit pas nécessaire que je tombe

tent pas, ne peuvent être disjointes l'une de l'autre. Par contre, de ce que je ne peux penser Dieu sinon existant, il s'ensuit que l'existence est inséparable de Dieu, et par conséquent que celui-ci existe effectivement ; non que ce soit ma pensée qui le fasse, c'est-à-dire qu'elle impose à aucune chose aucune nécessité, mais au contraire parce que la nécessité de la chose même, à savoir de l'existence de Dieu, me détermine à le penser. Je n'ai pas en effet la liberté de penser Dieu sans existence (c'est-à-dire un être souverainement parfait sans une souveraine perfection) comme on a la liberté d'imaginer un cheval avec ailes ou sans ailes.

On ne doit pas non plus dire ici qu'il est sans doute nécessaire que je pose Dieu existant après avoir posé qu'il a toutes les perfections, puisque l'existence est l'une d'entre elles, mais qu'il n'a pas été nécessaire de poser ce premier point ; de même qu'il ne m'est pas non plus nécessaire d'admettre que toutes les figures de quatre côtés s'inscrivent dans un cercle, mais que, une fois posé que je l'admets, il me sera nécessaire d'avouer qu'un losange s'inscrit dans un cercle, ce qui pourtant est manifestement faux. En effet, bien qu'il ne soit pas néces-

incidam unquam in ullam de Deo cogitationem, quoties tamen de ente primo et summo libet cogitare, atque ejus ideam tanquam ex mentis meae thesauro depromere, necesse est ut illi omnes perfectiones attribuam, etsi nec omnes tunc enumerem, nec ad singulas attendam ; quae necessitas plane sufficit ut postea, cum animadverto existentiam esse perfectionem, recte concludam ens primum et summum existere ; quemadmodum non est necesse me ullum triangulum unquam imaginari, sed quoties volo figuram rectilineam tres tantum angulos habentem considerare, necesse est ut illi ea
68 tribuam ex quibus recte infertur ejus tres angulos non majores esse duobus rectis, etiamsi hoc ipsum tunc non advertam. Cum vero examino quaenam figurae circulo inscribantur, nullo modo necesse est ut putem omnes quadrilateras ex eo numero esse ; imo etiam idipsum nequidem fingere possum, quamdiu nihil volo admittere nisi quod clare et distincte intelligo. Ac proinde magna differentia

---

jamais dans aucune pensée de Dieu, néanmoins, toutes les fois qu'il m'arrive de penser à un être premier et souverain, et de tirer, pour ainsi dire, son idée du trésor de mon esprit, il est nécessaire que je lui attribue toutes sortes de perfections, quoique je ne vienne pas à les nombrer toutes, et à appliquer mon attention sur chacune d'elles en particulier. Et cette nécessité est suffisante pour me faire conclure (après que j'ai reconnu que l'existence est une perfection), que cet être premier et souverain existe véritablement ; de même qu'il n'est
54 pas nécessaire que j'imagine jamais aucun triangle, mais toutes les fois que je veux considérer une figure rectiligne composée seulement de trois angles, il est absolument nécessaire que je lui attribue toutes les choses qui servent à conclure que ses trois angles ne sont pas plus grands que deux droits, encore que peut-être je ne considère pas alors cela en particulier. Mais quand j'examine quelles figures sont capables d'être inscrites dans le cercle, il n'est en aucune façon nécessaire que je pense que toutes les figures de quatre côtés sont de ce nombre ; au contraire, je ne puis pas même feindre que cela soit, tant que je ne voudrai rien recevoir en ma pensée, que ce que je pourrai concevoir clairement et distinctement. Et par conséquent

saire que je tombe jamais dans aucune pensée de Dieu, pourtant, chaque fois qu'il me plaît de penser à un être premier et souverain et de tirer son idée pour ainsi dire du trésor de mon esprit, il est nécessaire que je lui attribue toutes les perfections, même si, à ce moment-là, je ne les énumère pas toutes et si je ne prête pas attention à chacune d'elles ; et cette nécessité suffit pleinement pour qu'ensuite, quand je remarque que l'existence est une perfection, je conclue à juste titre que l'être premier et souverain existe ; de même qu'il n'est pas nécessaire que j'imagine jamais aucun triangle, mais, chaque fois que je veux considérer une figure rectiligne ayant seulement trois angles, il est nécessaire que je lui attribue ce dont on infère à juste titre que ses trois angles ne sont ni plus ni moins grands que deux droits, même si, à ce moment-là, je ne m'en avise pas précisément. Mais quand j'examine quelles figures s'inscrivent dans un cercle, il n'est en aucune façon nécessaire que j'admette que tous les quadrilatères sont de ce nombre ; au contraire, je ne peux même pas le feindre tant que je ne veux rien accepter dont je n'aie une intellection claire et distincte. Et par conséquent il y a une grande

est inter ejusmodi falsas positiones, et ideas veras mihi ingenitas, quarum prima et praecipua est idea Dei. Nam sane multis modis intelligo illam non esse quid fictitium a cogitatione mea dependens, sed imaginem verae et immutabilis naturae ; ut, primo, quia nulla alia res potest a me excogitari ad cujus essentiam existentia pertineat praeter solum Deum ; deinde, quia non possum duos aut plures ejusmodi Deos intelligere, et quia, posito quod jam unus existat, plane videam esse necessarium ut et ante ab aeterno extiterit, et in aeternum sit mansurus ; ac denique, quod multa alia in Deo percipiam, quorum nihil a me detrahi potest nec mutari.

Sed vero, quacumque tandem utar probandi ratione, semper eo res redit, ut ea me sola plane persuadeant quae clare et distincte percipio. Et quidem ex iis quae ita percipio, etsi nonnulla unicuique

---

il y a une grande différence entre les fausses suppositions, comme est celle-ci, et les véritables idées qui sont nées avec moi, dont la première et principale est celle de Dieu.

Car en effet je reconnais en plusieurs façons que cette idée n'est point quelque chose de feint ou d'inventé, dépendant seulement de ma pensée, mais que c'est l'image d'une vraie et immuable nature. Premièrement, à cause que je ne saurais concevoir autre chose que Dieu seul, à l'essence de laquelle l'existence appartienne avec nécessité. Puis aussi, pour ce qu'il ne m'est pas possible de concevoir deux ou plusieurs Dieux de même façon. Et, posé qu'il y en ait un maintenant qui existe, je vois clairement qu'il est nécessaire qu'il ait été auparavant de toute éternité, et qu'il soit éternellement à l'avenir. Et enfin, parce que je connais une infinité d'autres choses en Dieu, desquelles je ne puis rien diminuer ni changer.

Au reste, de quelque preuve et argument que je me serve, il en faut toujours revenir là, qu'il n'y a que les choses que je conçois clairement et distinctement, qui aient la force de me persuader entièrement. Et quoiqu'entre les choses que je conçois de cette sorte, il y en ait à la vérité quelques-unes manifestement connues d'un

différence entre les fausses suppositions de ce genre et les idées vraies qui sont innées en moi, dont la première et la principale est l'idée de Dieu ; car j'ai bien des raisons de reconnaître que cette idée n'est pas quelque chose de fictif qui dépend de ma pensée, mais l'image d'une nature vraie et immuable. Par exemple, d'abord parce que je ne peux tirer de ma pensée aucune autre chose à l'essence de laquelle appartient l'existence, hormis Dieu seul ; ensuite parce que je ne peux avoir l'intellection de deux ou plusieurs Dieux de ce genre, et parce que, une fois posé qu'il en existe maintenant un, je vois manifestement qu'il est nécessaire qu'il ait existé aussi auparavant de toute éternité et qu'il doive subsister pour l'éternité ; et enfin parce que j'aperçois en Dieu beaucoup d'autres choses dont je ne peux soustraire ni changer aucune.

Au demeurant, quelle que soit finalement la raison qui me sert de preuve, on en revient toujours là : c'est seulement ce que je perçois clairement et distinctement qui me persuade pleinement. Sans doute, parmi les perceptions de cette sorte, même si quelques-unes vont de soi pour tout un chacun, d'autres

obvia sint, alia vero nonnisi ab iis qui propius inspiciunt et diligenter investigant deteguntur; postquam tamen detecta sunt, haec non minus certa quam illa existimantur. Ut quamvis non tam facile
69 appareat in triangulo rectangulo quadratum basis aequale esse quadratis laterum, quam istam basim maximo ejus angulo subtendi, non tamen minus creditur postquam semel est perspectum. Quod autem ad Deum attinet, certe nisi praejudiciis obruerer, et rerum sensibilium imagines cogitationem meam omni ex parte obsiderent, nihil illo prius aut facilius agnoscerem; nam quid ex se est apertius, quam summum ens esse, sive Deum, ad cujus solius essentiam existentia pertinet, existere? Atque, quamvis mihi attenta consideratione opus fuerit ad hoc ipsum percipiendum, nunc tamen non modo de eo aeque certus sum ac de omni alio quod certissimum videtur, sed praeterea etiam animadverto caeterarum rerum certi-

---

chacun, et qu'il y en ait d'autres aussi qui ne se découvrent qu'à ceux qui les considèrent de plus près et qui les examinent plus exactement, toutefois, après qu'elles sont une fois découvertes, elles ne sont pas estimées moins certaines les unes que les autres. Comme, par exemple, en tout triangle rectangle, encore qu'il ne paraisse pas d'abord si facilement que le carré de la base est égal aux carrés des deux autres côtés, comme il est évident que cette base est opposée au plus grand angle, néanmoins, depuis que cela a été une fois reconnu, on est autant persuadé de la vérité de l'un que de l'autre. Et pour ce qui est de Dieu, certes, si mon esprit n'était prévenu d'aucuns préjugés, et que ma pensée ne se trouvât point divertie par
55 la présence continuelle des images des choses sensibles, il n'y aurait aucune chose que je connusse plus tôt ni plus facilement que lui. Car y a-t-il rien de soi plus clair et plus manifeste, que de penser qu'il y a un Dieu, c'est-à-dire un être souverain et parfait, en l'idée duquel seul l'existence nécessaire ou éternelle est comprise, et par conséquent qui existe?

Et quoique, pour bien concevoir cette vérité, j'aie eu besoin d'une grande application d'esprit, toutefois à présent je ne m'en tiens pas seulement aussi assuré que de tout ce qui me semble le plus certain: mais, outre cela, je remarque que la certitude de toutes les autres choses en dépend si absolument, que sans cette connaissance il est impossible de pouvoir jamais rien savoir parfaitement.

au contraire ne se découvrent qu'à ceux qui regardent de plus près et recherchent scrupuleusement ; celles-ci, pourtant, une fois découvertes, ne sont pas estimées moins certaines que les premières. Ainsi, bien que dans un triangle rectangle l'égalité du carré de la base aux carrés des côtés n'apparaisse pas aussi facilement que le fait que cette base est opposée au plus grand angle, on n'y accorde pourtant pas moins de créance, une fois que cela a été tiré au clair. Quant à ce qui touche Dieu, ce qui est sûr, c'est que si je n'étais submergé par les préjugés et si les images des choses sensibles n'assiégeaient de toutes parts ma pensée, il n'y a rien que je connaîtrais avant lui ni plus facilement que lui. Qu'y a-t-il en effet de plus manifeste par soi-même que ceci : le souverain être est, autrement dit Dieu, à l'essence duquel seul appartient l'existence, existe ?

Ce n'est pas tout : bien que j'aie eu besoin, pour percevoir cette vérité, de la considérer attentivement, pourtant, à présent, non seulement j'en suis certain autant que de tout ce qui semble le plus certain, mais en outre je remarque aussi que la certitude de toutes les autres choses en dépend, si bien que sans

tudinem ab hoc ipso ita pendere, ut absque eo nihil unquam perfecte sciri possit.

Etsi enim ejus sim naturae ut, quamdiu aliquid valde clare et distincte percipio, non possim non credere verum esse, quia tamen ejus etiam sum naturae ut non possim obtutum mentis in eandem rem semper defigere ad illam clare percipiendam, recurratque saepe memoria judicii ante facti, cum non amplius attendo ad rationes propter quas tale quid judicavi, rationes aliae afferri possunt quae me, si Deum ignorarem, facile ab opinione dejicerent, atque ita de nulla unquam re veram et certam scientiam, sed vagas tantum et mutabiles opiniones, haberem. Sic, exempli causa, cum naturam trianguli considero, evidentissime quidem mihi, utpote Geometriae principiis imbuto, apparet ejus tres angulos aequales esse duobus
70 rectis, nec possum non credere id verum esse quamdiu ad ejus demonstrationem attendo ; sed statim atque mentis aciem ab illa

Car encore que je sois d'une telle nature, que, dès aussitôt que je comprends quelque chose fort clairement et fort distinctement, je suis naturellement porté à la croire vraie, néanmoins, parce que je suis aussi d'une telle nature, que je ne puis pas avoir l'esprit toujours attaché à une même chose, et que souvent je me ressouviens d'avoir jugé une chose être vraie, lorsque je cesse de considérer les raisons qui m'ont obligé à la juger telle, il peut arriver pendant ce temps-là que d'autres raisons se présentent à moi, lesquelles me feraient aisément changer d'opinion, si j'ignorais qu'il y eût un Dieu. Et ainsi je n'aurais jamais une vraie et certaine science d'aucune chose que ce soit, mais seulement de vagues et inconstantes opinions.

Comme, par exemple, lorsque je considère la nature du triangle, je connais évidemment, moi qui suis un peu versé dans la géométrie, que ses trois angles sont égaux à deux droits, et il ne m'est pas possible de ne le point croire, pendant que j'applique ma pensée à sa démonstration ; mais aussitôt que je l'en détourne, encore que je

elle on ne peut jamais rien savoir parfaitement.

En effet, encore que je sois d'une nature telle que, aussi longtemps que je perçois quelque chose fort clairement et distinctement, je ne peux pas ne pas croire que c'est vrai, toutefois, parce que je suis aussi d'une nature telle que je ne peux pas continuellement fixer le regard de l'esprit sur une même chose pour la percevoir clairement, et que souvent c'est le souvenir d'un jugement antérieurement formé qui revient, il se peut que, lorsque je ne prête plus attention aux raisons pour lesquelles j'ai porté un tel jugement, d'autres raisons soient avancées qui, si j'étais dans l'ignorance de Dieu, me feraient aisément quitter mon opinion ; et ainsi je n'aurais jamais sur aucune chose une vraie et certaine science, mais seulement des opinions instables et muables. Par exemple, quand je considère la nature du triangle, il m'apparaît sans doute avec la plus grande évidence, pénétré comme je suis des principes de la géométrie, que ses trois angles sont égaux à deux droits, et je ne peux pas ne pas croire que cette proposition est vraie aussi longtemps que je prête attention à sa démonstration ; mais dès que j'en ai détourné

deflexi, quantumvis adhuc recorder me illam clarissime perspexisse, facile tamen potest accidere ut dubitem an sit vera, si quidem Deum ignorem. Possum enim mihi persuadere me talem a natura factum esse, ut interdum in iis fallar quae me puto quam evidentissime percipere, cum praesertim meminerim me saepe multa pro veris et certis habuisse, quae postmodum, aliis rationibus adductus, falsa esse judicavi.

Postquam vero percepi Deum esse, quia simul etiam intellexi caetera omnia ab eo pendere, illumque non esse fallacem, atque inde collegi illa omnia quae clare et distincte percipio necessario esse vera, etiamsi non attendam amplius ad rationes propter quas istud verum esse judicavi, modo tantum recorder me clare et distincte perspexisse, nulla ratio contraria afferri potest quae me ad dubitandum impellat, sed veram et certam de hoc habeo scientiam ; neque de hoc tantum, sed et de reliquis omnibus quae memini me aliquando demonstrasse, ut de Geometricis et similibus. Quid enim

me ressouvienne de l'avoir clairement comprise, toutefois il se peut faire aisément que je doute de sa vérité, si j'ignore qu'il y ait un Dieu. Car je puis me persuader d'avoir été fait tel par la nature, que je me puisse aisément tromper, même dans les choses que je crois comprendre avec le plus d'évidence et de certitude ; vu principalement que je me ressouviens d'avoir souvent estimé beaucoup de choses pour vraies et certaines, lesquelles par après d'autres raisons m'ont porté à juger absolument fausses.

Mais après que j'ai reconnu qu'il y a un Dieu, pour ce qu'en même temps j'ai reconnu aussi que toutes choses dépendent de lui, et qu'il n'est point trompeur, et qu'en suite de cela j'ai jugé que tout ce que je conçois clairement et distinctement ne peut manquer d'être 56 vrai ; encore que je ne pense plus aux raisons pour lesquelles j'ai jugé cela être véritable, pourvu que je me ressouvienne de l'avoir clairement et distinctement compris, on ne me peut apporter aucune raison contraire, qui me le fasse jamais révoquer en doute ; et ainsi j'en ai une vraie et certaine science. Et cette même science s'étend aussi à toutes les autres choses que je me ressouviens d'avoir autrefois démontrées, comme aux vérités de la géométrie, et autres

le regard de l'esprit, même si je me rappelle encore l'avoir très clairement élucidée, il peut toutefois facilement arriver que je doute de sa vérité, si du moins je suis dans l'ignorance de Dieu. Je peux en effet me persuader d'avoir été fait par la nature tel que je me trompe quelquefois dans ce que je crois percevoir avec la plus grande évidence possible, étant donné notamment que je me souviens avoir souvent tenu pour vraies et certaines bien des choses que peu après d'autres raisons m'ont conduit à juger fausses.

Mais une fois que j'ai perçu qu'il y a un Dieu, parce que j'ai en même temps reconnu aussi que tout le reste dépend de lui et qu'il n'est pas trompeur, et que j'en ai tiré la conclusion que mes perceptions claires et distinctes sont toutes nécessairement vraies : alors, même si je ne prête plus attention aux raisons pour lesquelles j'ai jugé vrai tout cela, pourvu seulement que je me rappelle l'avoir clairement et distinctement élucidé, on ne peut avancer aucune raison contraire qui me pousse à en douter, j'ai de cela une vraie et certaine science, et non seulement de cela, mais aussi de toutes les autres choses que je me souviens avoir un jour démontrées, comme en géométrie par exemple. Mainte-

nunc mihi opponetur ? Mene talem factum esse ut saepe fallar ? At jam scio me in iis quae perspicue intelligo falli non posse. Mene multa alias pro veris et certis habuisse quae postea falsa esse deprehendi ? Atqui nulla ex iis clare et distincte perceperam, sed hujus regulae veritatis ignarus ob alias causas forte credideram, quas postea minus firmas esse detexi. Quid ergo dicetur ? Anne (ut nuper mihi objiciebam) me forte somniare, sive illa omnia, quae jam cogito, non magis vera esse quam ea quae dormienti occurrunt ?

71 Imo etiam hoc nihil mutat ; nam certe, quamvis somniarem, si quid intellectui meo sit evidens, illud omnino est verum.

Atque ita plane video omnis scientiae certitudinem et veritatem ab una veri Dei cognitione pendere, adeo ut, priusquam illum nossem, nihil de ulla alia re perfecte scire potuerim. Jam vero

semblables : car qu'est-ce que l'on me peut objecter, pour m'obliger à les révoquer en doute ? Me dira-t-on que ma nature est telle que je suis fort sujet à me méprendre ? Mais je sais déjà que je ne puis me tromper dans les jugements dont je connais clairement les raisons. Me dira-t-on que j'ai tenu autrefois beaucoup de choses pour vraies et certaines, lesquelles j'ai reconnues par après être fausses ? Mais je n'avais connu clairement ni distinctement aucune de ces choses-là, et, ne sachant point encore cette règle par laquelle je m'assure de la vérité, j'avais été porté à les croire par des raisons que j'ai reconnues depuis être moins fortes que je ne me les étais pour lors imaginées. Que me pourra-t-on donc objecter davantage ? Que peut-être je dors (comme je me l'étais moi-même objecté ci-devant), ou bien que toutes les pensées que j'ai maintenant ne sont pas plus vraies que les rêveries que nous imaginons étant endormis ? Mais quand bien même je dormirais, tout ce qui se présente à mon esprit avec évidence, est absolument véritable. Et ainsi je reconnais très clairement que la certitude et la vérité de toute science dépend de la seule connaissance du vrai Dieu : en sorte qu'avant que je le connusse, je ne pouvais savoir parfaitement aucune autre chose. Et

nant, en effet, que m'opposera-t-on ? Que j'ai été fait tel que je me trompe souvent ? Mais désormais je sais que je ne peux me tromper dans ce dont j'ai une intellection transparente. Que j'ai d'autres fois tenu pour vraies et certaines bien des choses dont je me suis rendu compte ensuite qu'elles étaient fausses ? Je réponds que je n'avais eu d'aucune de ces choses une perception claire et distincte, mais, ignorant cette règle de la vérité, j'avais peut-être cru pour d'autres raisons, dont j'ai découvert ensuite qu'elles n'avaient pas tant de fermeté. Que dira-t-on alors ? Que peut-être je rêve (comme je me l'objectais naguère), c'est-à-dire que tout ce que je pense maintenant n'est pas plus vrai que ce qui se présente quand on dort ? Loin d'être une objection, cela ne change rien ; car en tout cas, quand bien même je rêverais, tout ce qui s'offre à mon entendement avec évidence est entièrement vrai.

Ainsi je vois manifestement que la certitude et la vérité de toute science dépendent de la seule connaissance du vrai Dieu, à tel point que, avant de le connaître, je n'ai rien pu savoir parfaitement d'aucune autre chose. Mais maintenant je peux avoir d'innom-

innumera, tum de ipso Deo, aliisque rebus intellectualibus, tum etiam de omni illa natura corporea, quae est purae Matheseos objectum, mihi plane nota et certa esse possunt[1].

1. 1re édition : *possint*.

à présent que je le connais, j'ai le moyen d'acquérir une science parfaite touchant une infinité de choses, non seulement de celles qui sont en lui, mais aussi de celles qui appartiennent à la nature corporelle, en tant qu'elle peut servir d'objet aux démonstrations des géomètres, lesquels n'ont point d'égard à son existence.

brables connaissances tout à fait certaines, non seulement sur Dieu lui-même et d'autres choses intellectuelles, mais aussi sur toute cette nature corporelle qui est l'objet de la mathématique pure.

Meditatio Sexta

De rerum materialium existentia, et reali mentis a corpore distinctione.

Reliquum est ut examinem an res materiales existant. Et quidem jam ad minimum scio illas, quatenus sunt purae Matheseos objectum, posse existere, quandoquidem ipsas clare et distincte percipio. Non enim dubium est quin Deus sit capax ea omnia efficiendi quae ego sic percipiendi sum capax ; nihilque unquam ab illo fieri non posse judicavi, nisi propter hoc quod illud a me distincte percipi repugnaret. Praeterea ex imaginandi facultate, qua me uti experior dum circa res istas materiales versor, sequi videtur illas existere ; nam attentius consideranti quidnam sit imaginatio, nihil aliud esse apparet quam quaedam applicatio facultatis cognoscitivae ad corpus ipsi intime praesens, ac proinde existens.

Quod ut planum fiat, primo examino differentiam quae est inter

72 (margin)

Méditation Sixième

De l'existence des choses matérielles, et de la réelle distinction entre l'âme et le corps de l'homme.

Il ne me reste plus maintenant qu'à examiner s'il y a des choses matérielles, et certes au moins sais-je déjà qu'il y en peut avoir, en tant qu'on les considère comme l'objet des démonstrations de géométrie, vu que de cette façon je les conçois fort clairement et fort distinctement. Car il n'y a point de doute que Dieu n'ait la puissance de produire toutes les choses que je suis capable de concevoir avec distinction ; et je n'ai jamais jugé qu'il lui fût impossible de faire quelque chose, qu'alors que je trouvais de la contradiction à la pouvoir bien concevoir. De plus, la faculté d'imaginer qui est en moi, et de laquelle je vois par expérience que je me sers lorsque je m'applique à la considération des choses matérielles, est capable de me persuader leur existence : car quand je considère attentivement ce que c'est que l'imagination, je trouve qu'elle n'est autre chose qu'une certaine application de la faculté qui connaît, au corps qui lui est intimement présent, et partant qui existe.

Et pour rendre cela très manifeste, je remarque premièrement la

Sixième Méditation
*De l'existence des choses matérielles,
et de la distinction réelle entre l'esprit
et le corps.*

Il me reste à examiner si des choses matérielles existent. En vérité, je sais déjà au moins qu'elles peuvent exister, en tant qu'elles sont l'objet de la mathématique pure, puisque je les perçois clairement et distinctement. Il n'est pas douteux en effet que Dieu est capable de produire tout ce que je suis capable, moi, de percevoir de la sorte ; et je n'ai jamais jugé impossible qu'il fît quelque chose sinon parce que je trouvais de la contradiction à le percevoir distinctement.

De plus, la faculté d'imaginer, dont j'expérimente l'usage quand je m'occupe de ces choses matérielles, semble impliquer qu'elles existent ; car si l'on considère bien attentivement ce qu'est l'imagination, elle apparaît comme n'étant rien d'autre qu'une certaine application de la faculté cognitive à un corps qui lui est intimement présent et donc existant.

Pour mettre cela en évidence, j'examine d'abord la différence qu'il y a entre l'imagi-

Sixième Méditation

imaginationem[1] et puram intellectionem. Nempe, exempli causa, cum triangulum imaginor, non tantum intelligo illud esse figuram tribus lineis comprehensam, sed simul etiam istas tres lineas tanquam praesentes acie mentis intueor, atque hoc est quod imaginari appello. Si vero de chiliogono velim cogitare, equidem aeque bene intelligo illud esse figuram constantem mille lateribus, ac intelligo triangulum esse figuram constantem tribus ; sed non eodem modo illa mille latera imaginor, sive tanquam praesentia intueor. Et quamvis tunc, propter consuetudinem aliquid semper imaginandi, quoties de re corporea cogito, figuram forte aliquam confuse mihi repraesentem, patet tamen illam non esse chiliogonum, quia nulla in re est diversa ab ea quam mihi etiam repraesentarem si de myriogono aliave quavis figura plurimorum laterum cogitarem ; nec quicquam juvat ad eas proprietates, quibus chiliogonum ab aliis polygonis differt, agnoscendas. Si vero de pentagono quaestio sit,

1. 1ʳᵉ édition : *illam*, au lieu de *imaginationem*.

différence qui est entre l'imagination et la pure intellection ou conception. Par exemple, lorsque j'imagine un triangle, je ne le conçois pas seulement comme une figure composée et comprise de trois lignes, mais outre cela je considère ces trois lignes comme présentes par la force et l'application intérieure de mon esprit ; et c'est proprement ce que j'appelle imaginer. Que si je veux penser à un chiliogone, je conçois bien à la vérité que c'est une figure composée de mille côtés, aussi facilement que je conçois qu'un triangle est une figure composée de trois côtés seulement ; mais je ne puis imaginer les mille côtés d'un chiliogone, comme je fais les trois d'un triangle, ni, pour ainsi dire, les regarder comme présents avec les yeux de mon esprit. Et quoique, suivant la coutume que j'ai de me servir toujours de mon imagination, lorsque je pense aux choses corporelles, il arrive qu'en concevant un chiliogone je me représente confusément quelque figure, toutefois il est très évident que cette figure n'est point un chiliogone, puisqu'elle ne diffère nullement de celle que je me représenterais, si je pensais à un myriogone, ou à quelque autre figure de beaucoup de côtés ; et
58 qu'elle ne sert en aucune façon à découvrir les propriétés qui font la différence du chiliogone d'avec les autres polygones.

Que s'il est question de considérer un pentagone, il est bien vrai

nation et la pure intellection. C'est un fait que, par exemple, lorsque j'imagine un triangle, je ne me borne pas à connaître intellectuellement que c'est une figure comprise entre trois lignes, mais je vois aussi en même temps, du regard de l'esprit, ces trois lignes comme présentes, et c'est ce que j'appelle imaginer. Si je veux maintenant penser à un chiliogone, je connais intellectuellement, sans doute, que c'est une figure composée de mille côtés, aussi bien que je connais que le triangle est une figure composée de trois côtés ; mais je n'imagine pas ces mille côtés de la même manière que pour le triangle, c'est-à-dire je ne les vois pas comme présents. Et bien que, à cause de l'habitude que j'ai d'imaginer toujours quelque chose quand je pense à une chose corporelle, je me représente peut-être alors confusément quelque figure, il est pourtant évident que cette figure n'est pas un chiliogone, parce qu'elle ne diffère en rien de celle que je me représenterais aussi si je pensais à un myriogone ou à toute autre figure d'un très grand nombre de côtés ; et elle ne sert à rien pour discerner les propriétés qui différencient le chiliogone des autres polygones. S'il est enfin question d'un pentagone, je peux sans doute

possum quidem ejus figuram intelligere sicut figuram chiliogoni, absque ope imaginationis; sed possum etiam imaginari eandem, applicando scilicet aciem mentis ad ejus quinque latera, simulque 73 ad aream iis contentam; et manifeste hic animadverto mihi peculiari quadam animi contentione opus esse ad imaginandum, qua non utor ad intelligendum; quae nova animi contentio differentiam inter imaginationem et intellectionem puram clare ostendit. Ad haec considero istam vim imaginandi quae in me est, prout differt a vi intelligendi, ad mei ipsius, hoc est ad mentis meae essentiam non requiri; nam quamvis illa a me abesset, procul dubio manerem nihilominus ille idem qui nunc sum; unde sequi videtur illam ab aliqua re a me diversa pendere. Atque facile intelligo, si corpus aliquod existat cui mens sit ita conjuncta ut ad illud veluti inspiciendum pro arbitrio se applicet, fieri posse ut per hoc ipsum res corporeas imaginer; adeo ut hic modus cogitandi in eo tantum

_____

que je puis concevoir sa figure, aussi bien que celle d'un chiliogone, sans le secours de l'imagination; mais je la puis aussi imaginer en appliquant l'attention de mon esprit à chacun de ses cinq côtés, et tout ensemble à l'aire, ou à l'espace qu'ils renferment. Ainsi je connais clairement que j'ai besoin d'une particulière contention d'esprit pour imaginer, de laquelle je ne me sers point pour concevoir; et cette particulière contention d'esprit montre évidemment la différence qui est entre l'imagination et l'intellection ou conception pure.

Je remarque outre cela que cette vertu d'imaginer qui est en moi, en tant qu'elle diffère de la puissance de concevoir, n'est en aucune sorte nécessaire à ma nature ou à mon essence, c'est-à-dire à l'essence de mon esprit; car, encore que je ne l'eusse point, il est sans doute que je demeurerais toujours le même que je suis maintenant : d'où il semble que l'on puisse conclure qu'elle dépend de quelque chose qui diffère de mon esprit. Et je conçois facilement que, si quelque corps existe, auquel mon esprit soit conjoint et uni de telle sorte qu'il se puisse appliquer à le considérer quand il lui plaît, il se peut faire que par ce moyen il imagine les choses corporelles : en sorte que cette façon de penser diffère seulement de

connaître intellectuellement sa figure, de même que la figure d'un chiliogone, sans l'aide de l'imagination, mais je peux aussi l'imaginer, c'est-à-dire appliquer le regard de l'esprit à ses cinq côtés et en même temps à l'aire qu'ils enferment ; et manifestement, ici, je remarque que j'ai besoin pour imaginer d'une sorte de tension particulière de l'esprit, dont je ne fais pas usage pour connaître intellectuellement ; et cette tension supplémentaire de l'esprit montre clairement la différence entre l'imagination et la pure intellection.

J'ajoute à cela que cette puissance d'imaginer qui est en moi, dans la mesure où elle diffère de la puissance intellectuelle de connaître, n'est pas requise pour ma propre essence, c'est-à-dire l'essence de mon esprit ; car même si je ne l'avais pas, je n'en resterais pas moins sans aucun doute le même que je suis maintenant ; ce qui semble impliquer qu'elle dépend de quelque chose différente de moi. Et je reconnais sans peine que, si quelque corps existe auquel l'esprit est conjoint de telle sorte qu'il s'applique pour ainsi dire à l'inspecter à son gré, il est possible que ce soit là précisément le moyen par lequel j'imagine des choses corporelles ; si bien que ce mode

a pura intellectione differat, quod mens, dum intelligit, se ad seipsam quodammodo convertat, respiciatque aliquam ex ideis quae illi ipsi insunt ; dum autem imaginatur, se convertat ad corpus, et aliquid in eo ideae vel a se intellectae vel sensu perceptae conforme intueatur. Facile, inquam, intelligo imaginationem ita perfici posse, siquidem corpus existat ; et quia nullus alius modus aeque conveniens occurrit ad illam explicandam, probabiliter inde conjicio corpus existere ; sed probabiliter tantum, et quamvis accurate omnia investigem, nondum tamen video ex ea naturae corporeae idea distincta, quam in imaginatione mea invenio, ullum sumi posse argumentum, quod necessario concludat aliquod corpus existere.

74   Soleo vero alia multa imaginari praeter illam naturam corpoream, quae est purae Matheseos objectum, ut colores, sonos, sapores, dolorem, et similia, sed nulla tam distincte ; et quia haec percipio melius sensu, a quo videntur ope memoriae ad imaginationem

la pure intellection, en ce que l'esprit en concevant se tourne en quelque façon vers soi-même, et considère quelqu'une des idées qu'il a en soi ; mais en imaginant il se tourne vers le corps, et y considère quelque chose de conforme à l'idée qu'il a formée de soi-même ou qu'il a reçue par les sens. Je conçois, dis-je, aisément que l'imagination se peut faire de cette sorte, s'il est vrai qu'il y ait des corps ; et parce que je ne puis rencontrer aucune autre voie pour expliquer comment elle se fait, je conjecture de là probablement qu'il y en a ; mais ce n'est que probablement, et quoique j'examine soigneusement toutes choses, je ne trouve pas néanmoins que de cette idée distincte de la nature corporelle, que j'ai en mon imagination, je puisse tirer aucun argument qui conclue avec nécessité l'existence de quelque corps.

Or j'ai accoutumé d'imaginer beaucoup d'autres choses, outre cette nature corporelle qui est l'objet de la géométrie, à savoir les couleurs, les sons, les saveurs, la douleur, et autres choses semblables, quoique moins distinctement. Et d'autant que j'aperçois beaucoup mieux ces choses-là par les sens, par l'entremise desquels,

du penser diffère seulement de la pure intellection en ce que l'esprit, en connaissant intellectuellement, se tourne d'une certaine façon vers soi-même et considère quelqu'une des idées qu'il a en soi, tandis qu'en imaginant il se tourne vers le corps et voit en celui-ci quelque chose de conforme à une idée, objet de son intellection ou de perception sensible. Je reconnais sans peine, dis-je, que l'imagination peut s'accomplir de cette manière, s'il est vrai qu'il existe un corps ; et parce qu'aucune autre façon de l'expliquer aussi appropriée ne me vient à l'esprit, je conjecture de là, selon toute probabilité, que le corps existe ; mais ce n'est qu'une probabilité et, malgré une investigation complète et soigneuse, je ne vois pourtant pas encore que l'on puisse, de cette idée distincte de la nature corporelle que je trouve en mon imagination, tirer aucun argument qui conclue avec nécessité qu'il existe quelque corps.

Or j'imagine d'ordinaire beaucoup d'autres choses en plus de cette nature corporelle qui est l'objet de la mathématique pure, comme les couleurs, les sons, les saveurs, la douleur et choses semblables, mais aucune aussi distinctement ; et parce que je les perçois mieux par le sens, d'où elles semblent par-

pervenisse, ut commodius de ipsis agam, eadem opera etiam de sensu est agendum, videndumque an ex iis quae isto cogitandi modo, quem sensum appello, percipiuntur, certum aliquod argumentum pro[1] rerum corporearum existentia habere possim. Et primo quidem apud me hic repetam quaenam illa sint quae antehac ut sensu percepta vera esse putavi, et quas ob causas id putavi ; deinde etiam causas expendam propter quas eadem postea in dubium revocavi ; ac denique considerabo quid mihi nunc de iisdem sit credendum. Primo itaque sensi me habere caput, manus, pedes, et membra caetera ex quibus constat illud corpus quod tanquam mei partem, vel forte etiam tanquam me totum spectabam ; sensique hoc corpus inter alia multa corpora versari, a quibus variis commodis vel incommodis affici potest, et commoda ista sensu quodam voluptatis, et incommoda sensu doloris metiebar. Atque praeter dolorem et voluptatem sentiebam etiam in me famem, sitim,

---

1. 1ʳᵉ édition : *de* au lieu de *pro*.

---

et de la mémoire, elles semblent être parvenues jusqu'à mon imagination, je crois que, pour les examiner plus commodément, il est à propos que j'examine en même temps ce que c'est que sentir, et que je voie si des idées que je reçois en mon esprit par cette façon de penser, que j'appelle sentir, je puis tirer quelque preuve certaine de l'existence des choses corporelles.

Et premièrement je rappellerai dans ma mémoire quelles sont les choses que j'ai ci-devant tenues pour vraies, comme les ayant reçues par les sens, et sur quels fondements ma créance était appuyée. En après, j'examinerai les raisons qui m'ont obligé depuis à les révoquer en doute. Et enfin je considérerai ce que j'en dois maintenant croire.

Premièrement donc j'ai senti que j'avais une tête, des mains, des pieds, et tous les autres membres dont est composé ce corps que je considérais comme une partie de moi-même, ou peut-être aussi comme le tout. De plus j'ai senti que ce corps était placé entre beaucoup d'autres, desquels il était capable de recevoir diverses commodités et incommodités, et je remarquais ces commodités par un certain sentiment de plaisir ou volupté, et les incommodités par un sentiment de douleur. Et outre ce plaisir et cette douleur, je ressentais aussi en moi la faim, la soif, et d'autres semblables

venir à l'imagination par l'intermédiaire de la mémoire, il faut, pour en traiter plus commodément, traiter aussi par la même occasion du sens, et voir si, de ce qui est perçu par ce mode du penser que j'appelle sentiment ou sensation, je puis tirer quelque argument certain en faveur de l'existence des choses corporelles.

Et d'abord, bien sûr, je me remémorerai ici quelles sont ces choses que j'ai cru être vraies, auparavant, pour les avoir perçues par le sens, et pour quelles raisons je l'ai cru ; ensuite j'exposerai aussi les raisons pour lesquelles je les ai depuis révoquées en doute ; et enfin je considérerai ce que je dois maintenant en croire.

D'abord, donc, j'ai senti que j'avais une tête, des mains, des pieds et tout le reste de ce qui compose ce corps que je regardais comme une partie de moi, ou peut être même comme moi tout entier ; j'ai senti que ce corps se trouvait en relation avec beaucoup d'autres corps, dont il pouvait être affecté diversement en bien ou en mal, et je mesurais ces biens par un certain sentiment de plaisir, et les maux par un sentiment de douleur. Outre la douleur et le plaisir, je sentais aussi en moi la faim, la soif et

aliosque ejusmodi appetitus ; itemque corporeas quasdam propensiones ad hilaritatem, ad tristitiam, ad iram, similesque alios affectus ; foris vero, praeter corporum extensionem, et figuras, et
75 motus, sentiebam etiam in illis duritiem, et calorem, aliasque tactiles qualitates ; ac praeterea lumen, et colores, et odores, et sapores, et sonos, ex quorum varietate coelum, terram, maria, et reliqua corpora ab invicem distinguebam. Nec sane absque ratione, ob ideas istarum omnium qualitatum quae cogitationi meae se offerebant, et quas solas proprie et immediate sentiebam, putabam me sentire res quasdam a mea cogitatione plane diversas, nempe corpora a quibus ideae istae procederent ; experiebar enim illas absque ullo meo consensu mihi advenire, adeo ut neque possem objectum ullum sentire, quamvis vellem, nisi illud sensus organo esset praesens, nec possem non sentire cum erat praesens ; cumque ideae sensu perceptae essent multo magis vividae et expressae, et suo etiam modo magis distinctae, quam ullae ex iis quas ipse prudens et sciens

appétits, comme aussi de certaines inclinations corporelles vers la joie, la tristesse, la colère, et autres semblables passions. Et audehors, outre l'extension, les figures, les mouvements des corps, je remarquais en eux de la dureté, de la chaleur, et toutes les autres qualités qui tombent sous l'attouchement. De plus j'y remarquais de la lumière, des couleurs, des odeurs, des saveurs et des sons, dont la variété me donnait moyen de distinguer le ciel, la terre, la mer, et généralement tous les autres corps les uns d'avec les autres.

Et certes, considérant les idées de toutes ces qualités qui se présentaient à ma pensée, et lesquelles seules je sentais proprement et immédiatement, ce n'était pas sans raison que je croyais sentir des choses entièrement différentes de ma pensée, à savoir des corps d'où procédaient ces idées. Car j'expérimentais qu'elles se présentaient à elle, sans que mon consentement y fût requis, en sorte que je ne pouvais sentir aucun objet, quelque volonté que j'en eusse, s'il ne se trouvait présent à l'organe d'un de mes sens ; et il n'était nullement en mon pouvoir de ne le pas sentir, lorsqu'il s'y trouvait présent.

60 Et parce que les idées que je recevais par les sens étaient beaucoup plus vives, plus expresses, et même à leur façon plus distinctes, qu'aucune de celles que je pouvais feindre de moi-même en

d'autres appétits de ce genre, et aussi certaines inclinations corporelles vers la gaieté, la tristesse, la colère et autres semblables affections. A l'extérieur, outre l'étendue, les figures et les mouvements des corps, je sentais aussi en eux la dureté, la chaleur et d'autres qualités tactiles ; et, de plus, la lumière, les couleurs, les odeurs, les saveurs, les sons, dont la variété me faisait distinguer les uns des autres le ciel, la terre, les mers et tous les autres corps.

Ce n'était sûrement pas sans raison, étant donné les idées de toutes ces qualités qui s'offraient à ma pensée et que seules je sentais proprement et immédiatement, que je croyais sentir certaines choses tout à fait différentes de ma pensée, je veux dire des corps, d'où procéderaient ces idées. J'expérimentais en effet qu'elles survenaient en moi sans aucun consentement de ma part, au point que je ne pouvais ni sentir aucun objet, même si je le voulais, s'il n'était présent à un organe du sens, ni ne pas le sentir quand il était présent ; et comme les idées perçues par le sens étaient beaucoup plus vives et expresses, et même à leur façon plus distinctes, qu'aucune de celles que je forgeais moi-même en pleine connaissance

213

meditando effingebam, vel memoriae meae impressas advertebam, fieri non posse videbatur ut a meipso procederent ; ideoque supererat ut ab aliis quibusdam rebus advenirent. Quarum rerum cum nullam aliunde notitiam haberem quam ex istis ipsis ideis, non poterat aliud mihi venire in mentem quam illas iis similes esse. Atque etiam quia recordabar me prius usum fuisse sensibus quam ratione, videbamque ideas quas ipse effingebam non tam expressas esse, quam illae erant quas sensu percipiebam, et plerumque ex earum partibus componi, facile mihi persuadebam nullam plane me habere in intellectu, quam non prius habuissem in sensu. Non etiam sine ratione corpus illud, quod speciali quodam jure meum appellabam, magis ad me pertinere quam alia ulla arbitrabar ; neque enim ab illo poteram unquam sejungi, ut a reliquis ; omnes appetitus et affectus in illo et pro illo sentiebam ; ac denique dolorem et titillationem voluptatis in ejus partibus, non autem in aliis extra

⁷⁶

---

méditant, ou bien que je trouvais imprimées en ma mémoire, il semblait qu'elles ne pouvaient procéder de mon esprit ; de façon qu'il était nécessaire qu'elles fussent causées en moi par quelques autres choses. Desquelles choses n'ayant aucune connaissance, sinon celle que me donnaient ces mêmes idées, il ne me pouvait venir autre chose en l'esprit, sinon que ces choses-là étaient semblables aux idées qu'elles causaient.

Et pour ce que je me ressouvenais aussi que je m'étais plus tôt servi des sens que de la raison, et que je reconnaissais que les idées que je formais de moi-même n'étaient pas si expresses que celles que je recevais par les sens, et même qu'elles étaient le plus souvent composées des parties de celles-ci, je me persuadais aisément que je n'avais aucune idée dans mon esprit, qui n'eût passé auparavant par mes sens.

Ce n'était pas aussi sans quelque raison que je croyais que ce corps (lequel par un certain droit particulier j'appelais mien) m'appartenait plus proprement et plus étroitement que pas un autre. Car en effet je n'en pouvais jamais être séparé comme des autres corps ; je ressentais en lui et pour lui tous mes appétits et toutes mes affections ; et enfin j'étais touché des sentiments de plaisir et de

de cause en méditant, ou que je trouvais imprimées en ma mémoire, il semblait qu'elles ne pouvaient procéder de moi-même ; elles ne pouvaient donc survenir que du fait de certaines autres choses. Comme je ne disposais de rien d'autre, pour connaître ces choses, que de ces idées mêmes, rien d'autre ne pouvait me venir à l'esprit sinon que ces choses-là étaient semblables à ces idées. En outre, parce que je me rappelais m'être servi de mes sens plus tôt que de ma raison, parce que je voyais que les idées forgées par moi n'étaient pas si expresses que celles que je percevais par le sens et se composaient la plupart du temps de parties de celles-ci, je me persuadais facilement que je n'en avais absolument aucune dans l'entendement que je n'eusse d'abord eue dans le sens.

Ce n'était pas non plus sans raison que j'estimais que ce corps, que par une sorte de droit spécial j'appelais mien, m'appartenait plus qu'aucune autre chose. Je ne pouvais en effet jamais en être séparé comme de tous les autres corps ; je sentais en lui et pour lui tous les appétits et toutes les affections ; et enfin c'est dans les parties de ce corps, et non pas en d'autres situées hors de lui, que j'éprouvais la douleur et le chatouillement

illud[1] positis, advertebam. Cur vero ex isto nescio quo doloris sensu quaedam animi tristitia, et ex sensu titillationis laetitia quaedam consequatur, curve illa nescio quae vellicatio ventriculi, quam famem voco, me de cibo sumendo admoneat, gutturis vero ariditas de potu, et ita de caeteris, non aliam sane habebam rationem, nisi quia ita doctus sum a natura ; neque enim ulla plane est affinitas (saltem quam ego intelligam) inter istam vellicationem et cibi sumendi voluntatem, sive inter sensum rei dolorem inferentis, et cogitationem tristitiae ab isto sensu exortae. Sed et reliqua omnia quae de sensuum objectis judicabam, videbar a natura didicisse ; prius enim illa ita se habere mihi persuaseram, quam rationes ullas quibus hoc ipsum probaretur expendissem.

Postea vero multa paulatim experimenta fidem omnem quam sensibus habueram labefactarunt ; nam et interdum turres quae rotundae visae fuerant e longinquo, quadratae apparebant e propinquo, et statuae permagnae, in earum[2] fastigiis stantes, non magnae

---

1. *illum* dans les deux éditions originales : erreur corrigée dans certaines éditions postérieures.
2. *eorum* dans les deux éditions originales : erreur corrigée dans certaines éditions postérieures.

---

douleur en ses parties, et non pas en celles des autres corps qui en sont séparés.

Mais quand j'examinais pourquoi de ce je ne sais quel sentiment de douleur suit la tristesse en l'esprit, et du sentiment de plaisir naît la joie, ou bien pourquoi cette je ne sais quelle émotion de l'estomac, que j'appelle faim, nous fait avoir envie de manger, et la sécheresse du gosier nous fait avoir envie de boire, et ainsi du reste, je n'en pouvais rendre aucune raison, sinon que la nature me l'enseignait de la sorte ; car il n'y a certes aucune affinité ni aucun rapport (au moins que je puisse comprendre) entre cette émotion de l'estomac et le désir de manger, non plus qu'entre le sentiment de la chose qui cause de la douleur, et la pensée de tristesse que fait naître ce sentiment. Et en même façon il me semblait que j'avais appris de la nature toutes les autres choses que je jugeais touchant les objets de mes sens ; pour ce que je remarquais que les jugements que j'avais coutume de faire de ces objets, se formaient en moi avant que j'eusse le loisir de peser et considérer aucunes raisons qui me pussent obliger à les faire.

61 Mais par après plusieurs expériences ont peu à peu ruiné toute la créance que j'avais ajoutée aux sens. Car j'ai observé plusieurs fois que des tours, qui de loin m'avaient semblé rondes, me paraissaient de près être carrées, et que des colosses, élevés sur les plus hauts sommets de ces tours, me paraissaient de petites statues à les

du plaisir. Mais pourquoi de ce je ne sais quel sentiment de douleur suit une certaine tristesse de l'esprit, et du sentiment de plaisir une certaine joie, pourquoi ce je ne sais quel tiraillement de l'estomac que j'appelle faim me pousse à prendre un aliment, et la sécheresse de la gorge une boisson, et ainsi du reste, je n'en voyais vraiment aucune raison sinon que tel est l'enseignement de la nature ; il n'y a en effet absolument aucune affinité (du moins que mon entendement reconnaisse) entre ce tiraillement et la volonté de prendre un aliment, ou entre le sentiment de la chose qui apporte de la douleur et la pensée de tristesse née de ce sentiment. Et tous les autres jugements concernant les objets des sens me semblaient aussi avoir été des enseignements de la nature : je m'étais en effet persuadé que ces choses étaient telles avant d'avoir pesé aucune des raisons qui pouvaient le prouver.

Mais par la suite de nombreuses expériences ont peu à peu ruiné toute la confiance que j'avais eue dans les sens. Quelquefois en effet des tours qui de loin avaient semblé rondes, de près, apparaissaient carrées ; de très grandes statues, élevées au sommet de ces tours, ne semblaient pas grandes à qui

e terra spectanti videbantur; et talibus aliis innumeris in rebus sensuum externorum judicia falli deprehendebam; nec externorum
77 duntaxat, sed etiam internorum; nam quid dolore intimius esse potest? Atqui audiveram aliquando ab iis quibus crus aut brachium fuerat abscissum, se sibi videri adhuc interdum dolorem sentire in ea parte corporis qua carebant; ideoque etiam in me non plane certum esse videbatur membrum aliquod mihi dolere, quamvis sentirem in eo dolorem. Quibus etiam duas maxime generales dubitandi causas nuper adjeci. Prima erat, quod nulla unquam dum vigilo me sentire crediderim, quae non etiam inter dormiendum possim aliquando putare me sentire; cumque illa, quae sentire mihi videor in somnis, non credam a rebus extra me positis mihi advenire, non advertebam quare id potius crederem de iis quae sentire mihi videor vigilando. Altera erat, quod cum authorem meae originis adhuc ignorarem, vel saltem ignorare me fingerem[1], nihil videbam obstare quominus essem natura ita constitutus ut fallerer,

1. *vel... fingerem* : addition faite à la demande d'Arnauld. Les crochets demandés par Descartes n'ont pas été mis, ni en 1641, ni en 1642.

---

regarder d'en bas; et ainsi, dans une infinité d'autres rencontres, j'ai trouvé de l'erreur dans les jugements fondés sur les sens extérieurs; et non pas seulement sur les sens extérieurs, mais même sur les intérieurs. Car y a-t-il chose plus intime ou plus intérieure que la douleur? et cependant j'ai autrefois appris de quelques personnes qui avaient les bras et les jambes coupés, qu'il leur semblait encore quelquefois sentir de la douleur dans la partie qui leur avait été coupée; ce qui me donnait sujet de penser que je ne pouvais aussi être assuré d'avoir mal à quelqu'un de mes membres, quoique je sentisse en lui de la douleur.

Et à ces raisons de douter j'en ai encore ajouté depuis peu deux autres fort générales. La première est que je n'ai jamais rien cru sentir étant éveillé, que je ne puisse aussi quelquefois croire sentir quand je dors; et comme je ne crois pas que les choses qu'il me semble que je sens en dormant procèdent de quelques objets hors de moi, je ne voyais pas pourquoi je devais plutôt avoir cette créance, touchant celles qu'il me semble que je sens étant éveillé. Et la seconde, que, ne connaissant pas encore, ou plutôt feignant de ne pas connaître, l'auteur de mon être, je ne voyais rien qui pût empêcher que je n'eusse été fait tel par la nature, que je me trompasse même dans les choses qui me paraissaient les plus véritables.

les regardait du sol ; en d'innombrables autres cas semblables je décelais de l'erreur dans les jugements des sens externes ; et non seulement externes, mais aussi internes. Que peut-il y avoir en effet de plus intime que la douleur ? Et pourtant j'ai entendu dire un jour par des gens amputés d'une jambe ou d'un bras qu'il leur semblait encore parfois sentir de la douleur dans la partie du corps qu'ils n'avaient plus ; c'est pourquoi, même quand il s'agissait de moi, il ne me semblait pas tout à fait certain d'avoir mal à un membre, même si je sentais en lui de la douleur. A ces raisons de douter, j'en ai encore ajouté récemment deux, très générales. La première était que je n'ai jamais rien cru sentir, à l'état de veille, que je ne puisse aussi croire sentir, un jour, en dormant ; et puisque je ne crois pas que ce qu'il me semble sentir dans le sommeil me vienne de choses situées hors de moi, je ne voyais pas pourquoi je le croirais davantage de ce qu'il me semble sentir en veillant. La seconde était que, puisque j'ignorais encore, ou que du moins je feignais d'ignorer, l'auteur de mon origine, je ne voyais rien qui empêchât que j'eusse été par nature constitué de manière à me tromper même dans ce qui m'appa-

etiam in iis quae mihi verissima apparebant. Et quantum ad rationes quibus antea rerum sensibilium veritatem mihi persuaseram, non difficulter ad illas respondebam. Cum enim viderer ad multa impelli a natura quae ratio dissuadebat, non multum fidendum esse putabam iis quae a natura docentur. Et quamvis sensuum perceptiones a voluntate mea non penderent, non ideo concludendum esse putabam illas a rebus a me diversis procedere, quia forte aliqua esse potest in meipso facultas, etsi mihi nondum cognita, illarum effectrix.

Nunc autem postquam incipio meipsum meaeque authorem originis melius nosse, non quidem omnia, quae habere videor a 78 sensibus, puto esse temere admittenda ; sed neque etiam omnia in dubium revocanda.

Et primo, quoniam scio omnia quae clare et distincte intelligo, talia a Deo fieri posse qualia illa intelligo, satis est quod possim unam rem absque altera clare et distincte intelligere, ut certus sim unam ab altera esse diversam, quia potest saltem a Deo seorsim

---

Et pour les raisons qui m'avaient ci-devant persuadé la vérité des choses sensibles, je n'avais pas beaucoup de peine à y répondre. Car la nature semblant me porter à beaucoup de choses dont la raison me détournait, je ne croyais pas me devoir confier beaucoup aux enseignements de cette nature. Et quoique les idées que je reçois par les sens ne dépendent pas de ma volonté, je ne pensais pas que l'on dût pour cela conclure qu'elles procédaient de choses différentes de moi, puisque peut-être il se peut rencontrer en moi quelque faculté (bien qu'elle m'ait été jusques ici inconnue) qui en soit la cause, et qui les produise.

Mais maintenant que je commence à me mieux connaître moi-même et à découvrir plus clairement l'auteur de mon origine, je ne pense pas à la vérité que je doive témérairement admettre toutes les choses que les sens semblent nous enseigner, mais je ne pense pas aussi que je les doive toutes généralement révoquer en doute.

62   Et premièrement, pour ce que je sais que toutes les choses que je conçois clairement et distinctement peuvent être produites par Dieu telles que je les conçois, il suffit que je puisse concevoir clairement et distinctement une chose sans une autre, pour être certain que l'une est distincte ou différente de l'autre, parce qu'elles peuvent être posées séparément, au moins par la toute puissance de Dieu ;

raissait le plus vrai. Quant aux raisons qui m'avaient persuadé auparavant de la vérité des choses sensibles, je n'avais pas de peine à y répondre. Puisqu'en effet la nature semblait me pousser à bien des choses dont la raison me dissuadait, je n'estimais pas devoir beaucoup me fier aux enseignements de la nature. Et quoique les perceptions des sens ne dépendent pas de ma volonté, je n'estimais pas devoir conclure pour autant qu'elles procédaient de choses différentes de moi, parce qu'il y a peut-être en moi-même une faculté, bien qu'elle ne me soit pas encore connue, pour les produire.

Mais maintenant que je commence à avoir de moi-même et de l'auteur de mon origine une meilleure connaissance, je ne crois pas, à la vérité, qu'il faille admettre à la légère tout ce que semblent apporter les sens, mais non plus qu'il faille tout révoquer en doute.

Et d'abord, puisque je sais que toutes les choses dont j'ai une intellection claire et distincte peuvent être faites par Dieu telles que j'en ai l'intellection, il suffit que je puisse avoir l'intellection claire et distincte d'une chose sans une autre pour être certain que l'une est différente de l'autre, parce qu'elle peut être posée séparément au moins par

poni ; et non refert a qua potentia id fiat, ut diversa existimetur ; ac proinde, ex hoc ipso quod sciam me existere, quodque interim nihil plane aliud ad naturam sive essentiam meam pertinere animadvertam, praeter hoc solum quod sim res cogitans, recte concludo meam essentiam in hoc uno consistere, quod sim res cogitans. Et quamvis fortasse (vel potius, ut postmodum dicam, pro certo) habeam corpus, quod mihi valde arcte conjunctum est, quia tamen ex una parte claram et distinctam habeo ideam mei ipsius, quatenus sum tantum res cogitans, non extensa, ex alia parte distinctam ideam corporis, quatenus est tantum res extensa, non cogitans, certum est me a corpore meo revera esse distinctum, et absque illo posse existere.

Praeterea invenio in me facultates specialibus quibusdam modis cogitandi, puta facultates imaginandi et sentiendi, sine quibus totum me possum clare et distincte intelligere, sed non vice versa illas sine me, hoc est sine substantia intelligente cui insint ; intellectionem

---

et il n'importe pas par quelle puissance cette séparation se fasse, pour m'obliger à les juger différentes. Et partant, de cela même que je connais avec certitude que j'existe, et que cependant je ne remarque point qu'il appartienne nécessairement aucune autre chose à ma nature ou à mon essence, sinon que je suis une chose qui pense, je conclus fort bien que mon essence consiste en cela seul, que je suis une chose qui pense, ou une substance dont toute l'essence ou la nature n'est que de penser. Et quoique peut-être (ou plutôt certainement, comme je le dirai tantôt) j'aie un corps auquel je suis très étroitement conjoint ; néanmoins, parce que d'un côté j'ai une claire et distincte idée de moi-même, en tant que je suis seulement une chose qui pense et non étendue, et que d'un autre j'ai une idée distincte du corps, en tant qu'il est seulement une chose étendue et qui ne pense point, il est certain que ce moi, c'est-à-dire mon âme, par laquelle je suis ce que je suis, est entièrement et véritablement distincte de mon corps, et qu'elle peut être ou exister sans lui.

Davantage, je trouve en moi des facultés de penser toutes particulières, et distinctes de moi, à savoir les facultés d'imaginer et de sentir, sans lesquelles je puis bien me concevoir clairement et distinctement tout entier, mais non pas elles sans moi, c'est-à-dire sans une substance intelligente à qui elles soient attachées. Car dans

Dieu ; et pour qu'elles soient estimées différentes, peu importe par quelle puissance cela se fait. Par conséquent, de cela même que je sais que j'existe, et qu'en même temps je ne remarque absolument rien d'autre qui appartienne à ma nature ou essence si ce n'est seulement que je suis une chose qui pense, je conclus à juste titre que mon essence consiste en cela seul que je suis une chose qui pense. Et bien que peut-être (ou plutôt certainement, comme je le dirai bientôt) j'aie un corps qui m'est fort étroitement conjoint, toutefois, parce que j'ai, d'un côté, une idée claire et distincte de moi-même en tant que je suis seulement une chose pensante et non étendue et, d'un autre côté, une idée distincte du corps en tant qu'il est seulement une chose étendue et non pensante, il est certain que je suis réellement distinct de mon corps, et que je peux exister sans lui.

De plus, je trouve en moi des facultés de penser selon certaines modalités spéciales, songeons aux facultés d'imaginer et de sentir, sans lesquelles je peux avoir de moi tout entier une intellection claire et distincte, mais non pas réciproquement d'elles sans moi, c'est-à-dire sans une substance intellec-

enim nonnullam in suo formali conceptu includunt, unde percipio illas a me, ut modos a re, distingui. Agnosco etiam quasdam alias facultates, ut locum mutandi, varias figuras induendi, et similes,
79 quae quidem, non magis quam praecedentes, absque aliqua substantia cui insint, possunt intelligi, nec proinde etiam absque illa existere ; sed manifestum est has, siquidem existant, inesse debere substantiae corporeae sive extensae, non autem intelligenti, quia nempe aliqua extensio, non autem ulla plane intellectio, in earum claro et distincto conceptu continetur. Jam vero est quidem in me passiva quaedam facultas sentiendi, sive ideas rerum sensibilium recipiendi et cognoscendi, sed ejus nullum usum habere possem nisi quaedam activa etiam existeret, sive in me, sive in alio, facultas istas ideas producendi vel efficiendi. Atque haec sane in me ipso esse non potest, quia nullam plane intellectionem praesupponit, et

la notion que nous avons de ces facultés, ou (pour me servir des termes de l'Ecole) dans leur concept formel, elles enferment quelque sorte d'intellection : d'où je conçois qu'elles sont distinctes de moi, comme les figures, les mouvements, et les autres modes ou accidents des corps, le sont des corps mêmes qui les soutiennent.

Je reconnais aussi en moi quelques autres facultés, comme celles de changer de lieu, de se mettre en plusieurs postures, et autres semblables, qui ne peuvent être conçues, non plus que les précédentes, sans quelque substance à qui elles soient attachées, ni par conséquent exister sans elles ; mais il est très évident que ces facultés, s'il est vrai qu'elles existent, doivent être attachées à quelque substance corporelle ou étendue, et non pas à une substance intelligente, puisque, dans leur concept clair et distinct, il y a bien quelque sorte d'extension qui se trouve contenue, mais point du
63 tout d'intelligence. De plus, il se rencontre en moi une certaine faculté passive de sentir, c'est-à-dire de recevoir et de connaître les idées des choses sensibles, mais elle me serait inutile, et je ne m'en pourrais aucunement servir, s'il n'y avait en moi, ou en autrui, une autre faculté active, capable de former et produire ces idées. Or cette faculté active ne peut être en moi en tant que je ne suis qu'une chose qui pense, vu qu'elle ne présuppose point ma pensée, et aussi

tuelle en laquelle elles se trouvent ; elles incluent en effet dans leur concept formel quelque intellection. D'où je perçois qu'elles sont distinguées de moi comme les modes le sont de la chose.

Je reconnais aussi certaines autres facultés, comme celles de changer de lieu, de revêtir des figures variées, et autres semblables, dont on ne peut sans doute, pas plus que pour les précédentes, avoir l'intellection sans celle de quelque substance en laquelle elles se trouvent, et qui par conséquent ne peuvent pas non plus exister sans celle-ci, mais il est manifeste que ces facultés, s'il est vrai qu'elles existent, doivent se trouver dans une substance corporelle ou étendue, et non dans une substance intellectuelle, puisqu'il y a bien quelque extension, et pas du tout d'intellection, dans leur concept clair et distinct.

Maintenant, c'est bien en moi qu'il y a une certaine faculté passive de sentir, c'est-à-dire de recevoir et connaître des idées de choses sensibles, mais je ne pourrais en avoir aucun usage s'il n'existait aussi, en moi ou en autre chose, une certaine faculté active de produire ou causer ces idées. Or il est sûr que cette faculté ne peut pas être en moi : elle ne présuppose en effet pas du tout

me non cooperante, sed saepe etiam invito, ideae istae producuntur. Ergo superest ut sit in aliqua substantia a me diversa, in qua quoniam omnis realitas vel formaliter vel eminenter inesse debet quae est objective in ideis ab ista facultate productis (ut jam supra animadverti), vel haec substantia est corpus, sive natura corporea, in qua nempe omnia formaliter continentur quae in ideis objective ; vel certe Deus est, vel aliqua creatura corpore nobilior, in qua continentur eminenter. Atqui, cum Deus non sit fallax, omnino manifestum est illum nec per se immediate istas ideas mihi immittere, nec etiam mediante aliqua creatura, in qua earum realitas objectiva, non formaliter, sed eminenter tantum contineatur. Cum enim nullam plane facultatem mihi dederit ad hoc agnoscendum,
80 sed contra magnam propensionem ad credendum illas a rebus corporeis emitti, non video qua ratione posset intelligi ipsum non esse fallacem, si aliunde quam a rebus corporeis emitterentur. Ac

---

que ces idées-là me sont souvent représentées sans que j'y contribue en aucune sorte, et même souvent contre mon gré ; il faut donc nécessairement qu'elle soit en quelque substance différente de moi, dans laquelle toute la réalité, qui est objectivement dans les idées qui en sont produites, soit contenue formellement ou éminemment (comme je l'ai remarqué ci-devant). Et cette substance est ou un corps, c'est-à-dire une nature corporelle, dans laquelle est contenu formellement et en effet tout ce qui est objectivement et par représentation dans les idées ; ou bien c'est Dieu même, ou quelque autre créature plus noble que le corps, dans laquelle cela même est contenu éminemment.

Or Dieu n'étant point trompeur, il est très manifeste qu'il ne m'envoie point ces idées immédiatement par lui-même, ni aussi par l'entremise de quelque créature, dans laquelle leur réalité ne soit pas contenue formellement, mais seulement éminemment. Car ne m'ayant donné aucune faculté pour connaître que cela soit, mais au contraire une très grande inclination à croire qu'elles me sont envoyées ou qu'elles partent des choses corporelles, je ne vois pas comment on pourrait l'excuser de tromperie, si en effet ces idées partaient ou étaient produites par d'autres causes que par des choses corporelles.

d'intellection, et c'est sans que je coopère, souvent même malgré moi, que ces idées-là sont produites. Il reste donc qu'elle soit en quelque substance différente de moi, dans laquelle doit se trouver, ou formellement ou éminemment, toute la réalité qui est objectivement dans les idées produites par cette faculté (comme je l'ai déjà remarqué plus haut) ; aussi cette substance est elle ou un corps, c'est-à-dire une nature corporelle qui contient formellement tout ce qui est objectivement dans les idées, ou alors c'est Dieu, ou quelque créature plus noble que le corps, qui contient tout cela éminemment. Mais puisque Dieu n'est pas trompeur, il est tout à fait manifeste qu'il ne m'envoie pas ces idées ni par lui-même immédiatement, ni non plus par l'entremise de quelque créature qui contiendrait non pas formellement mais seulement éminemment la réalité qui est en elles objective. Puisqu'en effet il ne m'a donné absolument aucune faculté pour en avoir connaissance, mais au contraire une grande inclination à croire qu'elles me sont envoyées par des choses corporelles, je ne vois pas comment on pourrait reconnaître qu'il n'est pas trompeur, si elles étaient envoyées d'ailleurs que des choses corpo-

proinde res corporeae existunt. Non tamen forte omnes tales omnino existunt, quales illas sensu comprehendo, quoniam ista sensuum comprehensio in multis valde obscura est et confusa ; sed saltem illa omnia in iis sunt quae clare et distincte intelligo id est omnia generaliter spectata quae in purae Matheseos objecto comprehenduntur.

Quantum autem attinet ad reliqua quae vel tantum particularia sunt, ut quod sol sit talis magnitudinis aut figurae etc., vel minus clare intellecta, ut lumen, sonus, dolor, et similia, quamvis valde dubia et incerta sint, hoc tamen ipsum, quod Deus non sit fallax, quodque idcirco fieri non possit ut ulla falsitas in meis opinionibus reperiatur, nisi aliqua etiam sit in me facultas a Deo tributa ad illam emendandam, certam mihi spem ostendit veritatis etiam in iis assequendae. Et sane non dubium est quin ea omnia quae doceor a natura aliquid habeant veritatis. Per naturam enim generaliter

Et partant il faut confesser qu'il y a des choses corporelles qui existent.

Toutefois elles ne sont peut-être pas entièrement telles que nous les apercevons par les sens, car cette perception des sens est fort obscure et confuse en plusieurs choses ; mais au moins faut-il avouer que toutes les choses que j'y conçois clairement et distinctement, c'est-à-dire toutes les choses, généralement parlant, qui sont comprises dans l'objet de la géométrie spéculative, s'y retrouvent véritablement. Mais pour ce qui est des autres choses, lesquelles ou sont seulement particulières, par exemple, que le soleil soit de telle grandeur et de telle figure, etc., ou bien sont conçues moins clairement et moins distinctement, comme la lumière, le son, la douleur, et autres semblables, il est certain qu'encore qu'elles soient fort douteuses et incertaines, toutefois de cela seul que Dieu n'est point trompeur, et que par conséquent il n'a point permis qu'il pût y avoir aucune fausseté dans mes opinions, qu'il ne m'ait aussi donné quelque faculté capable de la corriger, je crois pouvoir conclure assurément que j'ai en moi les moyens de les connaître avec certitude.

Et premièrement il n'y a point de doute que tout ce que la nature m'enseigne contient quelque vérité. Car par la nature considérée en

relles. Par conséquent, il existe des choses corporelles.

Peut-être toutefois n'existent-elles pas toutes entièrement telles que je les comprends par le sens, puisque cette compréhension des sens est en bien des choses fort obscure et confuse ; mais il y a au moins en elles tout ce dont j'ai une intellection claire et distincte, c'est-à-dire tout ce qui, envisagé en général, est compris dans l'objet de la mathématique pure. Pour ce qui est de toutes les autres choses qui sont ou bien seulement particulières, par exemple que le soleil soit de telle grandeur ou de telle figure, etc., ou bien moins clairement connues par l'entendement, comme la lumière, le son, la douleur et choses semblables, encore qu'elles soient fort douteuses et incertaines, toutefois le fait même que Dieu n'est pas trompeur, et que pour cette raison il n'est pas possible qu'il se trouve de la fausseté dans mes opinions sans qu'il y ait aussi en moi quelque faculté accordée par Dieu pour la corriger, me montre et m'assure l'espoir d'atteindre en ce domaine aussi la vérité. Et, vraiment, il n'est pas douteux que tous les enseignements de la nature comportent de la vérité. Par la nature, en effet, envisagée en général, je

spectatam nihil nunc aliud quam vel Deum ipsum, vel rerum creatarum coordinationem a Deo institutam intelligo ; nec aliud per naturam meam in particulari, quam complexionem eorum omnium quae mihi a Deo sunt tributa.

Nihil autem est quod me ista natura magis expresse doceat quam quod habeam corpus, cui male est cum dolorem sentio, quod cibo vel potu indiget, cum famem aut sitim patior, et similia ; nec proinde dubitare debeo, quin aliquid in eo sit veritatis.

81 Docet etiam natura per istos sensus doloris, famis, sitis etc. me non tantum adesse meo corpori ut nauta adest navigio, sed illi arctissime esse conjunctum et quasi permixtum, adeo ut unum quid cum illo componam. Alioqui enim, cum corpus laeditur, ego, qui nihil aliud sum quam res cogitans, non sentirem idcirco dolorem, sed puro intellectu laesionem istam perciperem, ut nauta visu percipit si quid in nave frangatur ; et cum corpus cibo vel potu indiget, hoc ipsum expresse intelligerem, non confusos famis et sitis

général, je n'entends maintenant autre chose que Dieu même, ou bien l'ordre et la disposition que Dieu a établie dans les choses créées. Et par ma nature en particulier, je n'entends autre chose que la complexion ou l'assemblage de toutes les choses que Dieu m'a données.

Or il n'y a rien que cette nature m'enseigne plus expressément, ni plus sensiblement, sinon que j'ai un corps qui est mal disposé quand je sens de la douleur, qui a besoin de manger ou de boire, quand j'ai les sentiments de la faim ou de la soif, etc. Et partant je ne dois aucunement douter qu'il n'y ait en cela quelque vérité.

La nature m'enseigne aussi par ces sentiments de douleur, de faim, de soif, etc., que je ne suis pas seulement logé dans mon corps, ainsi qu'un pilote en son navire, mais, outre cela, que je lui suis conjoint très étroitement et tellement confondu et mêlé, que je compose comme un seul tout avec lui. Car, si cela n'était, lorsque mon corps est blessé, je ne sentirais pas pour cela de la douleur, moi qui ne suis qu'une chose qui pense, mais j'apercevrais cette blessure par le seul entendement, comme un pilote aperçoit par la vue si quelque chose se rompt dans son vaisseau ; et lorsque mon corps a besoin de boire ou de manger, je connaîtrais simplement

n'entends maintenant rien d'autre que Dieu même, ou le système ordonné des choses créées que Dieu a institué, et rien d'autre, par ma nature en particulier, que l'assemblage de tout ce que Dieu m'a attribué.

Or il n'y a rien que cette nature m'enseigne plus expressément sinon que j'ai un corps auquel il arrive du mal quand je sens de la douleur, qui manque de nourriture ou de boisson quand j'éprouve la faim ou la soif, et choses semblables ; et par conséquent je ne dois pas douter qu'il y ait en cela de la vérité.

La nature m'enseigne aussi par ces sentiments de douleur, faim, soif, etc., que je ne suis pas seulement là dans mon corps comme un pilote dans un bateau, mais que je lui suis très étroitement conjoint et comme mêlé, au point que je compose avec lui quelque chose d'un. Autrement en effet, quand le corps est blessé, moi qui ne suis rien d'autre qu'une chose qui pense, je ne sentirais pas pour autant de la douleur, mais je percevrais cette blessure par l'entendement pur, comme le pilote perçoit par la vue ce qui se casse dans le bateau ; et quand le corps manque de nourriture ou de boisson, j'en aurais une intellection expresse, et

sensus haberem. Nam certe isti sensus sitis, famis, doloris, etc.,
nihil aliud sunt quam confusi quidam cogitandi modi ab unione et
quasi permixtione mentis cum corpore exorti.

Praeterea etiam doceor a natura varia circa meum corpus alia
corpora existere, ex quibus nonnulla mihi prosequenda sunt, alia
fugienda. Et certe ex eo quod valde diversos sentiam colores, sonos,
odores, sapores, calorem, duritiem, et similia, recte concludo, aliquas
esse in corporibus, a quibus variae istae sensuum perceptiones
adveniunt, varietates iis respondentes, etiamsi forte iis non similes ;
atque ex eo quod quaedam ex illis perceptionibus mihi gratae sint,
aliae ingratae, plane certum est meum corpus, sive potius me totum,
quatenus ex corpore et mente sum compositus, variis commodis et
incommodis a circumjacentibus corporibus affici posse.

82   Multa vero alia sunt quae, etsi videar a natura doctus esse, non
tamen revera ab ipsa, sed a consuetudine quadam inconsiderate

---

cela même, sans en être averti par des sentiments confus de faim et
de soif. Car en effet tous ces sentiments de faim, de soif, de douleur,
etc., ne sont autre chose que de certaines façons confuses de penser,
qui proviennent et dépendent de l'union et comme du mélange de
l'esprit avec le corps.

Outre cela, la nature m'enseigne que plusieurs autres corps existent
autour du mien, entre lesquels je dois poursuivre les uns et fuir les
autres. Et certes, de ce que je sens différentes sortes de couleurs,
d'odeurs, de saveurs, de sons, de chaleur, de dureté, etc., je conclus
fort bien qu'il y a dans les corps, d'où procèdent toutes ces diverses
perceptions des sens, quelques variétés qui leur répondent, quoique
peut-être ces variétés ne leur soient point en effet semblables. Et
aussi, de ce qu'entre ces diverses perceptions des sens, les unes me
65 sont agréables, et les autres désagréables, je puis tirer une conséquence tout à fait certaine, que mon corps (ou plutôt moi-même
tout entier, en tant que je suis composé du corps et de l'âme) peut
recevoir diverses commodités ou incommodités des autres corps qui
l'environnent.

Mais il y a plusieurs autres choses qu'il semble que la nature
m'ait enseignées, lesquelles toutefois je n'ai pas véritablement reçues
d'elle, mais qui se sont introduites en mon esprit par une certaine
coutume que j'ai de juger inconsidérément des choses ; et ainsi il

non des sentiments confus de faim et de soif.
Car en vérité ces sentiments de soif, de
faim, de douleur, etc., ne sont rien d'autre
que de certaines modalités confuses du penser naissant de l'union et comme du mélange
de l'esprit avec le corps.

De plus, la nature m'enseigne aussi qu'il
existe divers autres corps autour de mon
corps, dont j'ai à rechercher certains et fuir
d'autres. Et en vérité, de ce que je sens une
grande variété de couleurs, de sons, d'odeurs,
de saveurs, de la chaleur, de la dureté et
choses semblables, je conclus à juste titre
qu'il y a dans les corps d'où proviennent ces
diverses perceptions sensibles des diversités
qui leur correspondent, même si peut-être
elles ne leur sont pas semblables ; et de ce
que certaines de ces perceptions me sont
agréables, d'autres désagréables, je tire la
certitude entière que mon corps, ou plutôt
moi-même tout entier en tant que je suis
composé de corps et d'esprit, peut être
affecté diversement en bien ou en mal par
les corps qui l'environnent.

Il y a beaucoup d'autres choses, il est vrai,
qui me semblent être des enseignements de
la nature, et que pourtant je n'ai pas réellement reçues d'elle, mais d'une certaine habi-

judicandi accepti, atque ideo[1] falsa esse facile contingit; ut quod omne spatium, in quo nihil plane occurrit quod meos sensus moveat, sit vacuum; quod in corpore, exempli gratia, calido aliquid sit plane simile ideae caloris quae in me est, in albo aut viridi sit eadem albedo aut viriditas quam sentio, in amaro aut dulci idem sapor, et sic de caeteris; quod et astra et turres, et quaevis alia remota corpora ejus sint tantum magnitudinis et figurae, quam sensibus meis exhibent, et alia ejusmodi. Sed ne quid in hac re non satis distincte percipiam, accuratius debeo definire quid proprie intelligam, cum dico me aliquid doceri a natura. Nempe hic naturam strictius sumo, quam pro complexione eorum omnium quae mihi a Deo tributa sunt; in hac enim complexione multa continentur quae ad mentem solam pertinent, ut quod percipiam id quod factum est infectum esse non posse, et reliqua omnia quae lumine naturali sunt

1. 1ʳᵉ édition : *adeo*.

peut aisément arriver qu'elles contiennent quelque fausseté. Comme, par exemple, l'opinion que j'ai que tout espace dans lequel il n'y a rien qui meuve et fasse impression sur mes sens, soit vide; que dans un corps qui est chaud, il y ait quelque chose de semblable à l'idée de la chaleur qui est en moi; que dans un corps blanc ou noir, il y ait la même blancheur ou noirceur que je sens; que dans un corps amer ou doux, il y ait le même goût ou la même saveur, et ainsi des autres; que les astres, les tours et tous les autres corps éloignés soient de la même figure et grandeur qu'ils paraissent de loin à nos yeux, etc.

Mais afin qu'il n'y ait rien en ceci que je ne conçoive distinctement, je dois précisément définir ce que j'entends proprement lorsque je dis que la nature m'enseigne quelque chose. Car je prends ici la nature en une signification plus resserrée que lorsque je l'appelle un assemblage ou une complexion de toutes les choses que Dieu m'a données; vu que cet assemblage ou complexion comprend beaucoup de choses qui n'appartiennent qu'à l'esprit seul, desquelles je n'entends point ici parler, en parlant de la nature : comme, par exemple, la notion que j'ai de cette vérité, que ce qui a une fois été fait ne peut plus n'avoir point été fait, et une infinité d'autres semblables, que je connais par la lumière naturelle sans l'aide du

tude que j'ai de juger inconsidérément, et c'est pourquoi il arrive facilement qu'elles soient fausses. Ainsi, que tout espace dans lequel il ne se trouve absolument rien qui excite mes sens soit vide ; que dans un corps chaud, par exemple, il y ait quelque chose de tout à fait semblable à l'idée de chaleur qui est en moi ; que dans un corps blanc ou vert, il y ait la même couleur blanche ou verte que je sens ; dans un corps amer ou doux, la même saveur, et ainsi du reste ; que les astres, les tours, et tous les autres corps éloignés qu'on voudra, aient la même grandeur et la même figure qu'ils présentent à mes sens, et autres choses de ce genre.

Mais pour éviter en ce domaine toute perception qui ne serait pas assez distincte, je dois définir avec plus de soin ce que j'entends proprement quand je dis que la nature m'enseigne quelque chose. De fait, je prends ici la nature de manière plus restreinte que pour désigner l'assemblage de tout ce que Dieu m'a attribué ; cet assemblage contient en effet bien des choses qui appartiennent au seul esprit, comme ma perception que ce qui a été fait ne peut pas n'avoir pas été fait, et toutes les autres notions connues par lumière naturelle, dont

nota, de quibus hic non est sermo ; multa etiam quae ad solum corpus spectant, ut quod deorsum tendat, et similia, de quibus etiam non ago, sed de iis tantum quae mihi ut composito ex mente et corpore a Deo tributa sunt. Ideoque haec natura docet quidem ea refugere quae sensum doloris inferunt, et ea prosequi quae sensum voluptatis, et talia ; sed non apparet illam praeterea nos docere ut quicquam ex istis sensuum perceptionibus sine praevio intellectus examine de rebus extra nos positis concludamus, quia de iis verum 83 scire ad mentem solam, non autem ad compositum, videtur pertinere. Ita quamvis stella non magis oculum meum quam ignis exiguae facis afficiat, nulla tamen in eo realis sive positiva propensio est ad credendum illam non esse majorem, sed hoc sine ratione ab ineunte aetate judicavi ; et quamvis ad ignem accedens sentio calorem, ut etiam ad eundem nimis prope accedens sentio dolorem, nulla profecto ratio est quae suadeat in igne aliquid esse simile isti

---

corps, et qu'il en comprend aussi plusieurs autres qui n'appartiennent qu'au corps seul, et ne sont point ici non plus contenues sous le nom de nature : comme la qualité qu'il a d'être pesant, et plusieurs autres semblables, desquelles je ne parle pas aussi, mais seulement des choses que Dieu m'a données, comme étant composé de l'esprit et du corps. Or cette nature m'apprend bien à fuir les choses qui causent en moi le sentiment de la douleur, et à me porter vers celles qui me communiquent quelque sentiment de plaisir ; mais je ne vois point qu'outre cela elle m'apprenne que de ces diverses perceptions des sens nous devions jamais rien conclure touchant les choses qui sont hors de nous, sans que l'esprit les ait soigneusement et mûrement examinées. Car c'est, ce me semble, à l'esprit seul, et 66 non point au composé de l'esprit et du corps, qu'il appartient de connaître la vérité de ces choses-là.

Ainsi, quoiqu'une étoile ne fasse pas plus d'impression en mon œil que le feu d'un petit flambeau, il n'y a toutefois en moi aucune faculté réelle ou naturelle, qui me porte à croire qu'elle n'est pas plus grande que ce feu, mais je l'ai jugé ainsi dès mes premières années sans aucun raisonnable fondement. Et quoiqu'en approchant du feu je sente de la chaleur, et même que m'en approchant un peu trop près je ressente de la douleur, il n'y a toutefois aucune raison qui me puisse persuader qu'il y a dans le feu quelque chose de

je ne parle pas ici ; bien des choses aussi qui concernent le seul corps, comme sa propriété de tendre vers le bas et choses semblables, dont je ne traite pas non plus ; je parle seulement de ce que Dieu m'a attribué en tant que composé d'esprit et de corps.

Ainsi cette nature enseigne bien à fuir ce qui apporte le sentiment de douleur et à rechercher ce qui apporte le sentiment de plaisir, et choses semblables ; mais il n'apparaît pas qu'elle nous enseigne en outre à conclure quoi que ce soit à partir de ces perceptions des sens, sans un examen préalable de l'entendement, sur les choses situées hors de nous. Il semble en effet que c'est au seul esprit, et non au composé, qu'il appartient de savoir le vrai sur ces choses. Par exemple, bien qu'une étoile n'affecte pas plus mon œil que le feu d'un minuscule flambeau, il n'y a là pourtant aucune inclination réelle ou positive à croire qu'elle n'est pas plus grande, mais j'en ai jugé ainsi sans raison dès mon plus jeune âge ; et bien qu'en m'approchant du feu je sente de la chaleur, de même aussi qu'en m'approchant trop près de ce même feu je sens de la douleur, il n'y a vraiment aucune raison pour me persuader qu'il y a dans le feu quelque chose

calori, ut neque etiam isti dolori, sed tantummodo in eo aliquid esse, quodcunque demum sit, quod istos in nobis sensus caloris vel doloris efficiat ; et quamvis etiam in aliquo spatio nihil sit quod moveat sensum, non ideo sequitur in eo nullum esse corpus ; sed video me in his aliisque permultis ordinem naturae pervertere esse assuetum, quia nempe sensuum perceptionibus, quae proprie tantum a natura datae sunt ad menti significandum quaenam composito, cujus pars est, commoda sint vel incommoda, et eatenus sunt satis clarae et distinctae, utor tanquam regulis certis ad immediate dignoscendum quaenam sit corporum extra nos positorum essentia, de qua tamen nihil nisi valde obscure et confuse significant.

Atqui jam ante satis perspexi qua ratione, non obstante Dei bonitate, judicia mea falsa esse contingat. Sed nova hic occurrit difficultas circa illa ipsa quae tanquam persequenda vel fugienda mihi a natura exhibentur, atque etiam circa internos sensus in

---

semblable à cette chaleur, non plus qu'à cette douleur ; mais seulement j'ai raison de croire qu'il y a quelque chose en lui, quelle qu'elle puisse être, qui excite en moi ces sentiments de chaleur ou de douleur.

De même aussi, quoiqu'il y ait des espaces dans lesquels je ne trouve rien qui excite et meuve mes sens, je ne dois pas conclure pour cela que ces espaces ne contiennent en eux aucun corps ; mais je vois que, tant en ceci qu'en plusieurs autres choses semblables, j'ai accoutumé de pervertir et confondre l'ordre de la nature, parce que ces sentiments ou perceptions des sens n'ayant été mises en moi que pour signifier à mon esprit quelles choses sont convenables ou nuisibles au composé dont il est partie, et jusque-là étant assez claires et assez distinctes, je m'en sers néanmoins comme si elles étaient des règles très certaines, par lesquelles je pusse connaître immédiatement l'essence et la nature des corps qui sont hors de moi, de laquelle toutefois elles ne me peuvent rien enseigner que de fort obscur et confus.

Mais j'ai déjà ci-devant assez examiné comment, nonobstant la souveraine bonté de Dieu, il arrive qu'il y ait de la fausseté dans les jugements que je fais en cette sorte. Il se présente seulement encore ici une difficulté touchant les choses que la nature m'enseigne devoir être suivies ou évitées, et aussi touchant les sentiments intérieurs

de semblable à cette chaleur, pas plus qu'à cette douleur ; on peut seulement dire qu'il y a en lui quelque chose, quoi que ce puisse être en définitive, qui cause en nous ces sensations de chaleur ou de douleur ; et aussi, bien que dans tel espace il n'y ait rien qui excite le sens, il ne s'ensuit pas pour autant qu'il n'y a là aucun corps. Mais je vois que dans ces cas et dans beaucoup d'autres j'ai pris l'habitude de subvertir l'ordre de la nature : car c'est un fait que de ces perceptions des sens, qui n'ont été proprement données par la nature que pour signifier à l'esprit ce qui est bon ou mauvais pour le composé dont il est une partie, et qui, dans ces limites, sont suffisamment claires et distinctes, je me sers comme de règles certaines pour discerner immédiatement ce qu'est l'essence des corps situés hors de nous, sur laquelle pourtant elles ne signifient rien si ce n'est de manière fort obscure et confuse.

Or j'ai déjà suffisamment élucidé auparavant comment, nonobstant la bonté de Dieu, il arrive que mes jugements soient faux. Il se présente pourtant ici une difficulté supplémentaire touchant les choses que la nature me fait voir comme à rechercher ou à fuir,

quibus errores videor deprehendisse, ut cum quis grato cibi alicujus
84 sapore delusus venenum intus latens assumit. Sed nempe tunc
tantum a natura impellitur ad illud appetendum in quo gratus sapor
consistit, non autem ad venenum, quod plane ignorat ; nihilque hinc
aliud concludi potest quam naturam istam non esse omnisciam ;
quod non mirum, quia, cum homo sit res limitata, non alia illi
competit quam limitatae perfectionis.

At vero non raro etiam in iis erramus ad quae a natura impelli-
mur ; ut cum ii qui aegrotant, potum vel cibum appetunt sibi paulo
post nociturum. Dici forsan hic poterit illos ob id errare quod natura
eorum sit corrupta ; sed hoc difficultatem non tollit, quia non minus
vere homo aegrotus creatura Dei est quam sanus ; nec proinde
minus videtur repugnare illum a Deo fallacem naturam habere.
Atque ut horologium ex rotis et ponderibus confectum non minus
accurate leges omnes naturae observat, cum male fabricatum est et

qu'elle a mis en moi ; car il me semble y avoir quelquefois remarqué
de l'erreur, et ainsi que je suis directement trompé par ma nature.
Comme, par exemple, le goût agréable de quelque viande en laquelle
on aura mêlé du poison, peut m'inviter à prendre ce poison, et ainsi
me tromper. Il est vrai toutefois qu'en ceci la nature peut être
excusée, car elle me porte seulement à désirer la viande dans laquelle
67 je rencontre une saveur agréable, et non point à désirer le poison,
lequel lui est inconnu ; de façon que je ne puis conclure de ceci
autre chose, sinon que ma nature ne connaît pas entièrement et
universellement toutes choses : de quoi certes il n'y a pas lieu de
s'étonner, puisque l'homme, étant d'une nature finie, ne peut aussi
avoir qu'une connaissance d'une perfection limitée.

Mais nous nous trompons aussi assez souvent, même dans les
choses auxquelles nous sommes directement portés par la nature,
comme il arrive aux malades lorsqu'ils désirent de boire ou de
manger des choses qui leur peuvent nuire. On dira peut-être ici que
ce qui est cause qu'ils se trompent, est que leur nature est
corrompue ; mais cela n'ôte pas la difficulté, parce qu'un homme
malade n'est pas moins véritablement la créature de Dieu, qu'un
homme qui est en pleine santé ; et partant il répugne autant à la
bonté de Dieu, qu'il ait une nature trompeuse et fautive, que l'autre.
Et comme une horloge, composée de roues et de contrepoids,
n'observe pas moins exactement toutes les lois de la nature,

et aussi touchant les sensations internes dans lesquelles il me semble avoir décelé des erreurs : quand, par exemple, abusé par la saveur agréable d'un aliment, on absorbe un poison dissimulé au-dedans. Mais dans ce cas, bien sûr, la nature pousse seulement à désirer ce qui contient la saveur agréable, non le poison, qu'elle ignore complètement ; et tout ce qu'on peut en conclure, c'est que cette nature n'est pas omnisciente, ce qui n'est pas étonnant, parce que, l'homme étant une chose bornée, tout ce qui lui revient est d'une perfection bornée.

Il reste que, même dans les choses auxquelles la nature nous pousse, il n'est pas rare que nous nous trompions : quand, par exemple, les malades désirent boire ou manger quelque chose qui doit peu après leur nuire. On pourra peut-être dire que, s'ils se trompent, c'est que leur nature est corrompue ; mais cela ne supprime pas la difficulté, parce qu'un homme malade n'est pas moins véritablement la créature de Dieu qu'un homme en bonne santé, et par conséquent il ne semble pas moins exclu qu'il tienne de Dieu une nature trompeuse. Et de même qu'une horloge, faite de roues et de poids, n'observe pas moins exactement toutes les

horas non recte indicat, quam cum omni ex parte artificis voto satisfacit, ita, si considerem hominis corpus quatenus machinamentum quoddam est ex ossibus, nervis, musculis, venis, sanguine et pellibus ita aptum et compositum, ut, etiamsi nulla in eo mens existeret, eosdem tamen haberet omnes motus qui nunc in eo non ab imperio voluntatis nec proinde a mente procedunt, facile agnosco illi aeque naturale fore, si, exempli causa, hydrope laboret, eam faucium ariditatem pati, quae sitis sensum menti inferre solet, atque etiam ab illa ejus nervos et reliquas partes ita disponi ut potum sumat ex quo morbus augeatur, quam, cum nullum tale in eo vitium
85 est, a simili faucium siccitate moveri ad potum sibi utilem[1] assumendum. Et quamvis respiciens ad praeconceptum horologii usum dicere possim illud, cum horas non recte indicat, a natura sua deflectere ; atque eodem modo, considerans machinamentum humani corporis tanquam comparatum ad motus qui in eo fieri solent,

1. *utile* dans les deux éditions originales : erreur corrigée dans certaines éditions postérieures.

---

lorsqu'elle est mal faite, et qu'elle ne montre pas bien les heures, que lorsqu'elle satisfait entièrement au désir de l'ouvrier ; de même aussi, si je considère le corps de l'homme comme étant une machine tellement bâtie et composée d'os, de nerfs, de muscles, de veines, de sang et de peau, qu'encore bien qu'il n'y eût en lui aucun esprit, il ne laisserait pas de se mouvoir en toutes les mêmes façons qu'il fait à présent, lorsqu'il ne se meut point par la direction de sa volonté, ni par conséquent par l'aide de l'esprit, mais seulement par la disposition de ses organes, je reconnais facilement qu'il serait aussi naturel à ce corps, étant par exemple hydropique, de souffrir la sécheresse du gosier, qui a coutume de signifier à l'esprit le sentiment de la soif, et d'être disposé par cette sécheresse à mouvoir ses nerfs et ses autres parties, en la façon qui est requise pour boire, et ainsi d'augmenter son mal et se nuire à soi-même, qu'il lui est naturel, lorsqu'il n'a aucune indisposition, d'être porté à boire pour son utilité par une semblable sécheresse du gosier. Et quoique, regardant à l'usage auquel l'horloge a été destinée par son ouvrier, je puisse dire qu'elle se détourne de sa nature, lorsqu'elle ne marque pas bien les heures ; et qu'en même façon, considérant la machine du corps humain comme ayant été formée de Dieu pour avoir en

lois de la nature, lorsqu'elle a été mal fabriquée et n'indique pas correctement l'heure, que lorsqu'elle satisfait en tous points au désir de l'artisan, de même, si je considère le corps de l'homme en tant qu'il est une certaine machine composée d'os, de nerfs, de muscles, de veines, de sang et de peaux, et agencée de telle sorte que, même s'il n'existait en lui aucun esprit, il aurait pourtant tous les mouvements qui à présent en lui ne procèdent pas du commandement de la volonté ni par conséquent de l'esprit, je reconnais sans peine qu'il lui serait aussi naturel, s'il était par exemple hydropique, de subir cette sécheresse de la gorge qui met ordinairement en l'esprit la sensation de soif, et d'avoir aussi les nerfs et le reste du corps disposés de telle sorte qu'il prenne la boisson qui aggrave la maladie, qu'il lui est naturel, lorsqu'il n'y a pas en lui un tel vice, d'être porté par une semblable sécheresse de la gorge à prendre une boisson qui lui est utile. Et quoiqu'en ayant égard à l'usage prévu pour l'horloge je puisse dire, quand elle n'indique pas correctement l'heure, qu'elle se détourne de sa nature, et que j'estime pareillement, en considérant la machine du corps humain comme réglée pour les mou-

putem illud etiam a natura sua aberrare, si ejus fauces sint aridae, cum potus ad ipsius conservationem non prodest ; satis tamen animadverto hanc ultimam naturae acceptionem ab altera multum differre ; haec enim nihil aliud est quam denominatio a cogitatione mea, hominem aegrotum et horologium male fabricatum cum idea hominis sani et horologii recte facti comparante, dependens, rebusque de quibus dicitur extrinseca ; per illam vero aliquid intelligo quod revera in rebus reperitur, ac proinde nonnihil habet veritatis.

At certe, etiamsi respiciendo ad corpus hydrope laborans, sit tantum denominatio extrinseca, cum dicitur ejus natura esse corrupta, ex eo quod aridas habeat fauces, nec tamen egeat potu ; respiciendo tamen ad compositum, sive ad mentem tali corpori unitam, non est pura denominatio, sed verus error naturae, quod sitiat cum potus est ipsi nociturus ; ideoque hic remanet inquirendum quo pacto bonitas Dei non impediat quominus natura sic sumpta sit fallax.

Nempe imprimis hic adverto magnam esse differentiam inter

---

soi tous les mouvements qui ont coutume d'y être, j'aie sujet de penser qu'elle ne suit pas l'ordre de sa nature, quand son gosier est sec, et que le boire nuit à sa conservation ; je reconnais toutefois que cette dernière façon d'expliquer la nature est beaucoup différente 68 de l'autre. Car celle-ci n'est autre chose qu'une simple dénomination, laquelle dépend entièrement de ma pensée, qui compare un homme malade et une horloge mal faite, avec l'idée que j'ai d'un homme sain et d'une horloge bien faite, et laquelle ne signifie rien qui se retrouve en la chose dont elle se dit ; au lieu que, par l'autre façon d'expliquer la nature, j'entends quelque chose qui se rencontre véritablement dans les choses, et partant qui n'est point sans quelque vérité.

Mais certes quoiqu'au regard du corps hydropique, ce ne soit qu'une dénomination extérieure, lorsqu'on dit que sa nature est corrompue, en ce que, sans avoir besoin de boire, il ne laisse pas d'avoir le gosier sec et aride ; toutefois, au regard de tout le composé, c'est-à-dire de l'esprit ou de l'âme unie à ce corps, ce n'est pas une pure dénomination, mais bien une véritable erreur de nature, en ce qu'il a soif, lorsqu'il lui est très nuisible de boire ; et partant, il reste encore à examiner comment la bonté de Dieu n'empêche pas que la nature de l'homme, prise de cette sorte, soit fautive et trompeuse.

Pour commencer donc cet examen, je remarque ici premièrement, qu'il y a une grande différence entre l'esprit et le corps, en ce que le

vements qui se produisent ordinairement en
elle, qu'elle aussi s'écarte de sa nature si elle
a la gorge sèche quand boire n'est pas utile
à sa conservation, je remarque bien toutefois
que cette dernière acception de la nature
diffère beaucoup de l'autre : elle n'est en effet
qu'une dénomination dépendant de ma pensée qui compare l'homme malade et l'horloge mal faite à l'idée de l'homme sain et de
l'horloge bien faite, dénomination extérieure
aux choses dont elle se dit, tandis qu'avec la
première acception j'entends quelque chose
qui se rencontre effectivement dans les choses
et qui par conséquent n'est pas sans vérité.

Malgré tout, même si, eu égard au corps
hydropique, ce n'est qu'une dénomination
extérieure quand on dit que sa nature est
corrompue en ce qu'il a la gorge sèche sans
pourtant manquer de boisson, toutefois, eu
égard au composé, c'est-à-dire à l'esprit uni
à un tel corps, ce n'est pas une pure dénomination mais une véritable erreur de la
nature, s'il a soif quand la boisson doit lui
nuire. C'est pourquoi il reste ici à rechercher
comment la bonté de Dieu n'empêche pas
que la nature ainsi comprise soit trompeuse.

De fait, pour commencer, je remarque ici
qu'il y a une grande différence entre l'esprit

mentem et corpus, in eo quod corpus ex natura sua sit semper
86 divisibile, mens autem plane indivisibilis; nam sane cum hanc
considero, sive meipsum quatenus sum tantum res cogitans, nullas
in me partes possum distinguere, sed rem plane unam et integram
me esse intelligo; et quamvis toti corpori tota mens unita esse
videatur, abscisso tamen pede, vel brachio, vel quavis alia corporis
parte, nihil ideo de mente subductum esse cognosco; neque etiam
facultates volendi, sentiendi, intelligendi etc. ejus partes dici possunt,
quia una et eadem mens est quae vult, quae sentit, quae intelligit.
Contra vero nulla res corporea sive extensa potest a me cogitari[1]
quam non facile in partes cogitatione dividam, atque hoc ipso illam
divisibilem esse intelligam; quod unum sufficeret ad me docendum,
mentem a corpore omnino esse diversam, si nondum illud aliunde
satis scirem[2].

Deinde adverto mentem non ab omnibus corporis partibus immediate affici, sed tantummodo a cerebro, vel forte etiam ab una

1. 1re édition : *excogitari.*
2. 1re édition : *si non illud aliunde scirem.*

---

corps, de sa nature, est toujours divisible, et que l'esprit est
entièrement indivisible. Car en effet, lorsque je considère mon esprit,
c'est-à-dire moi-même en tant que je suis seulement une chose qui
pense, je n'y puis distinguer aucunes parties, mais je me conçois
comme une chose seule et entière. Et quoique tout l'esprit semble
être uni à tout le corps, ou un pied, ou un bras, ou quelque
autre partie étant séparée de mon corps, il est certain que pour cela
il n'y aura rien de retranché de mon esprit. Et les facultés de vouloir,
de sentir, de concevoir, etc., ne peuvent pas proprement être dites
ses parties : car le même esprit s'emploie tout entier à vouloir, et
aussi tout entier à sentir, à concevoir, etc. Mais c'est tout le contraire
dans les choses corporelles ou étendues : car il n'y en a pas une que
je ne mette aisément en pièces par ma pensée, que mon esprit ne
divise fort facilement en plusieurs parties et par conséquent que je
ne connaisse être divisible. Ce qui suffirait pour m'enseigner que
l'esprit ou l'âme de l'homme est entièrement différente du corps, si
je ne l'avais déjà d'ailleurs assez appris.
69 Je remarque aussi que l'esprit ne reçoit pas immédiatement
l'impression de toutes les parties du corps, mais seulement du

et le corps, en ce que le corps de par sa nature est toujours divisible, et l'esprit, lui, absolument indivisible. Car, en vérité, lorsque je considère celui-ci, c'est-à-dire moi-même en tant que je suis seulement une chose qui pense, je ne puis distinguer en moi aucune partie : je suis une chose absolument une et entière, j'en ai l'intellection. Et bien que ce soit au corps dans sa totalité que l'esprit dans sa totalité semble être uni, toutefois, si un pied, un bras ou toute autre partie du corps est arrachée, je sais que rien n'est pour autant retranché de l'esprit. De plus, les facultés de vouloir, de sentir, de connaître, etc. ne peuvent pas être dites ses parties, parce que c'est un seul et même esprit qui veut, qui sent, qui connaît. Tout au contraire, je ne peux penser aucune chose corporelle ou étendue sans qu'il me soit facile de la diviser par la pensée en parties, et sans que j'aie par là l'intellection de son caractère divisible. Cette seule remarque suffirait à m'enseigner que l'esprit est tout à fait différent du corps, si je ne le savais pas déjà assez par ailleurs.

Je remarque ensuite que l'esprit n'est pas affecté immédiatement par toutes les parties du corps, mais seulement par le cerveau, ou

tantum exigua ejus parte, nempe ab ea in qua dicitur esse sensus communis ; quae, quotiescunque eodem modo est disposita, menti idem exhibet, etiamsi reliquae corporis partes diversis interim modis possint se habere, ut probant innumera experimenta, quae hic recensere non est opus.

Adverto praeterea eam esse corporis naturam, ut nulla ejus pars possit ab alia parte aliquantum remota moveri, quin possit etiam moveri eodem modo a qualibet ex iis quae interjacent, quamvis illa remotior, nihil agat. Ut exempli causa in fune A, B, C, D[1], si 87 trahatur ejus ultima pars D, non alio pacto movebitur prima A, quam moveri etiam posset si traheretur una ex intermediis B vel C, et ultima D maneret immota. Nec dissimili ratione, cum sentio dolorem pedis, docuit me Physica sensum illum fieri ope nervorum per pedem sparsorum, qui, inde ad cerebrum usque funium instar

---

1. Dans la 1re édition, un trait horizontal, sous ces quatre lettres, représente probablement la corde.

---

cerveau, ou peut-être même d'une de ses plus petites parties, à savoir de celle où s'exerce cette faculté qu'ils appellent le sens commun, laquelle, toutes les fois qu'elle est disposée de même façon, fait sentir la même chose à l'esprit, quoique cependant les autres parties du corps puissent être diversement disposées, comme le témoignent une infinité d'expériences, lesquelles il n'est pas ici besoin de rapporter.

Je remarque outre cela que la nature du corps est telle, qu'aucune de ses parties ne peut être mue par une autre partie un peu éloignée, qu'elle ne le puisse être aussi de la même sorte par chacune des parties qui sont entre deux, quoique cette partie plus éloignée n'agisse point. Comme, par exemple, dans la corde A B C D qui est toute tendue, si l'on vient à tirer et remuer la dernière partie D, la première A ne sera pas remuée d'une autre façon, qu'on la pourrait aussi faire mouvoir, si on tirait une des parties moyennes, B ou C, et que la dernière D demeurât cependant immobile. Et en même façon, quand je ressens de la douleur au pied, la physique m'apprend que ce sentiment se communique par le moyen des nerfs dispersés dans le pied, qui se trouvant étendus comme des cordes depuis là

peut-être même seulement par une minuscule partie de celui-ci, à savoir celle où l'on
dit qu'est le sens commun, laquelle, toutes
les fois qu'elle est disposée de la même
manière, donne à voir la même chose à
l'esprit, quoique les autres parties du corps
puissent pendant ce temps se comporter de
diverses manières, comme le prouvent d'innombrables expériences qu'il n'est pas besoin
de recenser ici.

Je remarque en outre que le corps est de
telle nature qu'aucune de ses parties ne peut
être mise en mouvement par une autre partie
quelque peu éloignée sans pouvoir l'être
aussi de la même manière par n'importe
quelle autre placée entre les deux, quoique
cette partie plus éloignée n'agisse pas du
tout. Ainsi, par exemple, dans le cas d'une
corde A B C D, si l'on tire sa dernière partie,
D, la première, A, sera mise en mouvement
tout comme elle pourrait l'être aussi si l'on
tirait une des parties intermédiaires B ou C,
la dernière, D, demeurant immobile. De
façon semblable, quand je sens une douleur
au pied, la physique m'a enseigné que ce
sentiment se produit par le moyen des nerfs
ramifiés dans le pied, tendus comme des
cordes de là jusqu'au cerveau, qui, lorsqu'ils

extensi, dum trahuntur in pede, trahunt etiam intimas cerebri partes
ad quas pertingunt, quemdamque motum in iis excitant, qui insti-
tutus est a natura ut mentem afficiat sensu doloris tanquam in pede
existentis. Sed quia illi nervi per tibiam, crus, lumbos, dorsum, et
collum transire debent, ut a pede ad cerebrum perveniant, potest
contingere ut, etiamsi eorum pars quae est in pede non attingatur,
sed aliqua tantum ex intermediis, idem plane ille motus fiat in
cerebro qui fit pede male affecto, ex quo necesse erit ut mens sentiat
eundem dolorem. Et idem de quolibet alio sensu est putandum.

Adverto denique, quandoquidem unusquisque ex motibus qui
fiunt in ea parte cerebri quae immediate mentem afficit, non nisi
unum aliquem sensum illi infert, nihil hac in re melius posse
excogitari, quam si eum inferat qui, ex omnibus quos inferre potest,
ad hominis sani conservationem quammaxime et quam frequentis-
sime conducit. Experientiam autem testari, tales esse omnes sensus

---

jusqu'au cerveau, lorsqu'ils sont tirés dans le pied, tirent aussi en
même temps l'endroit du cerveau d'où ils viennent et auquel ils
aboutissent, et y excitent un certain mouvement, que la nature a
institué pour faire sentir de la douleur à l'esprit, comme si cette
douleur était dans le pied. Mais parce que ces nerfs doivent passer
par la jambe, par la cuisse, par les reins, par le dos et par le col,
pour s'étendre depuis le pied jusqu'au cerveau, il peut arriver
qu'encore bien que leurs extrémités qui sont dans le pied ne soient
point remuées, mais seulement quelques-unes de leurs parties qui
passent par les reins ou par le col, cela néanmoins excite les mêmes
mouvements dans le cerveau, qui pourraient y être excités par une
blessure reçue dans le pied, en suite de quoi il sera nécessaire que
l'esprit ressente dans le pied la même douleur que s'il y avait reçu
une blessure. Et il faut juger le semblable de toutes les autres
perceptions de nos sens.

Enfin je remarque que, puisque de tous les mouvements qui se
font dans la partie du cerveau dont l'esprit reçoit immédiatement
l'impression, chacun ne cause qu'un certain sentiment, on ne peut
rien en cela souhaiter ni imaginer de mieux, sinon que ce mouvement fasse ressentir à l'esprit, entre tous les sentiments qu'il est
70 capable de causer, celui qui est le plus propre et le plus ordinairement
utile à la conservation du corps humain, lorsqu'il est en pleine
santé. Or l'expérience nous fait connaître que tous les sentiments

sont tirés dans le pied, tirent aussi les parties intérieures du cerveau auxquelles ils aboutissent, et excitent en elles un certain mouvement que la nature a institué pour affecter l'esprit d'une douleur sentie comme existant dans le pied. Mais parce que ces nerfs doivent passer par la jambe, la cuisse, les reins, le dos et le cou, pour parvenir depuis le pied jusqu'au cerveau, il peut arriver, même si la partie de ces nerfs située dans le pied n'est pas atteinte, mais seulement quelqu'une des parties intermédiaires, que se produise dans le cerveau exactement le même mouvement que lorsque le pied est mal en point, et par suite il sera nécessaire que l'esprit sente la même douleur. Il faut soutenir la même chose de n'importe quelle autre sensation.

Je remarque enfin que, puisque chacun des mouvements se produisant dans la partie du cerveau qui affecte immédiatement l'esprit n'apporte à celui-ci qu'un seul sentiment, tout ce qu'on peut s'imaginer de mieux en cela est qu'il apporte celui qui, de tous ceux qu'il peut apporter, contribue le mieux et le plus souvent possible à la conservation de l'homme en bonne santé. Or l'expérience témoigne que tels sont tous les

nobis a natura inditos; ac proinde nihil plane in iis reperiri, quod
88 non Dei potentiam[1] bonitatemque testetur. Ita, exempli causa, cum
nervi qui sunt in pede vehementer et praeter consuetudinem
moventur, ille eorum motus, per spinae dorsi medullam ad intima
cerebri pertingens, ibi menti signum dat ad aliquid sentiendum,
nempe dolorem tanquam in pede existentem, a quo illa excitatur ad
ejus causam, ut pedi infestam, quantum in se est, amovendam.
Potuisset vero natura hominis a Deo sic constitui ut ille idem motus
in cerebro quidvis aliud menti exhiberet: nempe vel seipsum,
quatenus est in cerebro, vel quatenus est in pede, vel in aliquo ex
locis intermediis, vel denique aliud quidlibet; sed nihil aliud ad
corporis conservationem aeque conduxisset. Eodem modo cum potu
indigemus, quaedam inde oritur siccitas in gutture nervos ejus
movens et illorum ope cerebri interiora; hicque motus mentem

1. 1ʳᵉ édition : *immensam Dei potentiam*.

que la nature nous a donnés sont tels que je viens de dire; et
partant, il ne se trouve rien en eux, qui ne fasse paraître la puissance
et la bonté de Dieu qui les a produits.

Ainsi, par exemple, lorsque les nerfs qui sont dans le pied sont
remués fortement, et plus qu'à l'ordinaire, leur mouvement, passant
par la moelle de l'épine du dos jusqu'au cerveau, fait une impression
à l'esprit qui lui fait sentir quelque chose, à savoir de la douleur,
comme étant dans le pied, par laquelle l'esprit est averti et excité à
faire son possible pour en chasser la cause, comme très dangereuse
et nuisible au pied.

Il est vrai que Dieu pouvait établir la nature de l'homme de telle
sorte que ce même mouvement dans le cerveau fît sentir toute autre
chose à l'esprit : par exemple, qu'il se fît sentir soi-même, ou en
tant qu'il est dans le cerveau, ou en tant qu'il est dans le pied, ou
bien en tant qu'il est en quelque autre endroit entre le pied et le
cerveau, ou enfin quelque autre chose telle qu'elle peut être ; mais
rien de tout cela n'eût si bien contribué à la conservation du corps,
que ce qu'il lui fait sentir.

De même, lorsque nous avons besoin de boire, il naît de là une
certaine sécheresse dans le gosier, qui remue ses nerfs, et par leur
moyen les parties intérieures du cerveau ; et ce mouvement fait

sentiments dont la nature nous a dotés, et que par conséquent on ne rencontre absolument rien en eux qui ne témoigne de la puissance et de la bonté de Dieu. Ainsi, par exemple, quand les nerfs qui sont dans le pied sont mis en mouvement avec violence et plus que de coutume, ce mouvement qui est en eux, passant par la moelle de l'épine dorsale pour aboutir jusqu'à l'intérieur du cerveau, y donne à l'esprit un signe pour lui faire sentir quelque chose, en l'occurrence une douleur qui est comme dans le pied, par laquelle il est incité à en écarter autant qu'il le peut la cause, comme dangereuse pour le pied. Il est vrai que Dieu aurait pu donner à la nature de l'homme une constitution telle que ce même mouvement dans le cerveau fît voir à l'esprit n'importe quelle autre chose, par exemple ce mouvement lui même en tant qu'il est dans le cerveau, ou en tant qu'il est dans le pied, ou dans l'un des lieux intermédiaires, ou enfin tout ce qu'on voudra d'autre ; mais rien d'autre n'aurait autant contribué à la conservation du corps. De même, quand nous manquons de boisson, il en résulte une certaine sécheresse de la gorge qui met en mouvement ses nerfs et par leur moyen les parties intérieures

afficit sensu sitis, quia nihil in toto hoc negotio nobis utilius est scire quam quod potu ad conservationem valetudinis egeamus, et sic de caeteris.

Ex quibus omnino manifestum est, non obstante immensa Dei bonitate, naturam hominis ut ex mente et corpore compositi non posse non aliquando esse fallacem. Nam si quae causa, non in pede, sed in alia quavis ex partibus per quas nervi a pede ad cerebrum porriguntur, vel etiam in ipso cerebro, eundem plane motum excitet qui solet excitari pede male affecto, sentietur dolor tanquam in pede, sensusque naturaliter falletur, quia, cum ille idem motus in cerebro non possit nisi eundem semper sensum menti inferre, multoque frequentius oriri soleat a causa quae laedit pedem, quam ab alia 89 alibi existente, rationi consentaneum est ut pedis potius quam alterius partis dolorem menti semper exhibeat. Et si quando faucium

ressentir à l'esprit le sentiment de la soif, parce qu'en cette occasion-là il n'y a rien qui nous soit plus utile que de savoir que nous avons besoin de boire, pour la conservation de notre santé ; et ainsi des autres.

D'où il est entièrement manifeste que, nonobstant la souveraine bonté de Dieu, la nature de l'homme, en tant qu'il est composé de l'esprit et du corps, ne peut qu'elle ne soit quelquefois fautive et trompeuse.

Car s'il y a quelque cause qui excite, non dans le pied, mais en quelqu'une des parties du nerf qui est tendu depuis le pied jusqu'au cerveau, ou même dans le cerveau, le même mouvement qui se fait ordinairement quand le pied est mal disposé, on sentira de la douleur comme si elle était dans le pied, et le sens sera naturellement trompé ; parce qu'un même mouvement dans le cerveau ne pouvant 71 causer en l'esprit qu'un même sentiment, et ce sentiment étant beaucoup plus souvent excité par une cause qui blesse le pied, que par une autre qui soit ailleurs, il est bien plus raisonnable qu'il porte à l'esprit la douleur du pied que celle d'aucune autre partie. Et

du cerveau, et ce mouvement affecte l'esprit du sentiment de soif, parce que rien ne nous est plus utile en toute cette affaire que de savoir que nous avons besoin de boire pour la conservation de notre santé, et ainsi pour tous les autres cas.

D'où l'on voit de manière tout à fait manifeste que, nonobstant l'immense bonté de Dieu, la nature de l'homme comme composé d'esprit et de corps ne peut pas ne pas être quelquefois trompeuse. Car si quelque cause excite, non dans le pied, mais dans n'importe quelle autre des parties par lesquelles passent les nerfs qui s'étirent depuis le pied jusqu'au cerveau, ou encore dans le cerveau lui-même, exactement le même mouvement que celui qui est ordinairement excité quand le pied est mal en point, la douleur sera sentie comme dans le pied, et le sentiment sera de manière naturelle dans l'erreur. Puisqu'en effet ce même mouvement dans le cerveau ne peut qu'apporter en l'esprit toujours le même sentiment, et qu'il provient beaucoup plus fréquemment d'une cause qui blesse le pied que d'une autre qui soit ailleurs, il est conforme à la raison qu'il fasse toujours sentir à l'esprit la douleur du pied plutôt que celle d'une autre partie. Et s'il arrive

ariditas, non ut solet ex eo quod ad corporis valetudinem potus conducat, sed ex contraria aliqua causa oriatur, ut in hydropico contingit, longe melius est illam tunc fallere, quam si contra semper falleret cum corpus est bene constitutum ; et sic de reliquis.

Atque haec consideratio plurimum juvat, non modo ut errores omnes quibus natura mea obnoxia est animadvertam, sed etiam ut illos aut emendare aut vitare facile possim. Nam sane cum sciam omnes sensus circa ea quae ad corporis commodum spectant multo frequentius verum indicare[1] quam falsum, possimque uti fere semper pluribus ex iis ad eandem rem examinandam, et insuper memoria, quae praesentia cum praecedentibus connectit, et intellectu, qui jam omnes errandi causas perspexit, non amplius vereri debeo ne illa quae mihi quotidie a sensibus exhibentur sint falsa, sed hyperbolicae superiorum dierum dubitationes ut risu dignae sunt explodendae ; praesertim summa illa de somno, quem a vigilia non distinguebam ; nunc enim adverto permagnum inter utrumque esse discrimen in

1. 1ʳᵉ édition : *judicare*.

quoique la sécheresse du gosier ne vienne pas toujours, comme à l'ordinaire, de ce que le boire est nécessaire pour la santé du corps, mais quelquefois d'une cause toute contraire, comme expérimentent les hydropiques, toutefois il est beaucoup mieux qu'elle trompe en ce rencontre-là, que si, au contraire, elle trompait toujours lorsque le corps est bien disposé ; et ainsi des autres.

Et certes cette considération me sert beaucoup, non seulement pour reconnaître toutes les erreurs auxquelles ma nature est sujette, mais aussi pour les éviter, ou pour les corriger plus facilement : car sachant que tous mes sens me signifient plus ordinairement le vrai que le faux, touchant les choses qui regardent les commodités ou incommodités du corps, et pouvant presque toujours me servir de plusieurs d'entre eux pour examiner une même chose, et outre cela, pouvant user de ma mémoire pour lier et joindre les connaissances présentes aux passées, et de mon entendement qui a déjà découvert toutes les causes de mes erreurs, je ne dois plus craindre désormais qu'il se rencontre de la fausseté dans les choses qui me sont le plus ordinairement représentées par mes sens, et je dois rejeter tous mes doutes de ces jours passés, comme hyperboliques et ridicules, particulièrement cette incertitude si générale touchant le sommeil, que je ne pouvais distinguer de la veille. Car à présent j'y rencontre

que la sécheresse de la gorge ne provienne pas comme à l'ordinaire de ce que boire contribue à la santé du corps, mais de quelque cause contraire, comme pour l'hydropique, il vaut beaucoup mieux qu'elle trompe dans ce cas que si, au contraire, elle trompait toujours quand le corps est en bon état ; et ainsi du reste.

Cette considération me sert beaucoup, non seulement pour remarquer toutes les erreurs auxquelles ma nature est exposée, mais aussi pour pouvoir facilement les corriger ou les éviter. Car, en vérité, puisque je sais que tous les sens, à propos de ce qui regarde le bien du corps, m'indiquent beaucoup plus fréquemment le vrai que le faux, et puisque je peux me servir presque toujours de plusieurs d'entre eux pour examiner une même chose, ainsi que de la mémoire qui relie le présent au passé, et de l'entendement qui a déjà élucidé toutes les causes d'erreur, je ne dois plus redouter que soient fausses les choses que tous les jours les sens me donnent à voir, et il faut rejeter comme dignes de risée les doutes hyperboliques des jours derniers, surtout ce doute extrême au sujet du sommeil que je ne distinguais pas de la veille. Je remarque en effet maintenant une

Sixième Méditation

eo quod nunquam insomnia cum reliquis omnibus actionibus vitae
a memoria conjungantur, ut ea quae vigilanti occurrunt ; nam sane,
si quis, dum vigilo, mihi derepente appareret, statimque postea
dispareret, ut fit in somnis, ita scilicet ut nec unde venisset, nec quo
90 abiret viderem, non immerito spectrum potius aut phantasma in
cerebro meo effictum, quam verum hominem esse judicarem. Cum
vero eae res occurrunt, quas distincte unde, ubi, et quando mihi
adveniant adverto, earumque perceptionem absque ulla interrup-
tione cum tota reliqua vita connecto, plane certus sum non in
somnis sed vigilanti occurrere. Nec de ipsarum veritate debeo vel
minimum dubitare, si, postquam omnes sensus, memoriam et
intellectum ad illas examinandas convocavi, nihil mihi quod cum
caeteris pugnet ab ullo ex his nuntietur. Ex eo enim quod Deus non
sit fallax, sequitur omnino in talibus me non falli. Sed quia rerum

---

une très notable différence, en ce que notre mémoire ne peut jamais
lier et joindre nos songes les uns aux autres et avec toute la suite de
notre vie, ainsi qu'elle a de coutume de joindre les choses qui nous
arrivent étant éveillés. Et en effet, si quelqu'un, lorsque je veille,
m'apparaissait tout soudain et disparaissait de même, comme font
les images que je vois en dormant, en sorte que je ne pusse
remarquer ni d'où il viendrait, ni où il irait, ce ne serait pas sans
raison que je l'estimerais un spectre ou un fantôme formé dans mon
cerveau, et semblable à ceux qui s'y forment quand je dors, plutôt
qu'un vrai homme. Mais lorsque j'aperçois des choses dont je
connais distinctement et le lieu d'où elles viennent, et celui où elles
sont, et le temps auquel elles m'apparaissent, et que, sans aucune
interruption, je puis lier le sentiment que j'en ai avec la suite du
reste de ma vie, je suis entièrement assuré que je les aperçois en
veillant, et non point dans le sommeil. Et je ne dois en aucune
72 façon douter de la vérité de ces choses-là, si après avoir appelé tous
mes sens, ma mémoire et mon entendement pour les examiner, il
ne m'est rien rapporté par aucun d'eux, qui ait de la répugnance
avec ce qui m'est rapporté par les autres. Car de ce que Dieu n'est
point trompeur, il suit nécessairement que je ne suis point en cela
trompé.

Mais parce que la nécessité des affaires nous oblige souvent à

258

très grande différence entre les deux, en ce que jamais la mémoire ne rattache les songes à toutes les autres actions de la vie, comme elle le fait pour ce qui se présente à l'état de veille ; car en vérité si quelqu'un, quand je suis éveillé, m'apparaissait soudain et aussitôt après disparaissait, comme il arrive dans le sommeil, c'est-à-dire sans que je voie ni d'où il serait venu ni où il s'en irait, je n'aurais pas tort de juger que c'est un spectre ou une vision forgée dans mon cerveau plutôt qu'un vrai homme. Mais quand se présentent à moi des choses dont je remarque distinctement d'où elles surviennent, où, et quand, et que je relie leur perception sans aucune interruption à tout le reste de la vie, je suis tout à fait certain que ce n'est pas dans le sommeil mais à l'état de veille qu'elles se présentent. Et je ne dois pas douter si peu que ce soit de leur vérité si, après avoir convoqué pour les examiner tous mes sens, la mémoire et l'entendement, rien ne m'est rapporté par aucun d'eux qui s'oppose à tout le reste. De ce que Dieu n'est pas trompeur, il résulte en effet sans aucune réserve qu'en cela je ne suis pas trompé.

Mais parce que la nécessité de l'action ne

Sixième Méditation

agendarum necessitas non semper tam accurati examinis moram concedit, fatendum est humanam vitam circa res particulares saepe erroribus esse obnoxiam, et naturae nostrae infirmitas est agnoscenda.

nous déterminer, avant que nous ayons eu le loisir de les examiner si soigneusement, il faut avouer que la vie de l'homme est sujette à faillir fort souvent dans les choses particulières ; et enfin il faut reconnaître l'infirmité et la faiblesse de notre nature.

nous accorde pas toujours de délai pour un examen si exact, il faut avouer que la vie humaine est souvent exposée à des erreurs dans les choses particulières, et il faut reconnaître la faiblesse de notre nature.

Textes annexes

Sapientissimis clarissimisque viris
Sacrae Facultatis Theologiae Parisiensis
Decano et Doctoribus

Renatus Des Cartes s.d.

Tam justa causa me impellit ad hoc scriptum vobis offerendum, et tam justam etiam vos habituros esse confido ad ejus deffensionem suscipiendam, postquam instituti mei rationem intelligetis, ut nulla re melius illud hic possim commendare, quam si quid in eo sequutus sim paucis dicam. Semper existimavi duas quaestiones, de Deo et de Anima, praecipuas esse ex iis quae Philosophiae potius quam Theologiae ope sunt demonstrandae. Nam quamvis nobis fidelibus
2 animam humanam cum corpore non interire, Deumque existere,

A Messieurs
les Doyen et Docteurs
de la Sacrée Faculté de Théologie
de Paris

Messieurs,

La raison qui me porte à vous présenter cet ouvrage est si juste, et, quand vous en connaîtrez le dessein, je m'assure que vous en aurez aussi une si juste de le prendre en votre protection, que je pense ne pouvoir mieux faire, pour vous le rendre en quelque sorte recommandable, qu'en vous disant en peu de mots ce que je m'y suis proposé. J'ai toujours estimé que ces deux questions, de Dieu et de l'âme, étaient les principales de celles qui doivent plutôt être démontrées par les raisons de la philosophie que de la théologie : car bien qu'il nous suffise, à nous autres qui sommes fidèles, de croire par la foi qu'il y a un Dieu, et que l'âme humaine ne meurt

Monsieur le Doyen, Messieurs les Docteurs
de la Faculté de Théologie de Paris,
dont la sagesse égale l'insigne renommée,

Si juste est la cause qui m'incite à vous présenter cet écrit, si juste aussi, j'en suis sûr, sera la vôtre en assurant sa protection, quand vous connaîtrez la raison de mon projet, que je ne puis avoir ici meilleur moyen de le recommander que de dire brièvement quel but j'y ai poursuivi.

J'ai toujours estimé que deux questions, Dieu et l'âme, étaient les principales de celles qui doivent être démontrées à l'aide de la philosophie plutôt que de la théologie. Car bien qu'à nous fidèles il suffise de croire par la foi que l'âme humaine ne périt pas avec

fide credere sufficiat, certe infidelibus nulla religio, nec fere etiam
ulla moralis virtus, videtur posse persuaderi, nisi prius illis ista duo
ratione naturali probentur. Cumque saepe in hac vita majora vitiis
quam virtutibus praemia proponantur, pauci rectum utili praefer-
rent, si nec Deum timerent, nec aliam vitam expectarent. Et quamvis
omnino verum sit, Dei existentiam credendam esse, quoniam in
sacris scripturis docetur, et vice versa credendas sacras scripturas,
quoniam habentur a Deo, quia nempe, cum fides sit donum Dei,
ille idem qui dat gratiam ad reliqua credenda, potest etiam dare, ut
ipsum existere credamus, non tamen hoc infidelibus proponi potest,
quia circulum esse judicarent. Et quidem animadverti non modo
vos omnes aliosque Theologos affirmare Dei existentiam naturali
ratione posse probari, sed et ex sacra Scriptura inferri, ejus cognitionem multis, quae de rebus creatis habentur, esse faciliorem, atque

_____

point avec le corps ; certainement il ne semble pas possible de
pouvoir jamais persuader aux infidèles aucune religion, ni quasi
même aucune vertu morale, si premièrement on ne leur prouve ces
deux choses par raison naturelle. Et d'autant qu'on propose souvent
en cette vie de plus grandes récompenses pour les vices que pour
les vertus, peu de personnes préféreraient le juste à l'utile, si elles
n'étaient retenues, ni par la crainte de Dieu, ni par l'attente d'une
autre vie. Et quoiqu'il soit absolument vrai, qu'il faut croire qu'il y
a un Dieu, parce qu'il est ainsi enseigné dans les Saintes Ecritures,
et d'autre part qu'il faut croire les Saintes Écritures, parce qu'elles
viennent de Dieu ; et cela pour ce que, la foi étant un don de Dieu,
celui-là même qui donne la grâce pour faire croire les autres choses,
5 la peut aussi donner pour nous faire croire qu'il existe ; on ne saurait
néanmoins proposer cela aux infidèles, qui pourraient s'imaginer
que l'on commettrait en ceci la faute que les logiciens nomment un
Cercle. Et de vrai, j'ai pris garde que vous autres, Messieurs, avec
tous les théologiens, n'assuriez pas seulement que l'existence de
Dieu se peut prouver par raison naturelle, mais aussi que l'on infère
de la Sainte Écriture, que sa connaissance est beaucoup plus claire
que celle que l'on a de plusieurs choses créées, et qu'en effet elle est

le corps et que Dieu existe, il ne semble certainement pas possible de persuader aux infidèles aucune religion ni même presque aucune vertu morale, si on ne leur prouve pas d'abord ces deux vérités par la raison naturelle. Comme on propose souvent en cette vie de plus grandes récompenses pour les vices que pour les vertus, peu de gens préféreraient le juste à l'utile s'ils n'avaient la crainte de Dieu et l'espoir d'une autre vie. Et bien qu'il soit absolument vrai qu'il faut croire à l'existence de Dieu puisqu'elle est enseignée dans les Saintes Ecritures, et inversement qu'il faut croire les Saintes Ecritures puisqu'elles viennent de Dieu, cela parce que, la foi étant un don de Dieu, celui qui donne la grâce pour faire croire les autres choses peut aussi la donner pour nous faire croire qu'il existe, on ne saurait toutefois proposer cela aux infidèles parce qu'ils jugeraient qu'il y a un cercle.

En vérité, j'ai remarqué non seulement que vous tous, avec les autres théologiens, vous affirmez que l'existence de Dieu peut être prouvée par la raison naturelle, mais aussi que de l'Écriture Sainte on infère que sa connaissance est plus facile que beaucoup d'autres qu'on a touchant les choses créées,

omnino esse tam facilem, ut qui illam non habent sint culpandi. Patet enim Sap. 13 ex his verbis : *Nec his debet ignosci, si enim tantum potuerunt scire, ut possent aestimare saeculum, quomodo, hujus dominum non facilius invenerunt ?* Et ad Rom. cap. I, dicitur illos esse *inexcusabiles.* Atque ibidem etiam per haec verba, *Quod notum est Dei, manifestum est in illis,* videmur admoneri ea omnia quae de Deo sciri possunt, rationibus non aliunde petitis quam ab ipsamet nostra mente posse ostendi. Quod idcirco quomodo fiat, et qua via Deus facilius et certius quam res saeculi cognoscatur, non putavi a me esse alienum inquirere. Atque quantum ad animam,

3 etsi multi ejus naturam non facile investigari posse judicarint, et nonnulli etiam dicere ausi sint rationes humanas persuadere illam simul cum corpore interire, solaque fide contrarium teneri, quia tamen hos condemnat Concilium Lateranense sub Leone 10 habitum, sessione 8, et expresse mandat Christianis Philosophis ut eorum argumenta dissolvant, et veritatem pro viribus probent, hoc

---

si facile, que ceux qui ne l'ont point sont coupables. Comme il paraît par ces paroles de la Sagesse, chapitre 13, où il est dit que *leur ignorance n'est point pardonnable : car si leur esprit a pénétré si avant dans la connaissance des choses du monde, comment est-il possible qu'ils n'en aient point trouvé plus facilement le souverain Seigneur ?* Et aux Romains, chapitre premier, il est dit qu'ils sont *inexcusables.* Et encore, au même endroit, par ces paroles : *Ce qui est connu de Dieu est manifeste dans eux,* il semble que nous soyons avertis, que tout ce qui se peut savoir de Dieu peut être montré par des raisons qu'il n'est pas besoin de chercher ailleurs que dans nous-mêmes, et que notre esprit seul est capable de nous fournir. C'est pourquoi j'ai pensé qu'il ne serait point hors de propos, que je fisse voir ici par quels moyens cela se peut faire, et quelle voie il faut tenir, pour arriver à la connaissance de Dieu avec plus de facilité et de certitude que nous ne connaissons les choses de ce monde. Et pour ce qui regarde l'âme, quoique plusieurs aient cru qu'il n'est pas aisé d'en connaître la nature, et que quelques-uns aient même osé dire que les raisons humaines nous persuadaient qu'elle mourait avec le corps, et qu'il n'y avait que la seule foi qui nous enseignait le contraire, néanmoins, d'autant que le Concile de Latran, tenu sous Léon X, en la session 8, les condamne, et qu'il ordonne expressément aux philosophes chrétiens de répondre à leurs argu-

et qu'elle est au fond si facile que ceux qui ne l'ont pas sont en faute. Cela ressort en effet de ces paroles du Livre de la Sagesse, 13 : *On ne doit pas leur pardonner ; car s'ils ont pu en savoir assez pour pouvoir faire cas de ce monde, comment n'ont-ils pas trouvé plus facilement son maître ?* Et dans l'Epître aux Romains, chapitre 1, il est dit qu'ils sont *inexcusables*. Et encore au même endroit, ces paroles, *ce qui est connu de Dieu est manifeste en eux,* semblent nous avertir que tout ce qu'on peut savoir de Dieu peut être montré par des raisons tirées seulement de notre propre esprit. Aussi ai-je cru qu'il pouvait m'appartenir de chercher comment cela se fait et par quelle voie l'on connaît Dieu avec plus de facilité et de certitude que les choses de ce monde. Quant à l'âme, bien que beaucoup aient jugé qu'il n'est pas facile d'en découvrir la nature, et que quelques-uns aient même osé dire que les raisons humaines persuadent qu'elle périt en même temps que le corps, la foi seule faisant soutenir le contraire, toutefois, puisque le Concile de Latran, tenu sous Léon X, en la session 8, les condamne, et qu'il ordonne expressément aux philosophes chrétiens de dissiper leurs arguments et de prouver de

etiam aggredi non dubitavi. Praeterea, quoniam scio plerosque impios non aliam ob causam nolle credere Deum esse, mentemque humanam a corpore distingui, quam quia dicunt haec duo a nemine hactenus potuisse demonstrari, etsi nullo modo iis assentiar, sed contra rationes fere omnes, quae pro his quaestionibus a magnis viris allatae sunt, cum satis intelliguntur, vim demonstrationis habere putem, vixque ullas dari posse mihi persuadeam, quae non prius ab aliquibus aliis fuerint inventae, nihil tamen utilius in Philosophia praestare[1] posse existimo, quam si semel omnium optimae studiose quaerantur, tamque accurate et perspicue exponantur, ut apud omnes constet in posterum eas esse demonstrationes. Ac denique, quoniam nonnulli quibus notum est me quandam excoluisse Methodum ad quaslibet difficultates in scientiis resolvendas, non quidem novam, quia nihil est veritate antiquius, sed qua

1. 1re édition : *praestari*.

ments, et d'employer toutes les forces de leur esprit pour faire connaître la vérité, j'ai bien osé l'entreprendre dans cet écrit. Davantage, sachant que la principale raison, qui fait que plusieurs impies ne veulent point croire qu'il y a un Dieu, et que l'âme humaine est distincte du corps, est qu'ils disent que personne jusques ici n'a pu démontrer ces deux choses ; quoique je ne sois point de leur opinion, mais qu'au contraire je tienne que presque toutes les raisons qui ont été apportées par tant de grands person-
6 nages, touchant ces deux questions, sont autant de démonstrations, quand elles sont bien entendues, et qu'il soit presque impossible d'en inventer de nouvelles ; si est-ce que je crois qu'on ne saurait rien faire de plus utile en la philosophie, que d'en rechercher une fois curieusement et avec soin les meilleures et plus solides, et les disposer en un ordre si clair et si exact, qu'il soit constant désormais à tout le monde, que ce sont de véritables démonstrations. Et enfin, d'autant que plusieurs personnes ont désiré cela de moi, qui ont connaissance que j'ai cultivé une certaine méthode pour résoudre toutes sortes de difficultés dans les sciences ; méthode qui de vrai n'est pas nouvelle, n'y ayant rien de plus ancien que la vérité, mais

270

toutes leurs forces la vérité, je n'ai pas hésité à aborder aussi cette question.

De plus, sachant que la plupart des impies ne refusent de croire qu'il y a un Dieu, et que l'esprit humain est distingué du corps, que parce qu'ils disent que personne jusqu'à présent n'a pu démontrer ces deux points, bien que je ne sois aucunement de leur avis, mais que je croie au contraire que presque toutes les raisons apportées pour ces questions par les hommes éminents, quand elles sont bien entendues, ont la force d'une démonstration, et que je me persuade qu'on peut difficilement en trouver qui n'aient pas déjà été découvertes par d'autres, j'estime toutefois qu'on ne peut rien accomplir de plus utile en philosophie que de rechercher une bonne fois avec application les meilleures d'entre toutes et de les exposer avec tant d'exactitude et de transparence que tout le monde à l'avenir reconnaisse que ce sont des démonstrations.

Enfin, cela m'ayant été demandé avec la plus grande insistance par quelques personnes qui ont su que j'ai cultivé une certaine méthode pour résoudre toutes sortes de difficultés dans les sciences, méthode qui, certes, n'est pas nouvelle, car rien n'est plus

me saepe in aliis non infoeliciter uti viderunt, hoc a me summopere flagitarunt, ideoque officii mei esse putavi nonnihil hac in re conari.
4 Quicquid autem praetare potui, totum in hoc Tractatu continetur. Non quod in eo diversas omnes rationes, quae ad eadem probanda afferri possent, colligere conatus sim, neque enim hoc videtur operae pretium esse, nisi ubi nulla habetur satis certa ; sed primas tantum et praecipuas ita prosecutus sum, ut jam pro certissimis et evidentissimis demonstrationibus illas ausim proponere. Addamque etiam tales esse, ut non putem ullam viam humano ingenio patere, per quam meliores inveniri unquam possint ; cogit enim me causae necessitas, et gloria Dei, ad quam totum hoc refertur, ut hic aliquanto liberius de meis loquar quam mea fert consuetudo. Atqui quantumvis certas et evidentes illas putem, non tamen ideo mihi persuadeo ad omnium captum esse accommodatas ; sed, quemadmodum in Geometria multae sunt ab Archimede, Apollonio, Pappo, aliisve

de laquelle ils savent que je me suis servi assez heureusement en d'autres rencontres ; j'ai pensé qu'il était de mon devoir de tenter quelque chose sur ce sujet. Or j'ai travaillé de tout mon possible pour comprendre dans ce traité tout ce qui s'en peut dire. Ce n'est pas que j'aie ici ramassé toutes les diverses raisons qu'on pourrait alléguer pour servir de preuve à notre sujet ; car je n'ai jamais cru que cela fût nécessaire, sinon lorsqu'il n'y en a aucune qui soit certaine ; mais seulement j'ai traité les premières et principales d'une telle manière, que j'ose bien les proposer pour de très évidentes et très certaines démonstrations. Et je dirai de plus qu'elles sont telles, que je ne pense pas qu'il y ait aucune voie par où l'esprit humain en puisse jamais découvrir de meilleures ; car l'importance de l'affaire, et la gloire de Dieu à laquelle tout ceci se rapporte, me contraignent de parler ici un peu plus librement de moi que je n'ai de coutume. Néanmoins, quelque certitude et évidence que je trouve en mes raisons, je ne puis pas me persuader que tout le monde soit capable de les entendre. Mais, tout ainsi que dans la géométrie il y en a plusieurs qui nous ont été laissées par Archimède, par

ancien que la vérité, mais dont ils m'ont vu souvent me servir en d'autres occasions non sans bonheur, j'ai cru qu'il était de mon devoir de tenter quelque chose sur ce sujet.

Or tout ce que j'ai pu accomplir est contenu intégralement dans ce traité. Ce n'est pas que j'aie tenté d'y recueillir toutes les diverses raisons qu'on pourrait apporter pour prouver ces vérités, car cela ne semble en valoir la peine que lorsqu'on n'en a aucune d'assez certaine ; je me suis attaché seulement aux premières et principales en les traitant de telle sorte que j'ose maintenant les proposer pour de très certaines et très évidentes démonstrations. J'ajouterai même qu'elles sont telles que je ne crois pas que s'offre à l'intelligence humaine aucune voie permettant d'en découvrir jamais de meilleures : l'importance de la cause et la gloire de Dieu, à laquelle tout ceci se rapporte, me contraignent en effet à parler ici de mes raisons un peu plus librement que je n'en ai coutume.

Pourtant, si certaines et si évidentes que je les trouve, je ne me persuade pas pour autant qu'elles sont accommodées à la capacité de tous ; et de même qu'en géométrie il y en a beaucoup dans les écrits d'Archimède,

scriptae, quae, etsi pro evidentibus etiam ac certis ab omnibus
habeantur, quia nempe nihil plane continent quod seorsim specta-
tum non sit cognitu facillimum, nihilque in quo sequentia cum
antecedentibus non accurate cohaereant, quia tamen longiusculae
sunt, et valde attentum lectorem desiderant, non nisi ab admodum
paucis intelliguntur, ita, quamvis eas quibus hic utor, certitudine et
evidentia Geometricas aequare, vel etiam superare, existimem,
vereor tamen ne a multis satis percipi non possint, tum quia etiam
longiusculae sunt, et aliae ab aliis pendent, tum praecipue quia
requirunt mentem a praejudiciis plane liberam, et quae se ipsam a
sensuum consortio facile subducat. Nec certe plures in mundo
5 Metaphysicis studiis quam Geometricis apti reperiuntur. Ac praeterea in eo differentia est, quod in Geometria, cum omnibus sit
persuasum nihil scribi solere, de quo certa demonstratio non
habeatur, saepius in eo peccant imperiti, quod falsa approbent, dum

---

Apollonius, par Pappus, et par plusieurs autres, qui sont reçues de
tout le monde pour très certaines et très évidentes, parce qu'elles ne
contiennent rien qui, considéré séparément, ne soit très facile à
connaître, et qu'il n'y a point d'endroit où les conséquences ne
cadrent et ne conviennent fort bien avec les antécédents ; néanmoins,
parce qu'elles sont un peu longues, et qu'elles demandent un esprit
tout entier, elles ne sont comprises et entendues que de fort peu de
personnes : de même, encore que j'estime que celles dont je me sers
ici, égalent, voire même surpassent en certitude et évidence les
7 démonstrations de géométrie, j'appréhende néanmoins qu'elles ne
puissent pas être assez suffisamment entendues de plusieurs, tant
parce qu'elles sont aussi un peu longues, et dépendantes les unes
des autres, que principalement parce qu'elles demandent un esprit
entièrement libre de tous préjugés et qui se puisse aisément détacher
du commerce des sens. Et en vérité, il ne s'en trouve pas tant dans
le monde qui soient propres pour les spéculations métaphysiques,
que pour celles de géométrie. Et de plus il y a encore cette différence
que, dans la géométrie chacun étant prévenu de l'opinion, qu'il ne
s'y avance rien qui n'ait une démonstration certaine, ceux qui n'y
sont pas entièrement versés, pèchent bien plus souvent en approuvant de fausses démonstrations, pour faire croire qu'ils les entendent,

d'Apollonius, de Pappus et d'autres, qui sont aussi tenues par tous pour évidentes et certaines, cela parce qu'elles ne contiennent absolument rien qui, considéré à part, ne soit très facile à connaître, ni rien en quoi les conséquences ne s'accordent exactement avec les antécédents, mais qui toutefois, parce qu'elles sont un peu longues et exigent un lecteur fort attentif, ne sont entendues que par fort peu de gens, de même, quoique j'estime que celles dont je me sers égalent ou même surpassent en certitude et évidence celles de géométrie, je crains toutefois qu'elles ne puissent être bien saisies par beaucoup de gens, d'abord parce qu'elles sont elles aussi un peu longues et qu'elles dépendent les unes des autres, ensuite et principalement parce qu'elles requièrent un esprit entièrement libre de préjugés et qui se soustraie facilement au commerce des sens. Et l'on ne trouve certainement pas dans le monde plus de gens aptes aux études de métaphysique qu'à celles de géométrie. Il y a en outre cette différence qu'en géométrie, comme tout le monde est persuadé qu'on n'écrit ordinairement rien dont on n'ait une démonstration certaine, les ignorants pèchent plus souvent en approuvant des choses fausses, quand ils

ea videri volunt intelligere, quam quod vera refutent ; contra vero in Philosophia, cum credatur nihil esse de quo non possit in utramque partem disputari, pauci veritatem investigant, et multo plures ex eo quod ausint optima quaeque impugnare famam ingenii aucupantur. Atque ideo, qualescunque meae rationes esse possint, quia tamen ad Philosophiam spectant, non spero me illarum ope magnum operae pretium esse facturum, nisi me patrocinio vestro adjuvetis. Sed cum tanta inhaereat omnium mentibus de vestra Facultate opinio, tantaeque sit authoritatis SORBONAE nomen, ut non modo in rebus fidei nulli unquam Societati post sacra Concilia tantum creditum sit quam vestrae, sed etiam in humana Philosophia nullibi major perspicacia et soliditas, nec ad ferenda judicia major integritas et sapientia esse existimetur ; non dubito quin, si tantam hujus scripti curam suscipere dignemini, primo quidem ut a vobis corrigatur, memor enim, non modo humanitatis, sed maxime etiam

---

qu'en réfutant les véritables. Il n'en est pas de même dans la philosophie, où, chacun croyant que toutes ses propositions sont problématiques, peu de personnes s'adonnent à la recherche de la vérité ; et même beaucoup, se voulant acquérir la réputation de forts esprits, ne s'étudient à autre chose qu'à combattre arrogamment les vérités les plus apparentes. C'est pourquoi, Messieurs, quelque force que puissent avoir mes raisons, parce qu'elles appartiennent à la philosophie, je n'espère pas qu'elles fassent un grand effort sur les esprits, si vous ne les prenez en votre protection. Mais l'estime que tout le monde fait de votre compagnie étant si grande, et le nom de Sorbonne d'une telle autorité, que non seulement en ce qui regarde la foi, après les sacrés Conciles, on n'a jamais tant déféré au jugement d'aucune autre compagnie, mais aussi en ce qui regarde l'humaine philosophie, chacun croyant qu'il n'est pas possible de trouver ailleurs plus de solidité et de connaissance, ni plus de prudence et d'intégrité pour donner son jugement ; je ne doute point, si vous daignez prendre tant de soin de cet écrit, que de vouloir premièrement le corriger ; car ayant connaissance non seulement de mon infirmité, mais aussi de mon ignorance, je

veulent paraître les entendre, qu'en réfutant les choses vraies ; en philosophie au contraire, comme on croit qu'il n'y a rien dont on ne puisse soutenir le pour et le contre, peu de gens sont en quête de la vérité, et il en est beaucoup plus qui cherchent, en osant s'attaquer à tout ce qu'il y a de plus solide, à passer pour intelligents.

C'est pourquoi, quelle que puisse être la force de mes raisons, parce que néanmoins elles relèvent de la philosophie, je n'espère pas faire avec elles quelque chose qui en vaille la peine si vous ne m'aidez de votre appui. Si grande est l'estime où est tenue dans tous les esprits votre Faculté, si grande l'autorité du nom de Sorbonne, que non seulement dans les choses de la foi on n'a jamais accordé autant de crédit à aucune Société après les Sacrés Conciles, mais encore, quand il s'agit de l'humaine philosophie, on ne reconnaît nulle part plus de clairvoyance et de solidité, plus d'intégrité et de sagesse pour porter un jugement. Aussi je ne doute pas que, si vous daignez prendre de cet écrit un si grand soin que premièrement vous le corrigiez — car je n'oublie pas non seulement que je ne suis qu'un homme, mais aussi et surtout que je suis ignorant,

inscitiae meae, non affirmo nullos in eo esse errores; deinde ut quae
vel desunt, vel non satis absoluta sunt, vel majorem explicationem
desiderant, addantur, perficiantur, illustrentur, aut a vobis ipsis, aut
saltem a me, postquam a vobis ero admonitus; ac denique ut
postquam rationes in eo contentae, quibus Deum esse, mentemque
a corpore aliam esse probatur, ad eam perspicuitatem erunt perduc-
6 tae, ad quam ipsas perduci posse confido, ita nempe ut pro
accuratissimis demonstrationibus habendae sint, hoc ipsum decla-
rare et publice testari velitis, non dubito, inquam, quin, si hoc fiat,
omnes errores qui de his quaestionibus unquam fuerunt brevi ex
hominum mentibus deleantur. Veritas enim ipsa facile efficiet ut
reliqui ingeniosi et docti vestro judicio subscribant; et authoritas,
ut Athei, qui scioli magis quam ingeniosi aut docti esse solent,
contradicendi animum deponant, atque etiam ut forte rationes, quas
ab omnibus ingenio praeditis pro demonstrationibus haberi scient,
ipsi propugnent, ne non intelligere videantur. Ac denique caeteri
omnes tot testimoniis facile credent, nemoque amplis erit in mundo,

n'oserais pas assurer qu'il n'y ait aucunes erreurs; puis après y
ajouter les choses qui y manquent, achever celles qui ne sont pas
parfaites, et prendre vous-mêmes la peine de donner une explication
plus ample à celles qui en ont besoin, ou du moins de m'en avertir
afin que j'y travaille; et enfin, après que les raisons par lesquelles je
prouve qu'il y a un Dieu, et que l'âme humaine diffère d'avec le
8 corps, auront été portées jusques au point de clarté et d'évidence,
où je m'assure qu'on les peut conduire, qu'elles devront être tenues
pour de très exactes démonstrations, vouloir déclarer cela même, et
le témoigner publiquement: je ne doute point, dis-je, que si cela se
fait, toutes les erreurs et fausses opinions qui ont jamais été touchant
ces deux questions, ne soient bientôt effacées de l'esprit des hommes.
Car la vérité fera que tous les doctes et gens d'esprit souscriront à
votre jugement; et votre autorité, que les athées, qui sont pour
l'ordinaire plus arrogants que doctes et judicieux, se dépouilleront
de leur esprit de contradiction, ou que peut-être ils soutiendront
eux-mêmes les raisons qu'ils verront être reçues par toutes les
personnes d'esprit pour des démonstrations, de peur qu'ils ne
paraissent n'en avoir pas l'intelligence; et enfin tous les autres se
rendront aisément à tant de témoignages, et il n'y aura plus personne

et je n'affirme pas qu'il ne renferme aucune erreur —, qu'ensuite ce qui fait défaut ou n'est pas assez achevé ou exige plus d'explication soit complété, perfectionné, élucidé ou par vous-mêmes ou du moins par moi après que j'en aurai été averti, et qu'enfin, après que les raisons qu'il contient pour prouver qu'il y a un Dieu et que l'esprit est autre que le corps auront été amenées à la transparence à laquelle on peut, j'en suis sûr, les amener, c'est-à-dire au point qu'on doive les tenir pour des démonstrations très exactes, cela, vous vouliez bien le déclarer et le témoigner publiquement, je ne doute pas, dis-je, que, si cela se fait, toutes les erreurs qu'il y a jamais eu sur ces questions ne soient bientôt effacées de l'esprit des hommes. Car la vérité fera facilement que les gens intelligents et savants souscriront à votre jugement ; et l'autorité, que les athées, qui sont d'ordinaire plutôt demi-habiles qu'intelligents et savants, abandonneront l'esprit de contradiction, et peut-être aussi défendront eux-mêmes les raisons dont ils sauront que tous ceux qui sont pourvus d'intelligence les prennent pour des démonstrations, de peur de paraître ne pas les entendre ; et enfin tous les autres accorderont facilement crédit

Epître dédicatoire

qui vel Dei existentiam, vel realem humanae animae a corpore distinctionem ausit in dubium revocare. Cujus rei quanta esset utilitas, vos ipsi, pro vestra singulari sapientia, omnium optime aestimare potestis ; nec deceret me vobis, qui maximum Ecclesiae Catholicae columen semper fuistis, Dei et Religionis causam pluribus hic commendare.

_____

qui ose douter de l'existence de Dieu, et de la distinction réelle et véritable de l'âme humaine d'avec le corps. C'est à vous maintenant à juger du fruit qui reviendrait de cette créance, si elle était une fois bien établie, qui voyez les désordres que son doute produit ; mais je n'aurais pas ici bonne grâce de recommander davantage la cause de Dieu et de la Religion, à ceux qui en ont toujours été les plus fermes colonnes.

à tant de témoignages, et il n'y aura plus personne au monde pour oser révoquer en doute ni l'existence de Dieu ni la distinction réelle de l'âme humaine et du corps.

Quelle en serait l'utilité, c'est vous-mêmes, en raison de votre exceptionnelle sagesse, qui pouvez mieux que tous en juger; et il serait malvenu que je vous recommande ici davantage, à vous qui avez toujours été le principal pilier de l'Eglise catholique, la cause de Dieu et de la religion.

René DESCARTES.

Praefatio
ad Lectorem

Quaestiones de Deo et mente humana jam ante paucis attigi in Dissertatione de Methodo recte regendae rationis et veritatis in scientiis investigandae, gallice edita anno 1637, non quidem ut ipsas ibi accurate tractarem, sed tantum ut delibarem, et ex lectorum judiciis addiscerem qua ratione postea essent tractandae. Tanti enim momenti mihi visae sunt, ut plus una vice de ipsis agendum esse judicarem ; viamque sequor ad eas explicandas tam parum tritam, atque ab usu communi tam remotam, ut non utile putarim ipsam

---

Préface de l'auteur au lecteur[1]

J'ai déjà touché ces deux questions de Dieu et de l'âme humaine dans le discours français que je mis en lumière, en l'année 1637, touchant la méthode pour bien conduire sa raison et chercher la vérité dans les sciences ; non pas à dessein d'en traiter alors à plain fond, mais seulement comme en passant, afin d'apprendre par le jugement qu'on en ferait de quelle sorte j'en devrais traiter par après : car elles m'ont toujours semblé être d'une telle importance, que je jugeais qu'il était à propos d'en parler plus d'une fois ; et le chemin que je tiens pour les expliquer est si peu battu, et si éloigné

---

1. Cette *Préface* des éditions latines n'est pas traduite dans l'édition française de 1647, mais remplacée par un avis du libraire au lecteur. Nous donnons ici la traduction publiée en 1661 par Clerselier.

PRÉFACE

À l'intention du lecteur

J'ai déjà touché brièvement les questions de Dieu et de l'esprit humain dans le *Discours de la Méthode pour bien conduire sa raison et chercher la vérité dans les sciences,* publié en français en 1637, non pas, il est vrai, pour les y traiter avec précision, mais seulement pour en donner un avant-goût et apprendre du jugement des lecteurs comment elles devaient être traitées par la suite. Elles m'ont en effet paru d'une si grande importance que je jugeais nécessaire d'en parler plus d'une fois ; et je suis pour les expliquer un chemin si peu battu et si éloigné de la

Préface

in gallico et passim ab omnibus legendo scripto fusius docere, ne debiliora etiam ingenia credere possent eam sibi esse ingrediendam. Cum autem ibi rogassem omnes quibus aliquid in meis scriptis reprehensione dignum occurreret, ut ejus me monere dignarentur, nulla in ea quae de his quaestionibus attigeram notatu digna objecta sunt, praeter duo, ad quae hic paucis, priusquam earumdem accuratiorem explicationem aggrediar, respondebo. Primum est, ex eo
8 quod mens humana in se conversa non percipiat aliud se esse quam rem cogitantem, non sequi ejus naturam sive *essentiam* in eo tantum consistere, quod sit res cogitans, ita ut vox *tantum* caetera omnia excludat quae forte etiam dici possent ad animae naturam pertinere. Cui objectioni respondeo me etiam ibi noluisse illa excludere in ordine ad ipsam rei veritatem (de qua scilicet tunc non agebam), sed dumtaxat in ordine ad meam perceptionem, adeo ut sensus esset

de la route ordinaire, que je n'ai pas cru qu'il fût utile de le montrer en français, et dans un discours qui pût être lu de tout le monde, de peur que les faibles esprits ne crussent qu'il leur fût permis de tenter cette voie. Or ayant prié dans ce Discours de la Méthode tous ceux qui auraient trouvé dans mes écrits quelque chose digne de censure de me faire la faveur de m'en avertir, on ne m'a rien objecté de remarquable que deux choses sur ce que j'avais dit touchant ces deux questions, auxquelles je veux répondre ici en peu de mots, avant que d'entreprendre leur explication plus exacte. La première est qu'il ne s'ensuit pas de ce que l'esprit humain faisant réflexion sur soi-même ne se connaît être autre chose qu'une chose qui pense, que sa nature ou son *essence* ne soit seulement que de penser ; en telle sorte que ce mot *seulement* exclue toutes les autres choses qu'on pourrait peut-être aussi dire appartenir à la nature de l'âme. A laquelle objection je réponds que ce n'a point aussi été en ce lieu-là mon intention de les exclure selon l'ordre de la vérité de la chose (de laquelle je ne traitais pas alors), mais seulement selon l'ordre de ma pensée ; si bien que mon sens était que je ne connaissais rien

pratique commune que je n'ai pas estimé utile de l'enseigner plus amplement dans un écrit en français, indistinctement offert à la lecture de tous, de peur que même les esprits faibles pussent croire qu'il leur fallait s'y engager.

J'avais prié, dans ce discours, tous ceux qui trouveraient en mes écrits quelque chose qui soit digne d'être repris de daigner m'en avertir. Or aucune objection digne d'être relevée n'a été faite sur ce que j'avais touché concernant ces questions, sauf deux, auxquelles je répondrai ici brièvement, avant d'en entreprendre l'explication plus précise.

Premièrement : de ce que l'esprit humain ne perçoit pas, quand il fait retour sur lui-même, qu'il soit rien d'autre qu'une chose pensante, il ne s'ensuit pas que sa nature ou son *essence* consiste seulement en ce qu'il est une chose pensante, au sens où le mot *seulement* exclut toutes les autres choses qu'on pourrait peut-être dire aussi appartenir à la nature de l'âme. Objection à laquelle je réponds que je n'ai pas non plus voulu, en ce lieu-là, les exclure dans l'ordre de la vérité même de la chose (dont, bien sûr, je ne parlais pas alors), mais uniquement dans l'ordre de ma propre perception, si bien que

me nihil plane cognoscere quod ad essentiam meam scirem pertinere, praeterquam quod essem res cogitans, sive res habens in se
facultatem cogitandi. In sequentibus autem ostendam quo pacto, ex
eo quod nihil aliud ad essentiam meam pertinere cognoscam,
sequatur nihil etiam aliud revera ad illam pertinere. Alterum est, ex
eo quod ideam rei me perfectioris in me habeam, non sequi ipsam
ideam esse me perfectiorem, et multo minus illud quod per istam
ideam repraesentatur existere. Sed respondeo hic subesse aequivo-
cationem in voce ideae ; sumi enim potest vel materialiter pro
operatione intellectus, quo sensu me perfectior dici nequit, vel
objective pro re per istam operationem repraesentata, quae res, etsi
non supponatur extra intellectum existere, potest tamen me esse
perfectior ratione suae essentiae. Quomodo vero, ex hoc solo quod
rei me perfectioris idea in me sit, sequatur illam rem revera existere,
fuse in sequentibus exponetur. Vidi quidem praeterea duo quaedam

que je susse appartenir à mon essence sinon que j'étais une chose
qui pense, ou une chose qui a en soi la faculté de penser. Or, je
ferai voir ci-après comment, de ce que je ne connais rien autre
chose qui appartienne à mon essence, il s'ensuit qu'il n'y a aussi rien
autre chose qui, en effet, lui appartienne. La seconde est qu'il ne
s'ensuit pas, de ce que j'ai en moi l'idée d'une chose plus parfaite
que je ne suis, que cette idée soit plus parfaite que moi, et beaucoup
moins que ce qui est représenté par cette idée existe. Mais, je réponds
que dans ce mot d'*idée* il y a ici de l'équivoque : car, ou il peut être
pris matériellement pour une opération de mon entendement, et en
ce sens on ne peut pas dire qu'elle soit plus parfaite que moi ; ou il
peut être pris objectivement pour la chose qui est représentée par
cette opération, laquelle, quoiqu'on ne suppose point qu'elle existe
hors de mon entendement, peut néanmoins être plus parfaite que
moi, à raison de son essence. Or, dans la suite de ce traité je ferai
voir plus amplement comment, de ce seulement que j'ai en moi
l'idée d'une chose plus parfaite que moi, il s'ensuit que cette chose
existe véritablement. Davantage, j'ai vu aussi deux autres écrits

je voulais dire que je ne connaissais absolument rien que je susse appartenir à mon essence, sinon que j'étais une chose pensante, c'est-à-dire une chose ayant en soi la faculté de penser. Mais je montrerai dans ce qui suit comment, de ce que je ne connais rien d'autre qui appartienne à mon essence, il s'ensuit qu'il n'y a non plus rien d'autre qui lui appartienne effectivement.

Deuxièmement : de ce que j'ai en moi l'idée d'une chose plus parfaite que moi, il ne s'ensuit pas que l'idée elle-même soit plus parfaite que moi, et bien moins encore que ce qui est représenté par cette idée existe. Mais je réponds qu'ici le mot d'idée recouvre une équivoque : car il peut être pris soit matériellement pour l'opération de l'entendement, et en ce sens on ne peut la dire plus parfaite que moi, soit objectivement pour la chose représentée par cette opération, et cette chose, même sans être supposée exister hors de l'entendement, peut cependant être plus parfaite que moi, en raison de son essence. Mais comment, de cela seul qu'il y a en moi l'idée d'une chose plus parfaite que moi, il s'ensuit que cette chose existe effectivement, ce qui suit le montrera amplement.

J'ai vu aussi, il est vrai, deux écrits assez

scripta satis longa, sed quibus non tam meae his de rebus rationes
9 quam conclusiones argumentis ex Atheorum locis communibus
mutuatis impugnabantur. Et quoniam istiusmodi argumenta nullam
vim habere possunt apud eos qui rationes meas intelligent, adeoque
praepostera et imbecillia sunt multorum judicia, ut magis a primum
acceptis opinionibus, quantumvis falsis et a ratione alienis, persua-
deantur, quam a vera et firma, sed posterius audita, ipsarum
refutatione, nolo hic ad illa respondere, ne mihi sint prius referenda.
Tantumque generaliter dicam ea omnia, quae vulgo jactantur ab
Atheis ad existentiam Dei impugnandam, semper ex eo pendere,
quod vel humani affectus Deo affingantur, vel mentibus nostris tanta
vis et sapientia arrogetur, ut quidnam Deus facere possit ac debeat,
determinare et comprehendere conemur ; adeo ut, modo tantum
memores simus mentes nostras considerandas esse ut finitas, Deum
autem ut incomprehensibilem et infinitum, nullam ista difficultatem
sint nobis paritura. Jam vero postquam hominum judicia semel

---

assez amples sur cette matière, mais qui ne combattaient pas tant
mes raisons que mes conclusions, et ce par des arguments tirés des
lieux communs des athées. Mais, parce que ces sortes d'arguments
ne peuvent faire aucune impression dans l'esprit de ceux qui entendront bien mes raisons, et que les jugements de plusieurs personnes sont
si faibles et si peu raisonnables qu'ils se laissent bien plus souvent
persuader par les premières opinions qu'ils auront eues d'une chose,
pour fausses et éloignées de la raison qu'elles puissent être, que par
une solide et véritable mais postérieurement entendue réfutation de
leurs opinions, je ne veux point ici y répondre, de peur d'être
premièrement obligé de les rapporter. Je dirai seulement en général
que tout ce que disent les athées, pour impugner l'existence de Dieu,
dépend toujours ou de ce que l'on feint dans Dieu des affections
humaines, ou de ce qu'on attribue à nos esprits tant de force et de
sagesse que nous avons bien la présomption de vouloir déterminer
et comprendre ce que Dieu peut et doit faire, de sorte que tout ce
qu'ils disent ne nous donnera aucune difficulté, pourvu seulement
que nous nous ressouvenions que nous devons considérer nos esprits
comme des choses finies et limitées, et Dieu comme un être infini
et incompréhensible. Maintenant, après avoir aucunement reconnu

longs, mais qui ne combattaient pas tant, en ces matières, mes raisons que mes conclusions, par des arguments empruntés aux lieux communs des athées. Et puisque les arguments de ce genre ne peuvent avoir aucun effet sur ceux qui entendront mes raisons, et que beaucoup ont le jugement si faussé et si fragile que les opinions reçues les premières, aussi erronées et étrangères à la raison qu'elles soient, les persuadent plus que la réfutation vraie et solide qui en est faite, mais qu'ils écoutent après, je ne veux pas y répondre ici, pour éviter d'avoir à les rapporter d'abord. Je dirai seulement en général que tout ce qu'agitent couramment les athées pour combattre l'existence de Dieu dépend toujours de ce que l'on attribue à Dieu par fiction des affections humaines, ou que nos esprits prétendent à tant de force et de sagesse que nous tâchons de déterminer et de comprendre ce que Dieu peut et doit faire ; si bien que, pourvu seulement que nous nous souvenions que nos esprits doivent être considérés comme finis, et Dieu comme incompréhensible et infini, leurs propos ne présenteront pour nous aucune difficulté.

Maintenant, après une première expé-

utcunque sum expertus, iterum hic aggredior easdem de Deo et
mente humana quaestiones, simulque totius primae Philosophiae
initia tractare ; sed ita ut nullum vulgi plausum, nullamque Lectorum frequentiam expectem ; quin etiam nullis author sum ut haec
legant, nisi tantum iis qui serio mecum meditari, mentemque a
sensibus, simulque ab omnibus praejudiciis, abducere poterunt ac
volent, quales non nisi admodum paucos reperiri satis scio. Quantum autem ad illos, qui, rationum mearum seriem et nexum
10 comprehendere non curantes, in singulas tantum clausulas, ut multis
in more est, argutari studebunt, non magnum ex hujus scripti
lectione fructum sunt percepturi ; et quamvis forte in multis cavil-
landi occasionem invenient, non facile tamen aliquid quod urgeat
aut responsione dignum sit objicient. Quia vero nequidem etiam
aliis spondeo me in omnibus prima fronte satisfacturum, nec tantum
mihi arrogo ut confidam me omnia posse praevidere quae alicui
difficilia videbuntur, primo quidem in Meditationibus illas ipsas

les sentiments des hommes, j'entreprends derechef le traité de Dieu
et de l'âme humaine, et ensemble de jeter les fondements de la
Première Philosophie, mais sans en attendre aucune louange du
vulgaire, ni espérer que mon livre soit vu de plusieurs. Au contraire
je ne conseillerai jamais à personne de le lire sinon à ceux qui
voudront avec moi méditer sérieusement, et qui pourront détacher
leur esprit du commerce des sens, et le délivrer entièrement de
toutes sortes de préjugés ; lesquels je ne sais que trop être en fort
petit nombre. Mais pour ceux qui, sans se soucier beaucoup de
l'ordre et de la liaison de mes raisons, s'amuseront à sindiquer sur
chacune des parties, comme font plusieurs, ceux-là, dis-je, ne feront
pas grand profit de la lecture de ce traité ; et bien que peut-être ils
trouvent occasion de pointiller en plusieurs lieux, à grand'peine
pourront-ils objecter rien de pressant, ou qui soit digne de réponse.
Et d'autant que je ne promets pas aux autres de les satisfaire de
prime abord, et que je ne présume pas tant de moi que de croire
pouvoir prévoir tout ce qui pourra faire de la difficulté à un chacun,

rience du jugement des hommes, j'entreprends à nouveau ici de traiter les mêmes questions de Dieu et de l'esprit humain, ainsi que les commencements de toute la philosophie première, mais sans attendre aucune approbation de la foule ni aucune affluence de lecteurs ; bien plus, je ne conseille à personne de lire ces pages, si ce n'est seulement à ceux qui pourront et voudront méditer sérieusement avec moi et détacher leur esprit des sens ainsi que de tous les préjugés, et je sais bien qu'il ne s'en rencontre qu'un tout petit nombre. Quant à ceux qui, sans se soucier de comprendre la suite et l'enchaînement de mes raisons, s'appliqueront à ergoter seulement sur chacun de leurs aboutissements pris à part, selon une habitude courante, ils ne recueilleront pas beaucoup de fruit de la lecture de cet écrit ; et quoiqu'ils saisissent peut-être l'occasion de chicaner en bien des endroits, il ne leur sera pourtant pas facile d'objecter rien qui presse ou qui soit digne de réponse.

Mais parce que je ne promets pas non plus même aux autres de les satisfaire en tout de prime abord, et que je n'ai pas la prétention de me croire capable de prévoir tout ce qu'on trouvera difficile, je commen-

cogitationes exponam, quarum ope ad certam et evidentem cognitionem veritatis mihi videor pervenisse, ut experiar an forte iisdem rationibus, quibus ego persuasus sum, alios etiam possim persuadere. Postea vero respondebo ad objectiones virorum aliquot ingenio et doctrina excellentium, ad quos hae Meditationes, antequam typis mandarentur, examinandae missae sunt. Satis enim multa et varia ab illis fuerunt objecta, ut ausim sperare non facile quicquam aliis, saltem alicujus momenti, venturum in mentem, quod ii nondum attigerint. Ideoque rogo etiam atque etiam lectores, ut non prius de Meditationibus judicium ferant, quam objectiones istas earumque solutiones omnes perlegere dignati sint.

j'exposerai premièrement dans ces Méditations les mêmes pensées par lesquelles je me persuade être parvenu à une certaine et évidente connaissance de la vérité, afin de voir si, par les mêmes raisons qui m'ont persuadé, je pourrai aussi en persuader d'autres, et, après cela, je répondrai aux objections qui m'ont été faites par des personnes d'esprit et de doctrine, à qui j'avais envoyé mes Méditations pour être examinées avant que de les mettre sous la presse ; car ils m'en ont fait un si grand nombre et de si différentes, que j'ose bien me promettre qu'il sera difficile à un autre d'en proposer aucunes qui soient de conséquence, qui n'aient point été touchées. C'est pourquoi je supplie ceux qui désireront lire ces Méditations de n'en former aucun jugement que premièrement ils ne se soient donné la peine de lire toutes ces objections et les réponses que j'y ai faites.

cerai, certes, par exposer dans les *Médita-tions* les pensées mêmes par lesquelles il me semble être parvenu à la connaissance certaine et évidente de la vérité, afin d'éprouver s'il se peut que je réussisse à en persuader aussi d'autres par les mêmes raisons que celles qui m'ont persuadé ; mais ensuite je répondrai aux objections de quelques personnes éminentes par leur intelligence et leur savoir, à qui ces *Méditations* ont été envoyées pour être examinées avant leur mise sous presse. Leurs objections ont en effet été assez nombreuses et assez variées pour que j'ose espérer qu'il viendra difficilement à l'esprit des autres quoi que ce soit, du moins de quelque importance, que ceux-ci n'aient pas déjà touché. C'est pourquoi je prie instamment les lecteurs de ne pas porter de jugement sur les *Méditations* avant d'avoir daigné lire jusqu'au bout l'ensemble de ces objections et de leurs solutions.

LE LIBRAIRE AU LECTEUR[1]

La satisfaction que je puis promettre à toutes les personnes d'esprit dans la lecture de ce livre, pour ce qui regarde l'auteur et les traducteurs, m'oblige à prendre garde plus soigneusement à contenter aussi le lecteur de ma part, de peur que toute sa disgrâce ne tombe sur moi seul. Je tâche donc à le satisfaire, et par mon soin dans toute cette impression, et par ce petit éclaircissement dans lequel je le dois ici avertir de trois choses, qui sont de ma connaissance particulière, et qui serviront à la leur. La première est, quel a été le dessein de l'auteur, lorsqu'il a publié cet ouvrage en latin. La seconde, comment et pourquoi il paraît aujourd'hui traduit en français ; et la troisième quelle est la qualité de cette version.

I. Lorsque l'auteur, après avoir conçu ces Méditations dans son esprit, résolut d'en faire part au public, ce fut autant par la crainte d'étouffer la voix de la vérité, qu'à dessein de la soumettre à l'épreuve de tous les doctes ; à cet effet il leur voulut parler en leur langue, et à leur mode, et renferma toutes ses pensées dans le latin, et les termes de l'École. Son intention n'a point été frustrée, et son livre a été mis

1. Nous donnons ici l'*Avis* du libraire au lecteur, qui remplace dans l'édition française de 1647 la *Préface* des éditions latines.

à la question dans tous les tribunaux de la philosophie. *Les objections jointes à ces Méditations le témoignent assez*, et montrent bien que les savants du siècle se sont donné la peine d'examiner ses propositions avec rigueur. Ce n'est pas à moi de juger avec quel succès, puisque c'est moi qui les présente aux autres pour les en faire juges. Il me suffit de croire pour moi, et d'assurer les autres, que tant de grands hommes n'ont pu se choquer sans produire beaucoup de lumière.

2   II. Cependant ce livre passe des universités dans les palais des grands, et tombe entre les mains d'une personne d'une condition très éminente. Après en avoir lu les Méditations, et les avoir jugées dignes de sa mémoire, il prit la peine de les traduire en français ; soit que par ce moyen il se voulût rendre plus propres et plus familières ces notions assez nouvelles ; soit qu'il n'eût autre dessein que d'honorer l'auteur par une si bonne marque de son estime. Depuis une autre personne aussi de mérite n'a pas voulu laisser imparfait cet ouvrage si parfait, et marchant sur les traces de ce seigneur, a mis en notre langue les objections qui suivent les Méditations, avec les réponses qui les accompagnent ; jugeant bien que, pour plusieurs personnes, le français ne rendrait pas ces Méditations plus intelligibles que le latin, si elles n'étaient accompagnées des objections, et de leurs réponses, qui en sont comme les commentaires. L'auteur ayant été averti de la bonne fortune des unes et des autres, a non seulement consenti, mais aussi désiré, et prié ces messieurs, de trouver bon que leurs versions fussent imprimées, parce qu'il avait remarqué que ses Méditations avaient été accueillies et reçues avec quelque satisfaction par un

plus grand nombre de ceux qui ne s'appliquent point à la philosophie de l'Ecole, que de ceux qui s'y appliquent. Ainsi, comme il avait donné sa première impression latine au désir de trouver des contredisants, il a cru devoir cette seconde française au favorable accueil de tant de personnes, qui goûtant déjà ses nouvelles pensées, semblaient désirer qu'on leur ôtât la langue et le goût de l'Ecole, pour les accommoder au leur.

III. On trouvera partout cette version assez juste, et si religieuse, que jamais elle ne s'est écartée du sens de l'auteur. Je le pourrais assurer sur la seule connaissance que j'ai de la lumière de l'esprit des traducteurs, qui facilement n'auront pas pris le change. Mais j'en ai encore une autre certitude plus authentique, qui est qu'ils ont (comme il était juste) réservé à l'auteur le droit de revue et de correction. Il en a usé, mais pour se corriger plutôt qu'eux, et pour éclaircir seulement ses propres pensées. Je veux dire, que trouvant quelques endroits où il lui a semblé qu'il ne les avait pas rendues assez claires dans le latin pour toutes sortes de personnes, il les a voulu 3 ici éclaircir par quelque petit changement, que l'on reconnaîtra bientôt en conférant le français avec le latin. Ce qui a donné le plus de peine aux traducteurs dans tout cet ouvrage, a été la rencontre de quantité de mots de l'art, qui étant rudes et barbares dans le latin même, le sont beaucoup plus dans le français, qui est moins libre, moins hardi, et moins accoutumé à ces termes de l'Ecole ; ils n'ont osé pourtant les omettre, parce qu'il eût fallu changer le sens, ce que leur défendait la qualité d'interprètes qu'ils avaient prise. D'autre part, lorsque cette version a passé sous les yeux de l'auteur, il l'a trouvée si bonne qu'il n'en a jamais voulu changer le style et s'en est toujours défendu par sa modestie, et l'estime qu'il fait de ses traducteurs ; de sorte que par une déférence réciproque, personne ne les ayant ôtés, ils sont demeurés dans cet ouvrage.

J'ajouterais maintenant, s'il m'était permis, que ce livre contenant des méditations fort libres, et qui peuvent même sembler extravagantes à ceux qui ne sont pas accoutumés aux spéculations de la métaphysique, il ne sera ni utile, ni agréable aux lecteurs qui ne pourront appliquer leur esprit avec beaucoup d'attention à ce qu'ils lisent, ni s'abstenir d'en juger avant que de l'avoir assez examiné. Mais j'ai peur qu'on ne me reproche que je passe les bornes de mon métier, ou plutôt que je ne le sais guère, de mettre un si grand obstacle au débit de mon livre, par cette large exception de tant de personnes à qui je ne l'estime pas propre. Je me tais donc, et n'effarouche plus le monde. Mais auparavant, je me sens encore obligé d'avertir les lecteurs d'apporter beaucoup d'équité et de docilité à la lecture de ce livre ; car s'ils y viennent avec cette mauvaise humeur, et cet esprit contrariant de quantité de personnes qui ne lisent que pour disputer, et qui faisant profession de chercher la vérité, semblent avoir peur de la trouver, puisqu'au même moment qu'il leur en paraît quelque ombre, ils tâchent de la combattre, et de la détruire, ils n'en feront jamais ni profit, ni jugement raisonnable. Il le faut lire sans prévention, sans précipitation, et à dessein de s'instruire ; donnant d'abord à son auteur l'esprit d'écolier, pour prendre par après celui de censeur. Cette méthode est si nécessaire pour cette lecture, que je la puis nommer la clef du livre, sans laquelle personne ne le saurait bien entendre.

Synopsis sex meditationum[1]

In prima, causae exponuntur propter quas de rebus omnibus, praesertim materialibus, possumus dubitare ; quandiu scilicet non habemus alia scientiarum fundamenta quam ea quae antehac habuimus. Etsi autem istius tantae dubitationis utilitas prima fronte non appareat, est tamen in eo maxima quod ab omnibus praejudiciis nos liberet, viamque facillimam sternat ad mentem a sensibus abducendam ; ac denique efficiat, ut de iis, quae postea vera esse comperiemus, non amplius dubitare possimus.

1. Cet abrégé, destiné à précéder les Méditations, s'intitule *Synopsis sex sequentium meditationum.*

Abrégé des six méditations[1]

Dans la première, je mets en avant les raisons pour lesquelles nous pouvons douter généralement de toutes choses, et particulièrement des choses matérielles, au moins tant que nous n'aurons point d'autres fondements dans les sciences que ceux que nous avons eus jusqu'à présent. Or, bien que l'utilité d'un doute si général ne paraisse pas d'abord, elle est toutefois en cela très grande, qu'il nous délivre de toutes sortes de préjugés, et nous prépare un chemin très facile pour accoutumer notre esprit à se détacher des sens, et enfin, en ce qu'il fait qu'il n'est pas possible que nous puissions plus avoir aucun doute, de ce que nous découvrirons après être véritable.

1. Titre exact : *Abrégé des six méditations suivantes.*

298

ABRÉGÉ DES SIX MÉDITATIONS

Dans la première, on expose les raisons pour lesquelles nous pouvons douter de toutes choses, surtout des choses matérielles, cela tant que nous n'avons pas d'autres fondements dans les sciences que ceux que nous avons eus jusqu'ici. Or, bien que l'utilité d'un doute si étendu n'apparaisse pas au premier abord, elle est cependant très grande en ce qu'il nous libère de tous les préjugés et fraye un chemin très facile pour détacher l'esprit des sens ; et enfin en ce qu'il a pour effet que nous ne pourrons plus douter de ce que nous découvrirons par la suite être vrai.

In secunda, mens quae propria libertate utens supponit ea omnia non existere de quorum existentia vel minimum potest dubitare, animadvertit fieri non posse quin ipsa interim existat. Quod etiam summae est utilitatis, quoniam hoc pacto facile distinguit quaenam ad se, hoc est, ad naturam intellectualem, et quaenam ad corpus pertineant. Sed quia forte nonnulli rationes de animae immortalitate illo in loco expectabunt, eos hic monendos puto me conatum esse nihil scribere quod non accurate demonstrarem ; ideoque non alium ordinem sequi potuisse quam illum qui est apud Geometras usitatus, ut nempe omnia praemitterem ex quibus quaesita propositio dependet, antequam de ipsa quidquam concluderem. Primum autem et praecipuum quod praerequiritur ad cognoscendam animae immortalitatem esse ut quam maxime perspicuum de ea conceptum, et ab omni conceptu corporis plane distinctum, formemus ; quod ibi factum est. Praeterea vero requiri etiam ut sciamus ea omnia quae clare et distincte intelligimus, eo ipso modo quo illa intelligimus,

Dans la seconde, l'esprit, qui, usant de sa propre liberté, suppose que toutes les choses ne sont point, de l'existence desquelles il a le moindre doute, reconnaît qu'il est absolument impossible que cependant il n'existe pas lui-même. Ce qui est aussi d'une très grande utilité, d'autant que par ce moyen il fait aisément distinction des choses qui lui appartiennent, c'est-à-dire à la nature intellectuelle, et de celles qui appartiennent au corps. Mais parce qu'il peut arriver que quelques-uns attendent de moi en ce lieu-là des raisons pour prouver l'immortabilté de l'âme, j'estime les devoir maintenant avertir, qu'ayant tâché de ne rien écrire dans ce traité, dont je n'eusse des démonstrations très exactes, je me suis vu obligé de suivre un ordre semblable à celui dont se servent les géomètres, savoir est, d'avancer toutes les choses desquelles dépend la proposition que l'on cherche, avant que d'en rien conclure.

Or la première et principale chose qui est requise, avant que de connaître l'immortalité de l'âme, est d'en former une conception claire et nette, et entièrement distincte de toutes les conceptions que l'on peut avoir du corps : ce qui a été fait en ce lieu-là. Il est requis, outre cela, de savoir que toutes les choses que nous concevons clairement et distinctement sont vraies, selon que nous les conce-

Dans la seconde, l'esprit, qui, usant de la liberté qui lui est propre, suppose que tout ce dont l'existence peut être tant soit peu mise en doute n'existe pas, remarque qu'il est impossible que lui-même, pendant ce temps, n'existe pas. Ce qui est aussi d'une extrême utilité, puisque par ce moyen il distingue facilement ce qui appartient à lui, c'est-à-dire à la nature intellectuelle, et ce qui appartient au corps.

Mais parce qu'il y aura peut-être des gens qui attendront en cet endroit des raisons concernant l'immortalité de l'âme, j'estime devoir les avertir ici que j'ai tâché de ne rien écrire sans le démontrer exactement, et c'est pourquoi je n'ai pu suivre un autre ordre que celui dont se servent les géomètres, en posant préalablement toutes les prémisses dont dépend la proposition cherchée avant d'en conclure quelque chose. Or la première et principale condition préalable requise pour prouver l'immortalité de l'âme est d'en former une conception aussi transparente que possible et tout à fait distincte de toute conception du corps ; ce qui a été fait dans cette méditation. Mais en outre il est requis aussi de savoir que tout ce dont nous avons une intellection claire et distincte est vrai,

esse vera ; quod ante quartam meditationem probari non potuit ; et habendum esse distinctum naturae corporeae conceptum, qui partim in ipsa secunda, partim etiam in quinta et sexta formatur ; atque ex his debere concludi ea omnia quae clare et distincte concipiuntur ut substantiae diversae, sicuti concipiuntur mens et corpus, esse revera substantias realiter a se mutuo distinctas ; hocque in sexta concludi. Idemque etiam in ipsa confirmari ex eo quod nullum corpus nisi divisibile intelligamus, contra autem nullam mentem nisi indivisibilem ; neque enim possumus ullius mentis mediam partem concipere, ut possumus cujuslibet quantamvis[1] exigui corporis ; adeo ut eorum naturae non modo diversae, sed etiam quodammodo contrariae agnoscantur. Non autem ulterius ea de re in hoc scripto me egisse ; tum quia haec sufficiunt ad ostendendum ex corporis corruptione mentis interitum non sequi, atque sic ad alterius vitae spem mortalibus faciendam ; tum etiam quia praemissae, ex quibus

1. Première édition : *quantumvis.*

vons : ce qui n'a pu être prouvé avant la quatrième Méditation. De plus, il faut avoir une conception distincte de la nature corporelle, laquelle se forme, partie dans cette seconde, et partie dans la cinquième et sixième Méditation. Et enfin, l'on doit conclure de tout cela que les choses que l'on conçoit clairement et distinctement être des substances différentes, comme l'on conçoit l'esprit et le corps, sont en effet des substances diverses, et réellement distinctes les unes d'avec les autres : et c'est ce que l'on conclut dans la sixième Méditation. Et en la même aussi cela se confirme, de ce que nous ne concevons aucun corps que comme divisible, au lieu que l'esprit, ou l'âme de l'homme, ne se peut concevoir que comme indivisible : car en effet nous ne pouvons concevoir la moitié d'aucune âme, comme nous pouvons faire du plus petit de tous les corps ; en sorte que leurs natures ne sont pas seulement reconnues diverses, mais même en quelque façon contraires. Or il faut qu'ils sachent que je ne me suis pas engagé d'en rien dire davantage en ce traité-ci, tant parce que cela suffit pour montrer assez clairement que de la corruption du corps la mort de l'âme ne s'ensuit pas, et ainsi pour donner aux hommes l'espérance d'une seconde vie après la mort ; comme aussi parce que les prémisses desquelles on peut conclure

tout comme nous en avons l'intellection ; ce qui n'a pu être prouvé avant la quatrième méditation. Et il faut avoir une conception distincte de la nature corporelle, qui se forme en partie dans la seconde méditation elle-même, en partie aussi dans la cinquième et la sixième. D'où l'on doit conclure que toutes les choses clairement et distinctement conçues comme des substances différentes — et c'est ainsi que l'on conçoit l'esprit et le corps — sont effectivement des substances réellement distinctes l'une de l'autre ; on le conclut dans la sixième méditation. Cela y est aussi confirmé du fait que nous n'avons jamais l'intellection d'un corps que comme divisible, mais d'un esprit, au contraire, que comme indivisible : nous ne pouvons en effet jamais concevoir la moitié d'un esprit comme nous pouvons le faire de n'importe quel corps, si minuscule soit-il, si bien que leurs natures sont reconnues non seulement différentes, mais encore en quelque façon contraires. Mais je n'ai pas traité davantage ce sujet dans mon écrit, tant parce que cela suffit pour montrer que de la corruption du corps l'anéantissement de l'esprit ne s'ensuit pas, et donner ainsi aux mortels l'espérance d'une autre vie, que parce que les prémisses

ipsa mentis immortalitas concludi potest, ex totius Physicae expli-
14 catione dependent; primo ut sciatur omnes omnino substantias,
sive res quae a Deo creari debent ut existant, ex natura sua esse
incorruptibiles, nec posse unquam desinere esse, nisi ab eodem Deo
concursum suum iis denegante ad nihilum reducantur; ac deinde ut
advertatur corpus quidem in genere sumptum esse substantiam,
ideoque numquam etiam perire, sed corpus humanum, quatenus a
reliquis differt corporibus, non nisi ex certa membrorum configura-
tione aliisque ejusmodi accidentibus esse conflatum; mentem vero
humanam non ita ex ullis accidentibus constare, sed puram esse
substantiam : etsi enim omnia ejus accidentia mutentur, ut quod
alias res intelligat, alias velit, alias sentiat, etc., non idcirco ipsa
mens alia evadit; humanum autem corpus aliud fit ex hoc solo
quod figura quarumdam ejus partium mutetur : ex quibus sequitur
corpus quidem perfacile interire, mentem autem ex natura sua esse
immortalem.

---

l'immortalité de l'âme, dépendent de l'explication de toute la
physique. Premièrement, afin de savoir que généralement toutes les
substances, c'est-à-dire les choses qui ne peuvent exister sans être
créées de Dieu, sont de leur nature incorruptibles, et ne peuvent
jamais cesser d'être, si elles ne sont réduites au néant par ce même
Dieu qui leur veuille dénier son concours ordinaire. Et ensuite, afin
que l'on remarque que le corps, pris en général, est une substance,
c'est pourquoi aussi il ne périt point; mais que le corps humain, en
tant qu'il diffère des autres corps, n'est formé et composé que d'une
certaine configuration de membres, et d'autres semblables accidents ;
et l'âme humaine, au contraire, n'est point ainsi composée d'aucuns
accidents, mais est une pure substance. Car encore que tous ses
accidents se changent, par exemple, qu'elle conçoive de certaines
choses, qu'elle en veuille d'autres, qu'elle en sente d'autres, etc.,
c'est pourtant toujours la même âme ; au lieu que le corps humain
n'est plus le même, de cela seul que la figure de quelques-unes de
ses parties se trouve changée. D'où il s'ensuit que le corps humain
peut facilement périr, mais que l'esprit, ou l'âme de l'homme (ce
que je ne distingue point), est immortelle de sa nature.

d'où l'on peut conclure que l'esprit est bien immortel dépendent de l'explication de toute la physique : premièrement pour savoir qu'absolument toutes les substances, c'est-à-dire les choses qui pour exister doivent être créées par Dieu, sont de par leur nature incorruptibles et ne peuvent jamais cesser d'être que si c'est Dieu aussi qui, en leur refusant son concours, les réduit au néant, et ensuite pour remarquer que le corps pris en général, sans doute, est une substance, et c'est pourquoi il ne périt jamais lui non plus, mais que le corps humain, en tant qu'il diffère des autres corps, n'est composé que d'une configuration déterminée d'organes et d'autres accidents de ce genre, alors que l'esprit humain n'est pas ainsi constitué d'accidents, il est une pure substance. Bien qu'en effet tous ses accidents soient changés, que, par exemple, il connaisse des choses différentes, veuille des choses différentes, sente des choses différentes, etc., l'esprit lui-même ne devient pas pour autant différent ; tandis que le corps humain devient différent du seul fait que la figure de certaines de ses parties est changée. D'où il suit que le corps, sans doute, est facilement anéanti, mais que l'esprit est, de par sa nature, immortel.

Abrégé des six Méditations

In tertia meditatione, meum praecipuum argumentum ad probandum dei existentiam satis fuse, ut mihi videtur, explicui. Verumtamen, quia, ut Lectorum animos quam maxime a sensibus abducerem, nullis ibi comparationibus a rebus corporeis petitis volui uti, multae fortasse obscuritates remanserunt, sed quae, ut spero, postea in responsionibus ad objectiones plane tollentur ; ut, inter caeteras, quomodo idea entis summe perfecti, quae in nobis est, tantum habeat realitatis objectivae, ut non possit non esse a causa summe perfecta, quod ibi illustratur comparatione machinae valde perfectae, cujus idea est in mente alicujus artificis ; ut enim artificium objectivum hujus ideae debet habere aliquam causam, nempe scientiam
15 hujus artificis, vel alicujus alterius a quo illam accepit, ita idea Dei, quae in nobis est, non potest non habere Deum ipsum pro causa.

In quarta, probatur ea omnia quae clare et distincte percipimus, esse vera, simulque in quo ratio falsitatis consistat explicatur ; quae

---

11   Dans la troisième Méditation, il me semble que j'ai expliqué assez au long le principal argument dont je me sers pour prouver l'existence de Dieu. Toutefois, afin que l'esprit du lecteur se pût plus aisément abstraire des sens, je n'ai point voulu me servir en ce lieu-là d'aucunes comparaisons tirées des choses corporelles, si bien que peut-être il y est demeuré beaucoup d'obscurités, lesquelles, comme j'espère, seront entièrement éclaircies dans les réponses que j'ai faites aux objections qui m'ont depuis été proposées. Comme, par exemple, il est assez difficile d'entendre comment l'idée d'un être souverainement parfait, laquelle se trouve en nous, contient tant de réalité objective, c'est-à-dire participe par représentation à tant de degrés d'être et de perfection, qu'elle doive nécessairement venir d'une cause souverainement parfaite. Mais je l'ai éclairci dans ces réponses par la comparaison d'une machine fort artificielle, dont l'idée se rencontre dans l'esprit de quelque ouvrier ; car, comme l'artifice objectif de cette idée doit avoir quelque cause, à savoir la science de l'ouvrier, ou de quelque autre duquel il l'ait apprise, de même il est impossible que l'idée de Dieu, qui est en nous, n'ait pas Dieu même pour sa cause.

Dans la quatrième, il est prouvé que les choses que nous concevons fort clairement et fort distinctement sont toutes vraies ; et ensemble est expliqué en quoi consiste la raison de l'erreur ou

Dans la troisième méditation, j'ai expliqué assez amplement, me semble-t-il, mon principal argument pour prouver l'existence de Dieu. Mais pourtant, parce que je n'ai voulu y utiliser, pour détacher des sens autant qu'il est possible l'esprit des lecteurs, aucune comparaison tirée des choses corporelles, peut-être est-il demeuré beaucoup d'obscurités, mais qui seront, j'espère, tout à fait dissipées par la suite dans les réponses aux objections. Par exemple, entre autres, comment l'idée d'un être souverainement parfait, qui est en nous, a tant de réalité objective qu'elle ne peut que venir d'une cause souverainement parfaite ; ce qui est alors illustré par la comparaison avec une machine fort parfaite, dont l'idée est dans l'esprit d'un artisan ; car, de même que l'artifice objectif de cette idée doit avoir quelque cause, à savoir la science de cet artisan ou de quelqu'un d'autre de qui il l'a reçue, de même l'idée de Dieu qui est en nous ne peut pas ne pas avoir Dieu lui-même pour cause.

Dans la quatrième, on prouve que tout ce que nous percevons clairement et distinctement est vrai, et l'on explique en même temps la raison de la fausseté ; ce qui doit

necessario sciri debent tam ad praecedentia firmanda, quam ad reliqua intelligenda. (Sed ibi interim est advertendum nullo modo agi de peccato, vel errore qui committitur in persecutione boni et mali, sed de eo tantum qui contingit in dijudicatione veri et falsi. Nec ea spectari quae ad fidem pertinent, vel ad vitam agendam, sed tantum speculativas et solius luminis naturalis ope cognitas veritates[1].)

In quinta, praeterquam quod natura corporea in genere sumpta explicatur, nova etiam ratione Dei existentia demonstratur, sed in qua rursus nonnullae forte occurrent difficultates, quae postea in responsione ad objectiones resolventur; ac denique ostenditur quo pacto verum sit ipsarum Geometricarum demonstrationum certitudinem a cognitione Dei pendere.

In sexta denique, intellectio ab imaginatione secernitur; distinctionum signa describuntur; mentem realiter a corpore distingui probatur; eandem nihilominus tam arcte illi esse conjunctam, ut

---

1. La parenthèse est une addition faite à la demande d'Arnauld. Descartes avait demandé à Mersenne de mettre ces mots entre crochets.

---

fausseté : ce qui doit nécessairement être su, tant pour confirmer les vérités précédentes, que pour mieux entendre celles qui suivent. Mais cependant il est à remarquer que je ne traite nullement en ce lieu-là du péché, c'est-à-dire de l'erreur qui se commet dans la poursuite du bien et du mal, mais seulement de celle qui arrive dans le jugement et le discernement du vrai et du faux ; et que je n'entends point y parler des choses qui appartiennent à la foi, ou à la conduite de la vie, mais seulement de celles qui regardent les vérités spéculatives et connues par l'aide de la seule lumière naturelle.

Dans la cinquième, outre que la nature corporelle prise en général y est expliquée, l'existence de Dieu y est encore démontrée par de nouvelles raisons, dans lesquelles toutefois il se peut rencontrer quelques difficultés, mais qui seront résolues dans les réponses aux objections qui m'ont été faites ; et aussi on y découvre de quelle sorte il est véritable que la certitude même des démonstrations géométriques dépend de la connaissance d'un Dieu.

Enfin, dans la sixième, je distingue l'action de l'entendement d'avec celle de l'imagination ; les marques de cette distinction y sont décrites. J'y montre que l'âme de l'homme est réellement distincte du corps, et toutefois qu'elle lui est si étroitement conjointe et unie, qu'elle ne compose que comme une même chose avec lui. Toutes

12

nécessairement être su tant pour confirmer ce qui précède que pour entendre tout le reste. (Mais il faut remarquer au passage qu'il n'est en cet endroit aucunement question du péché, c'est-à-dire de l'erreur que l'on commet dans la poursuite du bien et du mal, mais seulement de celle qui arrive dans le discernement du vrai et du faux, et qu'on n'y envisage pas ce qui relève de la foi ou de la conduite de la vie, mais seulement les vérités spéculatives et connues à l'aide de la seule lumière naturelle).

Dans la cinquième, outre qu'on explique la nature corporelle prise en général, on démontre encore l'existence de Dieu par une nouvelle raison, mais dans laquelle, cette fois encore, se présenteront peut-être quelques difficultés, qui seront résolues par la suite dans la réponse aux objections ; et enfin, on montre en quoi il est vrai que la certitude des démonstrations de géométrie elles-mêmes dépend de la connaissance de Dieu.

Dans la sixième enfin, on dissocie l'intellection de l'imagination ; on décrit les signes des distinctions ; on prouve que l'esprit est réellement distingué du corps ; on montre qu'il lui est néanmoins si étroitement conjoint que celui-ci compose avec lui quelque chose

unum quid cum ipsa componat, ostenditur ; omnes errores qui a sensibus oriri solent recensentur ; modi quibus vitari possint exponuntur ; et denique rationes omnes ex quibus rerum materialium existentia possit concludi, afferuntur, non quod eas valde utiles esse putarim ad probandum id ipsum quod probant, nempe revera esse aliquem mundum, et homines habere corpora et similia, de quibus nemo unquam sanae mentis serio dubitavit, sed quia illas considerando agnoscitur non esse tam firmas nec tam perspicuas quam sunt eae per quas in mentis nostrae et Dei cognitionem devenimus ; adeo ut hae sint omnium certissimae et evidentissimae quae ab humano ingenio sciri possint. Cujus unius rei probationem in his meditationibus mihi pro scopo proposui. Nec idcirco hic recenseo varias alias[1] quaestiones de quibus etiam in ipsis ex occasione tractatur.

16

1. 1re édition : *illas.*

les erreurs qui procèdent des sens y sont exposées, avec les moyens de les éviter. Et enfin, j'y apporte toutes les raisons desquelles on peut conclure l'existence des choses matérielles : non que je les juge fort utiles pour prouver ce qu'elles prouvent, à savoir, qu'il y a un monde, que les hommes ont des corps, et autres choses semblables, qui n'ont jamais été mises en doute par aucun homme de bon sens ; mais parce qu'en les considérant de près, l'on vient à connaître qu'elles ne sont pas si fermes ni si évidentes, que celles qui nous conduisent à la connaissance de Dieu et de notre âme ; en sorte que celles-ci sont les plus certaines et les plus évidentes qui puissent tomber en la connaissance de l'esprit humain. Et c'est tout ce que j'ai eu dessein de prouver dans ces six Méditations ; ce qui fait que j'omets ici beaucoup d'autres questions, dont j'ai aussi parlé par occasion dans ce traité.

d'un ; on recense toutes les erreurs qui naissent ordinairement des sens ; on expose les moyens qui permettent de les éviter ; et enfin, on apporte toutes les raisons d'où l'on peut conclure l'existence des choses matérielles, non que je les estime fort utiles pour prouver ce qu'elles prouvent, à savoir qu'il y a effectivement un monde, que les hommes ont des corps, et choses semblables, qui n'ont jamais été sérieusement mises en doute par aucun homme sain d'esprit, mais parce que, en les considérant, on reconnaît qu'elles ne sont pas aussi fermes ni aussi transparentes que sont les raisons qui nous conduisent à la connaissance de notre esprit et de Dieu ; si bien que ces dernières sont, de toutes, les plus certaines et les plus évidentes qui puissent être sues par l'intelligence humaine. C'est tout ce que je me suis donné pour but de prouver dans ces méditations, et c'est pourquoi je ne recense pas ici les diverses autres questions qu'on y traite aussi à l'occasion.

CHRONOLOGIE

1596-1628

Une entreprise différée. Etudes et voyages.

1596. — **31 mars.** Naissance de René Descartes, à La Haye, bourgade de Touraine, devenue en 1802 La Haye-Descartes, puis en 1967, par fusion avec une commune voisine, Descartes.

1607. Descartes entre au collège des Jésuites à La Flèche, où il suit pendant huit ou neuf ans le cours complet des études.

1616. Baccalauréat et licence en droit à Poitiers.

1618-1619. Vie militaire, aux Pays-Bas et en Allemagne.

10 novembre 1618. Descartes rencontre, à Bréda, Isaac Beeckman, jeune savant qui lui fait découvrir le mécanisme et à qui il offrira pour ses étrennes le *Compendium musicae (Abrégé de musique)*.

10 novembre 1619. « ... J'étais rempli d'enthousiasme et je découvrais les fondements d'une science admirable. » Descartes forme le projet d'une refonte générale du savoir et cherche à dégager la vraie méthode.

1620-1625. Voyages, notamment en Italie et en France. Descartes s'applique à résoudre diverses questions de mathématique et de physique. Il rédige le *Studium bonae mentis (Exercice du bon sens)*, ouvrage perdu.

1625-1627. Séjour à Paris, où Descartes fréquente divers milieux littéraires, scientifiques, religieux.

Novembre 1627. Lors d'une discussion chez le nonce

312

du pape, le cardinal de Bérulle, impressionné par Descartes, l'exhorte à se consacrer à la philosophie.

1627-1628. — Séjour en Bretagne. Voyage dans les Provinces-Unies.

1629-1640

L'accomplissement de l'ouvrage : du petit Traité *aux* Méditations.

1629. Descartes se retire dans les Provinces-Unies, et s'installe d'abord en Frise, à Franeker, où il s'inscrit à l'Université.

Il y travaille les neuf premiers mois à un petit *Traité de métaphysique*, dont il parle à Gibieuf et à Mersenne, et qu'il ne pense pas achever avant deux ou trois ans.

1630. Lettres à Mersenne sur la création des vérités éternelles.

1632-1633. Rédaction du *Monde* ou *Traité de la Lumière*, dont le *Traité de l'Homme* est le dernier chapitre. Après la condamnation de Galilée, Descartes en ajourne la publication.

1633-1635. Rédaction des *Essais* dont le *Discours de la Méthode* sera la préface.

1637. Publication, à Leyde, du *Discours de la Méthode pour bien conduire sa raison et chercher la vérité dans les sciences. Plus la Dioptrique, les Météores et la Géométrie, qui sont des essais de cette méthode.*

Descartes envisage de joindre à une éventuelle version latine du *Discours de la Méthode* le « commencement de métaphysique » écrit en latin en 1629 (à Mersenne, 27 février 1637).

1638. Descartes se propose d'éclaircir les preuves de l'existence de Dieu présentées dans le *Discours*, « ... mais j'en écrirai en latin » (à Mersenne, 27 juillet 1638).

1639-1640. Mise au point du *Traité* ou *Discours* ou *Essai de métaphysique* qui s'intitulera *Méditations*.

13 novembre 1639. « J'ai maintenant entre les mains un

Discours, où je tâche d'éclaircir ce que j'ai écrit ci-devant sur ce sujet ; ... j'espère qu'il contiendra une bonne partie de la métaphysique. » Descartes projette de le faire circuler avant de le publier.

10 novembre 1640. Envoi à Mersenne, par l'intermédiaire de Huygens, du manuscrit des *Meditationes*, accompagné des objections d'un prêtre d'Alkmaar et des réponses de Descartes.

11 novembre 1640. Envoi à Mersenne de la Préface de l'auteur au lecteur et d'une lettre à Messieurs de Sorbonne *(Epître dédicatoire).*

Fin 1640. Mersenne fait circuler des copies des *Méditations*, afin de recueillir des objections.

Descartes travaille à la première partie des *Principia philosophiae.*

31 décembre 1640. Envoi à Mersenne d'un *Argument*, ou *Abrégé (Synopsis)* des *Méditations.*

1641-1647
Publications et traductions.
Des Méditations *aux* Principes.

1641. — Janvier-juillet. Descartes reçoit cinq séries d'objections à ses *Méditations* et rédige ses réponses.

Août. Les objections d'un inconnu désigné sous le nom d'Hyperaspistes parviennent trop tard à Descartes pour être imprimées avec les précédentes. Descartes y répond dans une longue lettre à Hyperaspistes.

28 août 1641. Première édition, à Paris, des *Meditationes de Prima philosophia, in qua Dei existentia et animae immortalitas demonstratur*, avec six séries d'objections et de réponses.

1642. Janvier. Descartes reçoit une nouvelle série d'objections et y répond.

Mai. Deuxième édition, à Amsterdam, des *Meditationes de Prima philosophia, in quibus Dei existentia et animae humanae a corpore distinctio demonstrantur*, avec sept séries d'objections et de réponses, et une lettre au P. Dinet.

1643. Publication de l'*Epistola ad Voetium*, longue lettre polémique. Début de la correspondance avec Elisabeth, princesse palatine.

1644. Mai-novembre. Voyage en France. Descartes prend connaissance des traductions françaises des *Méditations* entreprises par le duc de Luynes et par Clerselier.

Juillet. Publication, à Amsterdam, des *Principia philosophiae*, dédiés à la princesse Elisabeth, et de la traduction latine du *Discours de la Méthode*, de la *Dioptrique* et des *Météores*.

1645-1646. Descartes entreprend un traité sur les passions de l'âme.

1647. Publication, à Paris, des *Méditations métaphysiques*, avec six séries d'objections et de réponses, traduction française par le duc de Luynes et Clerselier de la première édition, parue à Paris, des *Meditationes de Prima philosophia* suivies des *Objections et Réponses*.

Publication, à Paris, des *Principes de la philosophie*, version française, due à l'abbé Picot, des *Principia philosophiae*.

Juin-novembre. Voyage en France.

Début de la correspondance avec Christine, reine de Suède.

1647-1650

Le souvenir des conclusions.
Vers le vrai homme.

1647-1648. Descartes rédige un petit traité sur la *Description du corps humain*.

1648. Publication, contre un ancien disciple, des *Notae in programma quoddam (Remarques sur un placard)*.

Avril. Entretien avec Burman.

Mai-août. Voyage en France.

1649. Publication, à Leyde, d'une traduction latine de la

Géométrie avec des notes de F. Debeaune.

Septembre. Invité par la reine Christine, Descartes quitte les Provinces-Unies pour la Suède.

Novembre. Publication, à Paris et à Amsterdam, des *Passions de l'âme*.

1650. — 11 février. Mort de Descartes, à Stockholm. Inventaire des papiers de Descartes, parmi lesquels on trouve les *Regulae ad directionem ingenii (Règles pour la direction de l'esprit)* et la *Recherche de la Vérité par la lumière naturelle*, écrits inachevés, de date incertaine.

BIBLIOGRAPHIE

Editions originales

RENATI DESCARTES *Meditationes de Prima philosophia.*
M. Soly, Paris, 1641.

RENATI DESCARTES *Meditationes de Prima philosophia.*
L. Elzevier, Amsterdam, 1642.

RENÉ DESCARTES, *Les Méditations métaphysiques touchant la Première philosophie*, Vve Camusat et P. Le Petit, Paris, 1647.

Edition de référence

Œuvres de Descartes, publiées par Charles Adam et Paul Tannery, L. Cerf, Paris, 1897-1913 ; réédition Vrin 1964-1974.
Tome VII, *Meditationes de Prima philosophia.*
Tome IX (1), *Méditations*, traduction française.

Éditions bilingues courantes

DESCARTES, *Méditations métaphysiques*, texte latin et traduction présentés par Geneviève Rodis-Lewis, Vrin, Paris, 1944.

DESCARTES, *Méditations métaphysiques*, texte latin et traduction présentés par Florence Khodoss, P.U.F., Paris, 1956.

DESCARTES, *Œuvres philosophiques*, textes présentés par Ferdinand Alquié, tome II, Garnier, Paris, 1967 (texte latin des Méditations, pp. 177-235, traduction pp. 383-505),

DESCARTES, *Méditations métaphysiques*, texte latin et traduction présentés par Jean-Marie et Michelle Beyssade, Garnier-Flammarion, Paris, 1979.

Table

MÉDITATIONS
DE PHILOSOPHIE PREMIÈRE

Textes annexes

Le Livre de Poche s'engage pour
l'environnement en réduisant
l'empreinte carbone de ses livres.
Celle de cet exemplaire est de :
500 g éq. CO$_2$
PAPIER À BASE DE   Rendez-vous sur
FIBRES CERTIFIÉES   www.livredepoche-durable.fr

Achevé d'imprimer en France par
CPI BUSSIÈRE (18200 Saint-Amand-Montrond)
en septembre 2021
N° d'impression : 2060546
Dépôt légal 1re publication : octobre 1990
Édition 25 - septembre 2021
LIBRAIRIE GÉNÉRALE FRANÇAISE
21, rue du Montparnasse – 75298 Paris Cedex 06

30/4600/0